Inhaltsverzeichnis

Erfolg und Scheitern der Weimarer Republik — 87

- 1. Die Weimarer Republik entsteht 88
- 2. Die Republik ist starken Belastungen ausgesetzt 90
- Geschichte eines Deutschen – Die Erinnerungen 1914 – 1933 . 94
- 3. Wirtschaftliche Stabilisierung und außenpolitische Anerkennung der Weimarer Republik 96
- 4. Der Wandel in der Kunst 100
- 5. Die Rolle der Frau in der Weimarer Republik 102
- 6. Die Weltwirtschaftskrise und ihre Folgen 104
- 7. Das Scheitern der Weimarer Republik 106
- Überprüfe dein Wissen! 110

Totalitäre Herrschaft und Zweiter Weltkrieg — 113

- 1. Die Sowjetunion unter der Gewaltherrschaft Stalins 114
- 2. Was wollen die Nationalsozialisten und wer sind ihre Anhänger? 116
- 3. Adolf Hitler wird Reichskanzler und beseitigt die Demokratie 118
- 4. „Gleichschaltung" und Propaganda im nationalsozialistischen Deutschland 120
- 5. Die Nationalsozialisten versuchen Kinder und Jugendliche in ihrem Sinn zu prägen 122
- 6. Die nationalsozialistische Wirtschaftspolitik bereitet den Krieg vor 124
- 7. Verfolgung und Widerstand bis 1939................ 126
- 8. Hitlers Außenpolitik 1933 – 1936: Aufrüstung und Friedensbekundungen 130
- 9. Die deutsche Außenpolitik 1936 – 1939: Offene Kriegsvorbereitungen 132
- 10. Mit dem Angriff Hitlers auf Polen beginnt der Zweite Weltkrieg 134
- 11. Millionen Menschen werden Opfer der nationalsozialistischen Gewaltherrschaft 138
- 12. Einsatz aller Kräfte im „totalen Krieg" 140
- 13. Völkermord an den europäischen Juden und an den Sinti und Roma – der Holocaust 142
- Ich trug den gelben Stern 146
- 14. Zusammenarbeit mit dem NS-Regime, Widerstand und Terror 148
- 15. Der deutsche Widerstand verkörpert das „andere" Deutschland 150
- 16. Die Alliierten besiegen das „Großdeutsche Reich" und Japan 152
- 17. Die letzten Wochen des Krieges in unserer Heimat 156

Inhaltsverzeichnis

18. Die Bilanz von Gewaltherrschaft und Krieg:
    Opfer, Zerstörungen und Not 158
19. Millionen von Menschen verlieren ihre Heimat 160
20. Verantwortung und Schuld –
    Kriegsverbrecherprozesse und Entnazifizierung 162

Überprüfe dein Wissen! 164

Wiederholen · Vertiefen · Verknüpfen 167

Wir blicken zurück:
Schwarz-Rot-Gold: Eine Fahne mit Geschichte 168

Wir blicken zurück:
Jugendliche folgen verschiedenen Leitbildern 170

Wir blicken zurück:
Die Grundrechte der Bundesrepublik Deutschland
haben einen geschichtlichen Hintergrund................ 172

Wir vergleichen:
Die 20er Jahre: Erfindungen, Entdeckungen und
technischer Wandel 174

Wir vergleichen:
Die Unterhaltungsindustrie in den 20er Jahren 176

Wir vergleichen:
Viele Menschen können sich in den 20er Jahren
mehr leisten 178

Wir gehen auf Spurensuche im Heimatraum:
Aufstieg und Niedergang von heimischen Industriebetrieben . 180

Geschichte selbst präsentieren 182

Grundbegriffe 184
Namen- und Sachregister 187
Bildquellenverzeichnis 188
Textquellenverzeichnis 189
Impressum 192

E		I		T				
u		s		1914 – 1918 Erster Weltkrieg			1939 – 1945 Zweiter Weltkrieg	
r	e	i	c	h	1919 – 1933 Weimarer Republik	1933 – 1945 NS-Diktatur		
05	10	15	20	25	30	35	40	1945

1904 Entente cordiale (, Frk)
...ero-Aufstand in ...-Südwestafrika

1917 Eintritt der USA in den Ersten Weltkrieg
Oktoberrevolution in Russland

1933 Hitler "Führer und Reichskanzler" Gleichschaltung
1936 Einmarsch ins ent- militarisierte Rheinland
1938 "Anschluss" Österreichs
1939 "Protektorat Böhmen und Mähren"

August 1945 Atombomben auf Hiroshima und Nagasaki
Japan kapituliert

1912/13 Balkankriege

1914 Attentat von Sarajewo
Ausbruch des Ersten Weltkrieges

1939 Polenfeldzug/ Beginn des Zweiten Weltkrieges
Blitzkriege
1941 Russlandfeldzug
1942/43 Wende im Krieg
Holocaust
"Totaler Krieg"

1918 Revolution in Dtschl.
Abdankung des Kaisers
Ausrufung der Republik
Waffenstillstand
1919 Versailler Friedens- vertrag
Weimarer Verfassung

8. Mai 1945 bedingungslose Kapitulation d. dt. Wehrmacht

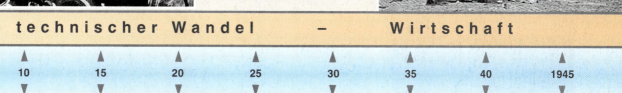

1922/23 Umsturzversuche von rechts und von links
Ruhrkampf/Inflation
ab 1925 Deutschland gewinnt wieder Ansehen im Ausland

	technischer Wandel					Wirtschaft		
05	10	15	20	25	30	35	40	1945

1903 erster Motorflug

ab 1919 Ausbau des Reichsrundfunknetzes
"Goldene 20er Jahre"

1935 Reichsarbeitsdienst
1936 Vierjahresplan
Vorbereitung der deutschen Wirtschaft auf den Krieg

1927 Gesetz über Arbeitsvermittlung und Arbeitslosenversicherung

1929 Weltwirtschaftskrise

Inhaltsverzeichnis

Industrialisierung und Wandel des europäischen Staatensystems — 7

1. Rasante Entwicklung von Wirtschaft und Technik im 19. Jahrhundert 8
2. Wie arbeiten und leben die Menschen in der Zeit der Industrialisierung? 12
3. Maßnahmen zur Bekämpfung von Not und Elend der Arbeiter 16

Mehr Rechte und Bildung den Frauen – Die Frauenbewegung im 19. Jahrhundert in Deutschland 20
Jugend einer Arbeiterin 21

4. Mit Kriegen erzwingt Bismarck die Einigung Deutschlands 22
5. Bismarcks Außenpolitik sichert Europa den Frieden 26
6. Innenpolitik und Gesellschaft im Kaiserreich 28

Überprüfe dein Wissen! 32

Europa und die Welt im Zeitalter des Imperialismus — 35

1. Grundlagen und Motive des Imperialismus 36
2. Der Wettlauf um die Kolonien 38

Der Kongo gibt sein Geheimnis preis 42

3. Die Folgen des Imperialismus für die Kolonien und Europa 44
4. Das Deutsche Reich unter Kaiser Wilhelm II. 48
5. Die deutsche Politik führt zu einem Wandel der Bündnissysteme 50
6. Die Krisen auf dem Balkan gefährden den Frieden in Europa 52

Überprüfe dein Wissen! 54

Erster Weltkrieg und Nachkriegsordnung — 57

1. Ein Terroranschlag löst den Ersten Weltkrieg aus 58
2. Vom Bewegungskrieg zum Stellungskrieg (1914 – 1916) 62
3. Alltag an der Front und in der Heimat.................. 64

Im Westen nichts Neues 66

4. Das Entscheidungsjahr 1917 68
5. Die Revolution von 1917 beendet das Zarenreich 70
6. Das Ende des Ersten Weltkrieges 72
7. Die Novemberrevolution beendet das Kaiserreich 74
8. Vom Königreich zum Freistaat Bayern 76
9. Die Pariser Friedensverträge beenden den Krieg und belasten den Frieden 78
10. Der Bürgerkrieg in Russland und die Gründung der Sowjetunion 82

Überprüfe dein Wissen! 84

Industrialisierung und Wandel des europäischen Staatensystems

Die Industrialisierung brachte umwälzende Veränderungen im wirtschaftlichen, sozialen und auch im politischen Bereich mit sich.
Unter welchen Bedingungen die Industriearbeiter im 19. Jahrhundert arbeiteten, stellt der Maler Adolph von Menzel auf seinem Gemälde „Das Eisenwalzwerk" von 1875 dar. Um eine möglichst realistische Darstellung anfertigen zu können, reiste der Künstler nach Königshütte in Oberschlesien zu einem der größten Eisenwalzwerke des Deutschen Reichs. Dort beobachtete er drei Wochen lang, wie über 3000 Arbeiter an Hochöfen Stahlprodukte herstellten. Er selbst sagte dazu rückblickend: „Ich schwebte dabei in steter Gefahr, gewissermaßen mitgewalzt zu werden. Von morgens bis abends habe ich da zwischen den sausenden Schwungrädern, Bändern und glühenden Blöcken gestanden und skizziert." Im Vordergrund sieht man, wie Arbeiter ein glühendes Eisenstück mit Zangen und Hebestangen greifen und unter die Walze schieben.
(Das Gemälde ist im Original 158 × 254 cm groß und kann in der Nationalgalerie in Berlin bewundert werden.)

Industrialisierung und Wandel des europäischen Staatensystems

1. Rasante Entwicklung von Wirtschaft und Technik im 19. Jahrhundert

1 Was weißt du noch über die Anfänge der industriellen Revolution ? Lies in einem Lexikon nach oder suche im Internet nach dem Begriff! Siehe auch S. 184! Berichte darüber vor der Klasse!

2 Werte die Statistik aus! Gehe dabei auf die Zusammenhänge zwischen der Entwicklung der Eisenbahnstrecken und der Produktion von Roheisen und Steinkohle ein!

3 Vergleiche die wirtschaftliche Situation Deutschlands mit der anderer Länder!

M 1 Anders als in Großbritannien begann die Industrialisierung in vielen europäischen Staaten erst Mitte des 19. Jahrhunderts. Welche Bereiche vom industriellen Wachstum betroffen waren und wie sich dieser Prozess entwickelt hat, zeigt die Statistik:

Großbritannien	30	120	1420	6060	1450	25000
Deutsches Reich	32		1390		550	19580
	4		145			
Frankreich	3	15	350	1180	500	17930
Österreich-Ungarn	0,5	7	150	400	145	9590
Russland		9		300	25	11240
	1870		Steinkohle in Mio. t	Eisenerzeugung/1000 t		Eisenbahnnetz in km
	1840					

M 2 Motor der Industrialisierung wurde die Eisenbahn.

a) Eisenbahnnetz in Deutschland Ende 1860 und Ende 1880:

b) Industriestandorte 1850 – 1910:

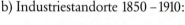

c) Der rheinische Unternehmer Friedrich Harkort warb 1825 in einer Zeitschrift folgendermaßen für die Eisenbahn:

„Durch die rasche und billige Fortbeschaffung der Güter wird der Wohlstand eines Landes bedeutend vermehrt, welches Kanäle, schiffbare Ströme und gute Landstraßen hinlänglich beweisen … Größere Vorteile als die bisherigen Mittel scheinen Eisenbahnen zu bieten … Alle Zechen an der Ruhr erhielten durch eine Eisenbahn den unschätzbaren Vorteil eines raschen, regelmäßigen Absatzes unter großen Frachtersparnissen. Innerhalb zehn Stunden könnten 1000 Zentner von Duisburg nach Arnheim geschafft werden; die Lastkähne liegen allein acht Tage in Ladung … Die Eisenbahnen werden manche Revolutionen in der Handelswelt hervorbringen …"

1 Erkläre, warum die Eisenbahn als „Motor der Industrialisierung" bezeichnet wurde!

2 Vergleiche den Ausbau des Eisenbahnnetzes mit den Industriestandorten! Was stellst du fest?

3 Nenne die Industriezweige, die unmittelbar mit dem Eisenbahnbau zu tun haben!

4 Welche Aufgaben leistet die Bahn? Werte dazu auch M 2c) aus!

5 Erkläre die Aussage „… werden manche Revolutionen in der Handelswelt hervorbringen"!

6 Stelle Informationen zu den bayerischen Unternehmern Johann F. Klett oder Joseph A. von Maffei aus Lexika oder dem Internet zusammen! Überlege dabei, worin ihre besondere unternehmerische Leistung bestand!

M3 Im Zuge der Industrialisierung kam es zur Gründung von Großbanken, wie z. B. der Bayerischen Hypotheken- und Wechselbank, da Aktien sich als Finanzierungsform für große Unternehmen immer mehr durchsetzten.

▸ 1 Informiere dich bei einer Bank oder im Internet, wie eine Aktiengesellschaft funktioniert und berichte!

M4 In der zweiten Hälfte des 19. Jahrhunderts begann das Zeitalter der angewandten Elektrotechnik und der chemischen Industrie. Durch diese neuen Wirtschaftszweige veränderten sich auch die Lebensverhältnisse:

Elektrische Straßenbeleuchtung (Gemälde von Carl Saltzmann, 1884)

Daimler-Motorkutsche (1886)

Viele Entdeckungen Justus von Liebigs fanden industrielle Verwendung.

▸ 1 Überlege, welche Energiequellen mit dem Aufkommen der Elektrizität an Bedeutung verloren!

▸ 2 Besorge dir aus Lexika oder aus dem Internet Daten zur „elektrischen Revolution" und stelle sie der Klasse vor!

▸ 3 Informiere dich in einem Lexikon oder im Internet über die Pioniere der Automobilindustrie (Nikolaus A. Otto, Carl Friedrich Benz, Gottlieb Wilhelm Daimler und Wilhelm Maybach sowie Rudolf Diesel)! Stelle diese Ingenieure und Unternehmer in Kurzreferaten vor!

▸ 4 Erkundige dich – z. B. beim Physiklehrer –, wie die „Motorkutsche" funktionierte!

▸ 5 Stelle den Chemiker Justus von Liebig in einer Kurzbiografie vor! Besorge dir dazu Informationen aus Lexika oder dem Internet! Berichte, auf welchen Gebieten er geforscht hat und welche Auswirkungen seine Forschungen hatten!

▸ 6 Gestaltet eine Collage zum Thema „Moderne Technologien im 19. Jahrhundert und heute"! Setzt euch kritisch mit der Frage nach dem menschlich Machbaren und der Verantwortung der Wissenschaftler auseinander!

Industrialisierung und Wandel des europäischen Staatensystems

Auftragsgemälde des Berliner Unternehmers Alfred Borsig für seine Villa (350 × 250 cm). Anhand eines Konstruktionsplanes besprechen Ingenieur, Meister und Vorarbeiter letzte Details vor der Fertigstellung der Lokomotive (Paul Meyerheim, zw. 1873 und 1876).

Zu den führenden Unternehmern der Anfangsphase der Industrialisierung zählt Friedrich Harkort (1793 – 1880). Er unternahm zunächst eine Informationsreise durch England und warb dort Techniker an, bevor er seine Firma gründete. Anfangs musste er Grabkreuze, Eisenöfen und Maschinenteile produzieren, um finanziell über die Runden zu kommen. 1820 wurden dann die ersten Dampfmaschinen hergestellt. Sein Unternehmen entwickelte sich zu einer Weltfirma im Maschinen-, Stahl- und Walzwerkbau.

Der Staat schafft die nötigen Rahmenbedingungen

Anders als in England setzte die Industrialisierung in Deutschland erst um 1840 ein. Hier mussten zunächst die **nötigen Voraussetzungen** geschaffen werden: Die **Aufhebung der Grundherrschaft**, das Ende des Zunftzwangs und die damit verbundene **Gewerbefreiheit** ließen erst Abwanderungen in die Städte zu und machten unternehmerische Initiativen möglich. Zu wichtigen Rahmenbedingungen zählten außerdem die **Gründung des Deutschen Zollvereins** (1834), womit Deutschland zu einem einheitlichen Wirtschaftsraum wurde – mit einheitlicher Währung und ohne Binnenzölle – sowie der **Ausbau der Verkehrswege**.

Noch fehlte es aber an technischem Wissen, an Erfahrungen, an Facharbeitern und am nötigen Kapital. Ein Unternehmer war vor allem in der Anfangsphase auf englische Geschäftspartner oder Industriespionage angewiesen. Nicht selten stellte auch der Staat Gebäude und Maschinen zur Verfügung, die z. B. in Preußen nach sechs Jahren ins Privateigentum übergingen.

Die Eisenbahn – Motor der Industrialisierung

Trotz Unterstützung durch den Staat waren es in der Anfangsphase vor allem Unternehmer, die die Industrialisierung vorantrieben. Schlüsselindustrie wurde der Eisenbahnbau. Nach der Eröffnung der ersten Strecke zwischen Nürnberg und Fürth (1835) begann man, teils vom Staat gefördert, teils privat betrieben, zunächst zwischen den alten Handelsregionen ein **Streckennetz** auszubauen, das innerhalb von knapp vierzig Jahren auf **über 25 000 km** anwuchs. Standortnachteile konnten dadurch ausgeglichen und neue Absatzmärkte erschlossen werden; **Deutschland** entwickelte sich allmählich **zur Drehscheibe des europäischen Warenverkehrs**.

Die **Eisenbahn** diente aber nicht nur als Transportmittel, sondern löste auch Nachfrageeffekte aus und **verhalf** der **Eisenindustrie** und dem **Bergbau zum Durchbruch**: Der Bedarf an Schienen, Eisenbahnwaggons, Lokomotiven und Rädern stieg. Dafür benötigte man aber Eisen und Stahl, deshalb mussten neue Eisen- und Walzwerke errichtet werden. Entsprechend erhöhte sich der Bedarf an Steinkohle und Erzen, was wiederum auf die Montanindustrie zurückwirkte, da neue Kohle- und Erzvorkommen erschlossen werden mussten. Mehr und mehr entstanden nun vor allem im Ruhrgebiet, in Oberschlesien und in der Oberpfalz **Großbetriebe**, die alle Stufen der Produktion – von der Zeche bis zum Großmaschinenbau – abdeckten. Waren bis 1845 noch überwiegend englische Lokomotiven in Betrieb, so erhielt die Firma Borsig 1848 Aufträge für 67 Lokomotiven. In der **Roheisenproduktion** kam Deutschland bis 1870 gleich nach England und lag auf **Platz zwei in Europa**.

Schon früh kamen Klagen von Anwohnern in Industriegebieten über die negativen Folgen dieser raschen Industrialisierung auf. Ärzte warnten vor gesundheitlichen Schädigungen durch Eisenbahnfahrten. Angesichts der großen wirtschaftlichen Erfolge traten gesundheitliche Bedenken aber rasch in den Hintergrund.

Aktiengesellschaften und Banken entstehen

Stammte das **Kapital für Firmengründungen** zu Beginn des 19. Jahrhunderts noch überwiegend aus Privateigentum, so konnten Großbetriebe nicht mehr über Erbschaften oder private Ersparnisse finanziert werden. Auch Privatbankiers, wie den Rothschilds in Frankfurt, war es unmöglich, die **immensen Summen** z. B. für den Bau von Maschinenfabriken aufzubringen und das **Risiko** allein zu tragen. Deshalb gründeten einzelne Unternehmer Aktiengesellschaften. Viele Aktionäre kauften Anteilscheine (= Aktien), womit sie die Firma finanzierten und entsprechend ihrem Aktienanteil **am Gewinn beteiligt** waren bzw. das Risiko des Verlustes mittrugen. Hohe Gewinne (Dividenden) versprachen vor allem Eisenbahnaktien.
Seit der Mitte des 19. Jahrhunderts entstanden auch etliche **Banken auf Aktienbasis**. Zu den bedeutendsten Banken gehören die Commerz- und Discontobank (1870), die Deutsche Bank (1870) und die Dresdner Bank (1872). Die Bayerische Hypotheken- und Wechselbank, die 1834 in München gegründet wurde, finanzierte vor allem Kredite für die Landwirtschaft.

Elektrischer Zeigertelegraf (1847)
Der Erfinder und Unternehmer Werner von Siemens gründete 1847 mit dem Mechaniker J. G. Halske die „Telegraphen Bau-Anstalt" von Siemens & Halske, die sich bald zu einem weltweit führenden Unternehmen entwickelte. Mittels des links oben zu erkennenden Schalters wird die Verbindung zwischen dem sendenden und dem empfangenden Gerät hergestellt. Der Telegrafist am sendenden Gerät drückte die Buchstaben in der Reihenfolge von der Nachricht im rechts zu sehenden Tastenfeld des Geräts. Der Zeiger blieb dann – pro Buchstabe – jeweils an der entsprechenden Stelle an beiden Geräten stehen. Der Nachrichtenempfänger konnte die einzelnen Buchstaben ablesen und so die Nachricht empfangen.

Wissenschaft und Industrie stehen in enger Verbindung

Während die erste Phase der Industrialisierung noch auf dem Nachbau englischer Technologien beruhte, lösten wissenschaftliche Forschungsarbeiten und zahlreiche Erfindungen die zweite Phase der Industrialisierung aus. Auch hier schuf der Staat wichtige Voraussetzungen: So entstanden in Großstädten technische Hochschulen, in München z. B. 1827, um den technischen Vorsprung Englands einzuholen. Die Zusammenarbeit zwischen Hochschule und Industrie ermöglichte es, wissenschaftliche Erkenntnisse industriell zu nutzen, was Deutschland im Bereich der angewandten **Elektroindustrie** und der **chemischen Industrie** eine **führende Stellung** auf dem Weltmarkt einbrachte.
Bahnbrechend wurden folgende Erfindungen:
- **Werner von Siemens** erfand die Dynamomaschine (1866/67). Mithilfe von Generatoren konnte nun mechanische Energie in elektrische umgewandelt werden. Elektrischer Strom wurde immer häufiger zum Antrieb von Maschinen eingesetzt. Mit der Übertragung elektrischer Energie mittels isolierter Kabel begann die moderne Elektroindustrie. Straßenbeleuchtungen und Straßenbahnen gehörten nun zum Alltag.
- **Nikolaus August Otto** erfand den Verbrennungsmotor (1876). Dieser Viertaktmotor war kleiner als eine Dampfmaschine und verbrauchte weniger Energie. Carl Friedrich Benz und Gottfried Wilhelm Daimler bauten zusammen mit Wilhelm Maybach die ersten von Benzinmotoren angetriebenen Automobile.
- Der Wissenschaftler **Justus von Liebig** verschaffte der Chemie internationale Anerkennung. Seine Erkenntnisse über das Pflanzenwachstum und die dabei dem Boden entzogenen Stoffe führten zur Entwicklung des Kunstdüngers. Sensationell für die Entwicklung der chemischen Industrie wurde die Herstellung synthetischer Farben mithilfe des beim Verkoken von Steinkohle entstehenden Teers als Rohmaterial.

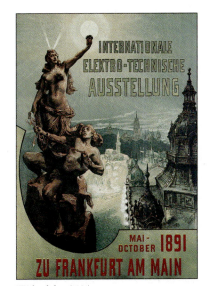

Werbeplakat (1891)
Die neue „Lichtgestalt" der elektrischen Energie feiert ihren Triumph.

Industrialisierung und Wandel des europäischen Staatensystems

2. Wie arbeiten und leben die Menschen in der Zeit der Industrialisierung?

M 1 Die Industrialisierung brachte viele Veränderungen mit sich:

Ansicht der Stadt Fürth im Jahr 1828 (= vor der Industrialisierung)

1 Wovon wurde das Stadtbild von Fürth vor und nach der Industrialisierung geprägt? Stelle gegenüber!

2 Nenne positive und negative Folgen für die Bevölkerung!

3 Leihe dir in der Bücherei die Chronik deiner Stadt aus und stelle die Veränderungen deines Heimatraumes in einem Kurzreferat vor! Veranschauliche durch passende Bilder!

Ansicht der Stadt Fürth um 1890 (= nach der Industrialisierung)

M 2 Fabrikordnung einer Eisengießerei und Maschinenfabrik aus dem Jahr 1844:

„§ 1 Die Arbeiter verpflichten sich bei ihrer Aufnahme zum Gehorsam gegen die Fabrikherren, zur genauen Beobachtung der erteilten Vorschriften und zur sorgfältigen und fleißigen Ausführung der erteilten Arbeiten.
§ 2 Die festgesetzten Arbeitsstunden sind von 6 bis 12 Uhr vormittags und von 1 bis 6 ½ Uhr nachmittags. Von 8 bis 8 ½ Uhr früh wird eine halbe Stunde zum Frühstück freigegeben, zu welchem Endzweck sämtliche Arbeiter die Werkstätten zu verlassen haben. Wer sich außer dieser Zeit Bier oder geistige Getränke verschafft, verfällt in eine Strafe von ½ Tag Abzug.

§ 4 Sämtliche Arbeiter müssen sich pünktlich zur bestimmten Arbeitszeit in der Fabrik einfinden; 10 Minuten nach Glockenschlag 6 Uhr morgens wird die Türe geschlossen und kein Arbeiter mehr eingelassen; wer öfter als 2mal fehlt, wird mit Abzug nach § 5 bestraft.
§ 5 Wer ¼, ½ oder 1 Tag fehlt, verliert nicht nur den verhältnismäßigen Lohn, sondern wird auch noch um ebenso viel gestraft.
§ 13 Alle jene Arbeiter, welche während der Arbeitszeit herumlaufen ... schwätzen oder nichts tuend beieinander stehen ..., verfallen in eine Strafe von ¼ Tag Abzug. Streitereien, Raufereien oder unanständiges Betragen sind mit ½ Tag Abzug belegt ..."

1 Wie hoch war die wöchentliche Arbeitszeit?

2 Was wurde bestraft?

3 Welche Regelungen empfindest du den Arbeitern gegenüber als am meisten ungerecht? Begründe!

M3 Ein Wirtschaftswissenschaftler äußerte sich 1880 über die Frauen- und Kinderarbeit:

„Ein großer Teil der Maschinen erfordert zu seiner Wartung so wenig menschliche Kraft, dass sie ebenso gut durch Frauen und Halberwachsene … bedient werden können … aber … die Frauen- und Kinderarbeit ist wegen der bedeutend geringeren Unterhaltskosten für den Unternehmer vorteilhafter. Auf die Dauer freilich darf nicht übersehen werden, wie die … Minimalgrenze des Arbeitslohnes dadurch sinkt: Der Mann könne jetzt weniger verdienen … Die ärgste Seite dieses Vorgangs erblicken wir in der Zerstörung des Familienlebens. Hat der Mann aufgehört Ernährer der Familie zu sein, so ist die natürlichste … Grundlage seiner väterlichen und ehelichen Autorität angegriffen."

1 Welche Voraussetzungen für Frauen- und Kinderarbeit nennt der Autor?

2 Welche Vor- und welche Nachteile der Frauen- und Kinderarbeit werden genannt?

3 Nimm kritisch Stellung zu diesen Aussagen!

M4 An den Wohnverhältnissen wurden die Unterschiede zwischen den einzelnen Schichten der Gesellschaft am deutlichsten sichtbar:

1 Beschreibe die unterschiedlichen Wohnverhältnisse!

2 Diskutiert über mögliche Folgen dieser Lebensbedingungen!

Mietshäuser in einem Hamburger Viertel (Ende 19. Jh.)

Wohn- und Schlafraum einer Arbeiterfamilie in Berlin (Foto 1907)

Wohnhaus wohlhabender Familien (Gemälde um 1870)

Blick ins Wohnzimmer (Gemälde von Johann B. Reiter, um 1870)

Industrialisierung und Wandel des europäischen Staatensystems

	1800	1850	1880	1900	1910
Berlin	172	419	1122	1889	3730
Hamburg	130	132	290	706	932
München	30	110	230	500	595
Essen	4	9	57	119	295

Wachstum einiger deutscher Städte (Bevölkerungszahl in Tausend)

Die Karikatur mit dem Titel „Pfui Deifel" von Heinrich Kley aus dem Jahre 1905 macht auf die zunehmende Luftverschmutzung aufmerksam. Versuche von staatlicher Seite aus, durch höhere Schornsteine „Abhilfe" zu schaffen, verteilten die Abgase nur auf ein größeres Gebiet und ließen Dunstglocken entstehen. Nebel und gesundheitliche Belastungen wie Atem- und Herzbeschwerden waren die Folge.

Der Holzstich aus dem Jahre 1889 stellt einen Unfall in einer Maschinenfabrik dar (Johann Bahr).

Städtische Ballungszentren entstehen

Während um 1800 noch drei Viertel der Bevölkerung auf dem Land lebten, änderte sich dies mit der Industrialisierung. Für die wachsende Bevölkerung bot das Land keine ausreichenden Arbeitsmöglichkeiten mehr, sodass eine regelrechte **Landflucht** einsetzte. Viele Menschen wanderten in die Städte, wo sie sich in der aufstrebenden Industrie Arbeit und Verdienst erhofften; allerdings blieb das Angebot an Arbeitskräften immer größer als der Bedarf. Im Ruhrgebiet entstand eine der größten Industrielandschaften Europas. Die Arbeitsuchenden kamen nicht nur aus der unmittelbaren Umgebung, sondern aus ganz Deutschland; viele Zuzügler stammten aus Osteuropa.
Die Zahl der Städte wuchs: Um 1825 zählten lediglich Berlin, Hamburg und Wien zu den Großstädten mit mehr als 100 000 Einwohnern. Die meisten Städte hatten kaum mehr als 2000 Einwohner. Die Anzahl der Großstädte stieg bis 1910 auf 48. **Gleichzeitig veränderte sich auch das Gesicht der Städte**: Bahnhöfe und **repräsentative Bauten** wie Parlamentsgebäude oder Rathäuser, breite, prächtige Straßen, unzählige Großbetriebe und **Fabriken** mit Hochöfen sowie immer mehr **Mietskasernen** und Arbeitersiedlungen am Stadtrand prägten nun das Stadtbild. **Kehrseite dieser Entwicklungen** war neben Lärm und hoher Luftverschmutzung ein furchtbarer Gestank und Schmutz aufgrund der noch fast überall fehlenden Kanalisation. Oft kam es deshalb zum Ausbruch von Cholera-Epidemien.

In den Fabriken herrscht strenge Disziplin

Mit der Entstehung von Fabriken änderten sich auch Arbeitsrhythmus und -bedingungen grundlegend. Nicht mehr die Natur, sondern die **strengen Reglementierungen** der Fabrikordnung bestimmten den beruflichen Alltag. Absolute Pünktlichkeit und Verlässlichkeit waren oberstes Gebot, kleinste Vergehen wurden mit **Lohnabzug** bestraft. Den Unternehmer interessierte nur die Arbeitskraft und die forderte er in voller Leistung. Die hohen Investitionen in Maschinen rechneten sich für ihn außerdem nur, wenn die Maschinen rund um die Uhr liefen. **Tag- und Nachtschichten** waren die Folge. Da die Produktionsvorgänge in einzelne Arbeitsvorgänge zerlegt waren, konnten sie auch von ungelernten Arbeitern übernommen werden. Die eintönige Arbeit erforderte aber hohe Konzentration. Vielfach waren die Arbeiter hohem Lärm und großem Staub ausgesetzt, mangelnde Schutzvorkehrungen führten nicht selten zu **Arbeitsunfällen** oder gar Berufsunfähigkeit. Eine wöchentliche Arbeitsstundenzahl von bis zu 72 Stunden war normal. Da der Unternehmer einerseits auf dem Markt konkurrieren musste und nach Gewinn strebte und andererseits ein Überangebot an Arbeitskräften zur Verfügung stand, blieben die **Löhne niedrig**. Sie reichten in der Regel nicht aus, um die Lebenshaltungskosten zu decken. Wer der Arbeit fernblieb, selbst wenn Krankheit die Ursache seines Fehlens war, wurde entlassen. Es gab weder eine Absicherung bei Arbeitsunfällen noch eine Vorsorge für das Alter oder für die Hinterbliebenen. Die Lebenserwartungen vieler Arbeiter blieben sehr niedrig.

Frauen und Kinder werden oft rücksichtslos ausgebeutet

Die alltägliche Sorge ums Überleben zwang häufig Frauen und Kinder mitzuarbeiten. Frauen wurden vielfach sogar bevorzugt, da sie bis zu einem Drittel, zum Teil auch **bis zur Hälfte weniger Lohn** bei gleichwertiger Leistung erhielten. Neben all diesen Tätigkeiten blieb vielfach kaum Zeit für die Familie, die aber auch noch versorgt werden musste. Häufige Schwangerschaften und harte körperliche Arbeit ließen die Frauen früh altern und führten zu Krankheiten oder zum frühen Tod. Kinder verrichteten vielfach Arbeiten, die Erwachsene nicht ausführen konnten: Sie reinigten Schornsteine und öffneten z. B. Schachttüren für Kohlewagen in Bergwerken. Die Arbeit im Dunkeln, die langen Arbeitszeiten (bis zu 15 Stunden täglich) und die hohe körperliche Belastung führten auch hier häufig zu **Krankheiten**; die **Schulbildung blieb auf der Strecke**.

Der Berliner Zeichner Heinrich Zille (1858 – 1929) machte auf die beengten Wohnverhältnisse aufmerksam. Essen, Wohnen und Schlafen spielten sich vielfach in einem Raum ab und der Rest privater Atmosphäre wurde noch durch die Ankunft eines „Schlafburschen" gestört. Das waren neu zugezogene Fabrikarbeiter, die froh waren, das freie Bett ihres nachts arbeitenden Vermieters gegen geringe Gebühr „beziehen" zu dürfen.

Wohnen im Arbeiterviertel

Kamen die Arbeiter nach einem langen Arbeitstag nach Hause, erwarteten sie z. T. menschenunwürdigste Wohnverhältnisse: Sie lebten in **Baracken**, **Mietskasernen** mit Hinterhöfen, in die kein Licht einfiel, oder hausten in **feuchten Kellerwohnungen**, die spärlich möbliert waren. Dass man sich mit Nachbarn Toilette und Wasseranschluss teilte, war üblich, mehr noch: Häufig stand einer mehrköpfigen Familie nur ein Raum zum Wohnen und Schlafen zur Verfügung. Mehrere Kinder schliefen in der Regel in einem Bett, das mit Strohsäcken ausgestattet war. Oft wurde untertags das Bett an Fremde zum Schlafen vermietet. Die Ausweglosigkeit dieser häuslichen Verhältnisse führte die Männer häufig ins Wirtshaus – Alkoholkonsum vergrößerte die Not aber noch mehr und zerstörte den letzten Rest familiären Lebens.

Bürgerliche Wohnviertel

In krassem Gegensatz zu den Arbeits- und Lebensverhältnissen der Arbeiterschicht stand das Großbürgertum, wozu Unternehmer, Offiziere, Ärzte und Beamte zählten. Sie lebten in großen Stadtwohnungen oder prächtigen Villen in der Nähe des Stadtzentrums. **Kleidung** und entsprechende **Wohnungseinrichtungen** verrieten einen **gehobenen Lebensstandard**. Die Söhne besuchten meist das Gymnasium. Sofern sie nicht studierten, war es ihnen möglich, nach einjähriger militärischer Dienstzeit zum Reserveleutnant aufzusteigen. Damit gehörten sie automatisch zur höheren gesellschaftlichen Schicht. Die Töchter besuchten höhere Töchterschulen, wo sie u. a. Klavier spielen, Französisch und Kochen lernten. Eine gute Aussteuer sollte ihre Zukunft in einer standesgemäßen Ehe sichern helfen. Dem **Vater als Alleinverdiener** und auch alleinigem rechtlichen Vertreter der Familie gebührte entsprechender Respekt. Die Frau war bemüht, ihm eine angenehme häusliche Atmosphäre zu bieten. Haushaltsführung, Lebensstil und die Erziehung der Kinder erforderten zusätzliches Personal: das Dienstmädchen. Um 1870 hatte in Berlin fast jeder fünfte Haushalt eine Hausangestellte, um 1900 stieg ihre Zahl insgesamt auf 1,3 Millionen.

Kinder so genannter feinerer Leute (Foto um 1900)

Industrialisierung und Wandel des europäischen Staatensystems

3. Maßnahmen zur Bekämpfung von Not und Elend der Arbeiter

M1 Das Gemälde „Der Streik" von Robert Koehler zeigt eine Reaktion der Arbeiter auf ihre Lebensumstände:

[1] Beschreibe die einzelnen Personengruppierungen auf dem Bild! Woran erkennt man sofort den Fabrikanten und den Wortführer der Streikenden?

[2] Welche unterschiedlichen Reaktionen einzelner Personen stellte der Künstler dar?

[3] Was könnte die Frau im Vordergrund ihrem Mann gesagt haben? Was deutet seine Gestik an? Spielt die Szene nach!

[4] Versetze dich in die Lage der Frau am linken Bildrand! Was dachte sie möglicherweise und warum stand sie an dieser Stelle?

[5] Überlegt mögliche Gründe, warum die Arbeiter streikten!

Während eines Englandaufenthalts erlebte der Künstler einen Streik mit, der die Anregung für dieses Gemälde lieferte. Nach Skizzen, die er dort anfertigte, malte er das Bild dann 1886 in Deutschland.

M2 Einzelne Unternehmer versuchten aus eigener Initiative heraus die Situation ihrer Arbeiter zu verbessern.

a) Der Unternehmer Alfred Krupp zu den Arbeitern in seiner Essener Gussstahlfabrik (1877):

„Ich habe den Mut gehabt, für die Verbesserung der Lage der Arbeiter Wohnungen zu bauen, worin bereits 20 000 Seelen untergebracht sind, ihnen Schulen zu gründen und Einrichtungen zu treffen zur billigeren Beschaffung von allem Bedarf. Ich habe mich dadurch in eine Schuldenlast gesetzt, die abgetragen werden muss. Damit dies geschehen kann, muss jeder seine Schuldigkeit tun in Friede und Eintracht und in Übereinstimmung mit unseren Vorschriften. Genießt, was euch beschieden ist!"

b) Eine zeitgenössische Karikatur trägt den Titel „Der Kapitalist: So! Der läuft mir nicht mehr davon."

[1] Was unternahm Krupp für seine Arbeiter?

[2] Welches Motiv verfolgte er wohl dabei?

[3] Was forderte er im Gegenzug von seinen Arbeitern?

[4] Deute die Karikatur! Wer wurde als „Kapitalist" bezeichnet? Womit war der „Kapitalist" beschäftigt? Warum ließ der andere Mann alles mit sich geschehen und was hatte das für Konsequenzen für ihn?

[5] Verfasse eine „Gegenrede" eines Arbeiters an seinen Unternehmer nach dem Stil der Rede von Krupp und beziehe dabei auch die Aussage der Karikatur mit ein!

M 3 Auch der Staat ergriff Maßnahmen zur Lösung der sozialen Frage:

Otto von Bismarck versuchte durch sein Sozialversicherungssystem die Arbeiter für den Staat zu gewinnen (Postkarte, 1914).

1 Welche Sozialversicherungen hatte Bismarck eingeführt?

2 Diskutiert darüber, inwiefern dadurch die Situation der Arbeiter verbessert wurde!

M 4 Einige Geistliche bemühten sich, die Not einzelner Bevölkerungsgruppen zu lindern:

1 Stellt in kurzen Referaten Biografien von Geistlichen wie Johann Wichern, Friedrich Bodelschwingh, Wilhelm von Ketteler und Adolf Kolping zusammen (Lexika, Internet)!

M 5 1840 erschien in Bayern ein Gesetz zur Kinderarbeit:

„Art. I: Kein Kind soll vor dem zurückgelegten neunten Lebensjahre in Fabriken, Berg-, Hütten- und Schlagwerken aufgenommen werden.
Art. III: Die Arbeitszeit für Kinder vom neunten bis zum zwölften Lebensjahr wird auf das Maximum von 10 Stunden des Tages festgesetzt. Dieselbe hat niemals vor 6 Uhr morgens und spätestens um 8 Uhr abends zu enden. Auch ist diesen Kindern täglich zur Mittagszeit eine volle Stunde, dann im Laufe der Vor- und Nachmittagszeit nebstdem noch jedes Mal eine Stunde Erholung zu geben."

1 Was erfährst du über die Bedingungen, unter denen Kinder vor Erlass des Gesetzes gearbeitet haben? Diskutiert über mögliche Folgen!

2 Was wird sich aufgrund des Gesetzes für die Kinder geändert haben?

3 Informiere dich – z. B. im Internet – über das geltende Jugendarbeitsschutzgesetz! Berichte!

M 6 Einen radikalen Weg zur Lösung der Probleme der Fabrikarbeiter schlugen Karl Marx und Friedrich Engels in ihrer Schrift „Das Kommunistische Manifest" vor:

„Die ganze Gesellschaft spaltet sich mehr und mehr in zwei große feindliche Lager, in zwei große, einander direkt gegenüberstehende Klassen: Bourgeoisie (= Besitzer von Kapital und Fabriken) und Proletariat … (Der) erste Schritt in der Arbeiterrevolution (ist) die Erhebung des Proletariats zur herrschenden Klasse, die Erkämpfung der Demokratie … Das Proletariat wird seine politische Herrschaft dazu benutzen, der Bourgeoisie nach und nach alles Kapital zu entreißen … Es kann dies natürlich nur geschehen vermittels despotischer (mit Gewalt) Eingriffe in das Eigentumsrecht und in die bürgerlichen Produktionsverhältnisse … Mögen die herrschenden Klassen vor einer kommunistischen Revolution zittern. Die Proletarier haben nichts zu verlieren als ihre Ketten … Proletarier aller Länder, vereinigt euch!"

1 Stelle eine Kurzbiografie von Marx und Engels zusammen (Lexika, Internet)! Berichte darüber!

2 Schreibe in eine Tabelle eine Liste mit unverstandenen Begriffen und kläre sie mithilfe eines Lexikons!

3 In welche beiden Gruppierungen spaltete sich nach Marx und Engels die Gesellschaft?

4 Welches politische Ziel strebten die Arbeiter nach Meinung von Marx und Engels an?

5 Wie sollten sie dieses Ziel erreichen?

6 Welche wirtschaftlichen Folgen waren damit verbunden?

Industrialisierung und Wandel des europäischen Staatensystems

> Das 19. Jahrhundert ist gekennzeichnet durch Not und Elend breiter Bevölkerungsschichten. Für die wachsende Bevölkerung bot das Land keine Existenzmöglichkeit mehr. Viele Menschen zogen deshalb in die Städte, wo ein Überangebot an Arbeitskräften entstand, das auch die entstehenden Fabriken nicht auffangen konnten. Da außerdem Hungerlöhne gezahlt wurden, mussten häufig Frauen und Kinder mitarbeiten. Besondere Härtefälle, wie Krankheit oder Arbeitslosigkeit, ließen Familien oft völlig verelenden. Die Gesamtheit dieser Probleme bezeichnet man als **soziale Frage**.

Sozialleistungen vonseiten der Unternehmer

Einzelne Unternehmer, z. B. Alfred Krupp und Werner von Siemens, versuchten die Notlage ihrer Fabrikarbeiter zu verbessern. Sie gründeten u. a. Arbeitersiedlungen und Läden, in denen günstig eingekauft werden konnte. Außerdem schufen sie Fabrikschulen und richteten betriebseigene Unterstützungskassen, z. B. für Kranken- und Rentenversicherung, ein. Die **Angst vor Streiks** mag für die Unternehmer dabei ebenso eine Rolle gespielt haben wie **christlich-soziales Verantwortungsgefühl**. Sie erkannten aber auch, dass zufriedene Arbeiter besser motiviert und damit leistungsfähiger sind und dass qualifizierte Arbeiter auf diese Weise an ihre Firma gebunden werden können. Allerdings hatten die Arbeiter **keinen gesetzlichen Anspruch auf die Sozialleistungen**. Im Gegenteil, sie konnten rückgängig gemacht werden, wenn sich Arbeiter an Streiks beteiligten, sich politisch betätigten oder den Betrieb verließen.

Der Staat baut ein Sozialversicherungssystem auf

In der Frühphase der Industrialisierung war man – getreu der Lehren des Liberalismus – noch fest davon überzeugt, dass sich der Staat aus dem Wirtschaftsgeschehen völlig herauszuhalten habe. Die Sorge um eine ausreichende Anzahl tauglicher Rekruten veranlasste 1839 Preußen und ein Jahr später Bayern, per Gesetz die **Kinderarbeit unter neun Jahren** ganz **zu verbieten** und die Arbeitszeit bei Kindern ab neun Jahren auf 10 Stunden am Tag zu begrenzen. Zu Nacht- und Sonntagsarbeit sollten Kinder nicht mehr herangezogen werden können. Mit der Zeit verstärkte sich bei den Regierenden das Gefühl der Verantwortung für die Benachteiligten im eigenen Land. Man erkannte, dass die Arbeiter nur hinter einem Staat stehen konnten, der nicht die Augen vor ihrer Notlage verschloss. Deshalb baute Reichskanzler Otto von Bismarck ab 1883 ein Sozialversicherungssystem auf. Es sah Versicherungsschutz für den Krankheitsfall, bei Unfällen, Invalidität und Anspruch auf Rente und Hinterbliebenenfürsorge vor. Diese **Sozialgesetzgebung** war **einzigartig in Europa**.

Ausbildung im Rauen Haus in Hamburg. Johann Heinrich Wichern, evangelischer Pfarrer und Gründer der Inneren Mission, errichtete in Hamburg das so genannte Raue Haus und nahm verwahrloste und obdachlose Kinder auf. Er lehrte sie Lesen, Schreiben und Rechnen und sorgte für eine Berufsausbildung.

Die Kirchen schweigen, doch viele Geistliche helfen „vor Ort"

Innerhalb der evangelischen und katholischen Kirche waren es **einzelne Persönlichkeiten**, die die bedrückende Not der breiten Masse der Bevölkerung zu lindern versuchten.
- Der katholische **Pfarrer Adolf Kolping** gründete Gesellenvereine. Dort wollte er wandernden Handwerkern eine Unterkunft, Weiterbildungsmöglichkeiten sowie sinnvolle Freizeitaktivitäten bieten. Nach der Gründung 1846 existierten bis Ende 1878 insgesamt 420 Vereine mit 70 000 Mitgliedern.
- **Friedrich von Bodelschwingh** nahm sich der Fürsorge der Behinderten an und gründete außerdem eine Siedlung für Obdachlose.
- Der katholische **Bischof Wilhelm von Ketteler** setzte sich in Predigten und Büchern kritisch mit der sozialen Frage auseinander. Nicht vereinbar mit dem Christentum war für ihn die Ausbeutung der Menschen und deshalb forderte er z. B. höhere Löhne.

Arbeiter greifen zur Selbsthilfe

Durch Streiks und Forderungen an ihre Unternehmer versuchten die Arbeiter immer wieder auf ihre Situation aufmerksam zu machen. Neben diesen Einzelaktionen kam es aber auch zu organisierten Zusammenschlüssen. Dazu zählten z. B. **Bildungsvereine**. Sie boten den Arbeitern und Handwerkern die Chance, versäumte Schulbildung nachzuholen und damit die sozialen Unterschiede zwischen Bürgertum und Arbeiterschaft auszugleichen. Dass Wissen „Macht" ist, hatten nun auch die Arbeiter erkannt. Zwischen 1821 und 1843 verdreifachten sich die Buchproduktion und die Lesegesellschaften, unzählige Leihbibliotheken wurden gegründet und fanden regen Zuspruch.

Für höhere Löhne, kürzere Arbeitszeiten sowie humanere Bedingungen am Arbeitsplatz setzten sich auch **Gewerkschaften** ein, die ab 1861 erlaubt waren und in denen sich Arbeiter nach Berufsgruppen zusammenschlossen. Um ihre Forderungen durchzusetzen, organisierten sie Streiks, also gewaltlose Arbeitsniederlegungen. Für den Krankheitsfall oder Arbeitslosigkeit richteten sie Unterstützungskassen ein. Die erste politische Arbeiterorganisation entstand 1863 mit der Gründung des **Allgemeinen Deutschen Arbeitervereins** durch Ferdinand Lassalle. Er wollte, dass die Arbeiter ins Parlament einziehen, und forderte deshalb allgemeine und gleiche Wahlen. August Bebel und Karl Liebknecht gründeten 1869 die **Sozialdemokratische Arbeiterpartei**, die im Programm radikaler ausgerichtet war. Um die politische Kraft der Arbeiter zu stärken, schlossen sich beide Vereinigungen zusammen und nannten sich ab 1890 Sozialdemokratische Partei Deutschlands (SPD).

Das Traditionsbanner der SPD mit dem Handschlag als Symbol der Arbeiterverbrüderung stammt aus dem Jahr 1863.

Marx und Engels wollen die Gesellschaft verändern

Anders als die Arbeiterbildungsvereine, die mit dem Bürgertum zusammenarbeiteten, sahen der Journalist Karl Marx und der Fabrikantensohn Friedrich Engels gerade im Bürgertum den Hauptfeind der Arbeiter. In ihrer Schrift „**Das Kommunistische Manifest**" (1848) beschreiben sie die Geschichte als Geschichte von Klassenkämpfen. Die **Bourgeoisie**, also das Bürgertum, **besitzt** alle **Produktionsmittel** – Grund und Boden, Fabriken mit Maschinen und Bergwerke – und verfügt damit über die Macht. Das **Proletariat**, also die Arbeiterschaft, besitzt hingegen nur seine **Arbeitskraft** als Ware, die es „verkaufen" muss. Der Unternehmer will um jeden Preis Gewinn machen. Dies bedeutet für den Arbeiter Ausbeutung. Für Marx und Engels gab es nur einen Weg, wie die Arbeiter ihre unerträgliche Lage verbessern konnten: Sie müssen sich zusammenschließen und in einer **Revolution** die Klasse der **Bourgeoisie stürzen**, dieser ihr Eigentum entreißen und die Macht im Staat übernehmen. Wenn sie dann die Produktionsmittel selbst besitzen, produzieren sie nicht, um Gewinne zu machen, sondern nur, um die Bedürfnisse aller zu befriedigen. Somit gibt es unter der Diktatur des Proletariats keine Klassen und damit auch keine Klassenkämpfe mehr. Mit dieser **klassenlosen Gesellschaft** begann nach Marx und Engels das „Paradies auf Erden". „Proletarier aller Länder, vereinigt euch!" lautete deshalb ihr Kampfruf.

Karl Marx (1818 – 1883, im Bild rechts), in Trier als Sohn eines Rechtsanwalts geboren, war nach dem Studium als Redakteur der „Rheinischen Zeitung" tätig. Schwierigkeiten mit der Zensur veranlassten ihn mehrfach ins Ausland zu gehen. In Brüssel lernte er den reichen Fabrikantensohn Friedrich Engels (1820 – 1895) kennen. Beide verband eine lebenslange Freundschaft.

Mehr Rechte und Bildung den Frauen –
Die Frauenbewegung im 19. Jahrhundert in Deutschland

Die Anfänge der Frauenbewegung liegen in der Zeit der 48er-Revolution, als zum ersten Mal öffentlich Forderungen nach besserer Bildung für Mädchen und politischer Mitsprache für Frauen laut wurden. Einen ersten Durchbruch erzielte die Bewegung in den 60er Jahren im Bereich Ausbildung und Beruf. **Luise Otto-Peters** (1819–1895) gründete 1865 den ersten „Allgemeinen Deutschen Frauenverein" (ADF). Hier schlossen sich Frauen aus dem Bürgertum zusammen. Sie forderten u. a. an Universitäten studieren zu dürfen. Zwischen 1890 und 1908 entstand dann eine Vielzahl von Frauenvereinen: Parallel zu den mehr sozial-karitativ ausgerichteten Vereinigungen und Berufsvereinen machten die größte Gruppe neben den bürgerlichen Frauenvereinen die Arbeiterinnenvereine aus. Zu einem gemeinsamen Kampf für mehr Rechte für die Frauen kam es allerdings nicht, da die Zielsetzungen zu unterschiedlich waren. An der Spitze der Arbeiterinnenvereine stand die Sozialistin Clara Zetkin (1857 – 1933), die in ihrer Zeitschrift „Gleichheit" u.a. mehr Schutz der Fabrikarbeiterinnen vor Ausbeutung und Unterdrückung, Lohngleichheit, den 8-Stundentag, ein Verbot der Nachtarbeit sowie Schutzzeiten für Schwangere forderte. Um die Jahrhundertwende kamen schließlich noch konfessionell orientierte Frauenverbände, wie der „Deutsch-Evangelische Frauenbund" und der „Katholische Frauenbund" hinzu. Vom politischen Leben waren die Frauen völlig ausgeschlossen. Von 1850 bis 1908 galt das staatliche Verbot der Mitgliedschaft von Frauen in politischen Vereinen. 1896 nahm die SPD als erste deutsche Partei das Frauenstimmrecht als Forderung in ihr Programm auf. Clara Zetkin hat sich auch in diesem Bereich sehr stark engagiert. Aber erst Anfang des 20. Jahrhunderts begann man allmählich, den Frauen mehr Rechte zuzubilligen (s. S. 102f.).

Luise Otto-Peters

Clara Zetkin

Helene Lange

Helene Lange (1848 – 1930)

unterrichtete in Berlin. Qualifizierte Mädchenbildung, wissenschaftliche Ausbildung für Lehrerinnen und Teilnahme der Frauen am politischen Leben waren ihre Hauptforderungen. Sie gründete 1890 den „Allgemeinen Deutschen Lehrerinnenverein". Auszug aus dem Programm:
„In Anbetracht der großen Zahl von Frauen, die unverheiratet bleiben, und der weiteren Zahl derer, die in der Ehe keine ausreichende wirtschaftliche Versorgung finden können, ist die Berufsarbeit der Frau eine wirtschaftliche und sittliche Notwendigkeit. Die Frauenbewegung betrachtet die berufliche Frauenarbeit aber auch in weiterem Sinne ... als Kulturwert, da auch die Frau Träger hervorragender spezifischer Begabung sein kann und bei vollkommener freier Entfaltung ihrer Fähigkeiten auf vielen Gebieten ... Aufgaben finden wird, die sie ihrer Natur nach besser lösen kann als der Mann."

Die Sicht der Männer

Dass Frauen studieren konnten, war um 1900 – außer in Baden – noch nicht möglich und setzte sich erst in den folgenden Jahren sehr zögerlich durch. Als Gründe führten einige Professoren an:
„Natur und Weltordnung haben der Frau ihren Platz am häuslichen Herd zugeteilt, ebenso ihre Bestimmung als Ehefrau und Mutter festgelegt: Amazonen (= kämpferische Frauen) sind auch auf geistigem Gebiet naturwidrig."
„Dass das weibliche Geschlecht in Bezug auf geistige Produktivität durchschnittlich weniger gut veranlagt ist als das männliche, darüber kann kaum ein Zweifel bestehen."

1 Lest in Lexika oder informiert euch im Internet und stellt zu jeder der genannten Frauen eine kurze Biografie zusammen!

2 Erarbeitet dann mit dem gefundenen Material einen Abriss über die Frauenbewegung im 19. Jahrhundert! Stellt die Forderungen der Frauen den erreichten Verbesserungen gegenüber!

3 Erkundigt euch, wann Mädchen erstmals in Bayern ein Gymnasium besuchen bzw. an der Universität studieren durften!

Jugend einer Arbeiterin

von Adelheid Popp

In dem Buch „Jugend einer Arbeiterin" beschreibt Adelheid Popp (1869–1939) ihre eigene Jugendzeit, die von den ärmlichen Verhältnissen einer Arbeiterfamilie geprägt war. Als fünfzehntes Kind eines Webers geboren, verfügte sie nur über eine geringe Schulbildung und war früh gezwungen, in der Fabrik zu arbeiten. Sie trat der Sozialdemokratischen Partei bei, war später sogar Vorstandsmitglied und arbeitete als Redakteurin einer führenden Arbeiterinnenzeitung, die sie mitbegründet hatte. In Österreich gehörte Adelheid Popp zu den bedeutendsten Vertreterinnen der sozialistischen Frauenbewegung.

„Ich wurde in eine große Fabrik empfohlen, die im besten Rufe stand. 300 Arbeiterinnen und etwa 50 Arbeiter waren beschäftigt. Ich kam in einen großen Saal, in dem 60 Frauen und Mädchen arbeiteten. An den Fenstern standen 12 Tische und bei jedem saßen vier Mädchen. Wir hatten die Waren, die erzeugt wurden, zu sortieren, andere Arbeiterinnen mussten sie zählen und eine dritte Kategorie hatte den Stempel der Firma aufzubrennen. Wir arbeiteten von sieben Uhr früh bis sieben Uhr abends. Zu Mittag hatten wir eine Stunde Pause, am Nachmittag eine halbe Stunde …

Wie traurig und entbehrungsreich das Los der Arbeiterinnen ist, kann man an den Frauen dieser Fabrik ermessen. Hier waren die anerkannt besten Arbeitsbedingungen. In keiner der benachbarten Fabriken wurde so viel Lohn gezahlt, man wurde allgemein beneidet. Die Eltern priesen sich glücklich, wenn sie ihre der Schule entwachsenen 14-jährigen Töchter dort unterbringen konnten. Jede war bestrebt, sich vollste Zufriedenheit zu erwerben, um nicht entlassen zu werden. Ja, verheiratete Arbeiterinnen bemühten sich, ihre Männer, die jahrelang einen Beruf erlernt hatten, in dieser Fabrik als Hilfsarbeiter unterzubringen, weil dann die Existenz gesicherter war. Und selbst hier in diesem „Paradies" ernährten sich alle schlecht. Wer in der Fabrik über die Mittagsstunde blieb, kaufte sich um einige Kreuzer Wurst oder Abfälle in einer Käsehandlung. Manchmal aß man Butterbrot und billiges Obst. Einige tranken auch ein Glas Bier und tunkten Brot ein. Wenn uns vor dieser Nahrung schon ekelte, dann holten wir uns aus dem Gasthaus das Essen. Für fünf Kreuzer entweder Suppe oder Gemüse. Die Zubereitung war selten gut, der Geruch des verwendeten Fettes abscheulich, wir empfanden oft solchen Ekel, dass wir das Essen ausgossen und lieber trockenes Brot aßen und uns mit dem Gedanken an den Kaffee trösteten, den wir für den Nachmittag mitgebracht hatten …

Überhaupt konnten sich nur jene Mädchen besser ernähren, die an ihrer Familie eine Stütze hatten. Das waren aber nur wenige. Viel öfter hatten die Arbeiterinnen ihre Eltern zu unterstützen oder sie mussten Kostgeld für Kinder bezahlen. Wie aufopfernd waren diese Mütter! Kreuzer um Kreuzer sparten sie, um es den Kindern zu verbessern und um der Kostfrau Geschenke machen zu können, damit diese den Kindern gute Pflege angedeihen lasse. Manche Arbeiterinnen mussten auch oft für den arbeitslosen Mann sorgen und sich doppelte Entbehrung auferlegen, weil sie allein die Kosten des Hausstandes zu bestreiten hatten …

Ich sah bei meinen Kolleginnen, den verachteten Fabrikarbeiterinnen, Beispiele von außerordentlichem Opfermut für andere. Wenn in einer Familie besondere Not ausgebrochen war, dann steuerten sie die Kreuzer zusammen, um zu helfen. Wenn sie zwölf Stunden in der Fabrik gearbeitet hatten und viele noch eine Stunde Weges nach Hause gegangen waren, nähten sie noch ihre Wäsche, ohne dass sie es gelernt hatten. Sie zertrennten ihre Kleider, um sich nach den einzelnen Teilen ein neues zuzuschneiden, das sie in der Nacht und am Sonntag nähten.

Auch die Mittags- und Brotzeitpausen wurden nicht der Ruhe gewidmet. Das Einnehmen der kargen Mahlzeit war rasch besorgt, dann wurden Strümpfe gestrickt, gehäkelt oder gestickt. Und trotz allen Fleißes und aller Sparsamkeit war jede arm und zitterte bei dem Gedanken, die Arbeit zu verlieren. Alle demütigten sich und ließen sich auch das schlimmste Unrecht von den Vorgesetzten zufügen, um ja nicht diesen guten Posten einzubüßen, um nicht brotlos zu werden."

4. Mit Kriegen erzwingt Bismarck die Einigung Deutschlands

1 Wie war Bismarck liberalen Ideen gegenüber eingestellt? Nenne die entsprechende Textstelle!

2 Welche Staatsform lehnte er offensichtlich ab? Begründe!

3 Äußert euch kritisch zu der Aussage Bismarcks, die „großen Fragen der Zeit würden durch Eisen und Blut entschieden"!

4 Deute die Karikatur M1b)! Wie schätzt Österreich die preußische Politik ein?

M1 Im Jahre 1862 berief der preußische König Wilhelm I. (1861/seit 1871–1888 deutscher Kaiser) den konservativen Abgeordneten Otto von Bismarck zum Ministerpräsidenten (bis 1890).

a) Bismarck vor Abgeordneten über die Zukunft Preußens in Deutschland wenige Tage nach seinem Amtsantritt 1862:

„... Nicht auf Preußens Liberalismus sieht Deutschland, sondern auf seine Macht; Bayern, Württemberg, Baden mögen dem Liberalismus mit Nachsicht begegnen, darum wird ihnen doch keiner Preußens Rolle anweisen; Preußen muss seine Kraft zusammenfassen und zusammenhalten auf den günstigen Augenblick, der schon einige Male verpasst worden ist; Preußens Grenzen nach den Wiener Verträgen sind zu einem gesunden Staatsleben nicht günstig; nicht durch Reden und Majoritätsbeschlüsse werden die großen Fragen der Zeit entschieden – das ist der große Fehler von 1848 und 1849 gewesen –, sondern durch Eisen und Blut ..."

Einem Freund gegenüber hatte Bismarck schon 1853 geäußert:

„Unsere Politik hat keinen anderen Exerzierplatz als Deutschland: Für Preußen und Österreich ist kein Platz nach den Ansprüchen, die Österreich macht; also können wir uns auf Dauer nicht vertragen, einer muss weichen oder vom anderen gewichen werden; bis dahin müssen wir Gegner sein, das halte ich für eine Tatsache."

b) Die Zukunft Deutschlands aus österreichischer Sicht:

Karikatur aus der Zeitschrift „Kikeriki" von 1866

M2 Krieg mit Frankreich?

Nachdem es Bismarck gelungen war, Österreichs Einfluss auf die deutsche Politik auszuschalten (1866) und den Norddeutschen Bund (1867) zu gründen, sah er den nächsten Konflikt heranziehen. Ein sächsischer Minister berichtet:

„Er (Bismarck) sehe einen baldigen Krieg mit Frankreich als eine unabweichliche Notwendigkeit an. Napoleon III. werde in seiner Stellung nach innen immer unsicherer und mache Fehler, wodurch die Unzufriedenheit im französischen Volke sich verbreite und die Macht seiner Gegner täglich wachse ... Es werde daher dem Kaiser bald nichts mehr übrig bleiben, als durch einen Krieg die Aufmerksamkeit der Nation von der inneren Lage nach außen zu lenken ... Der Norddeutsche Bund müsse sich zwar für alle Fälle vorbereiten, habe aber gar keinen Grund, selbst den Ausbruch eines Krieges zu veranlassen. Auch mit Rücksicht auf die süddeutschen Staaten liege es in unserem Interesse, nicht selbst Anlass zu einem Krieg zu geben. Denn aufgrund der mit diesen Staaten ... 1866 geschlossenen Verträge könnten wir, wenn der Krieg von Frankreich erklärt oder unvermeidlich gemacht würde, mit voller Bestimmtheit auf ihre Hilfe rechnen, was, wenn wir der angreifende oder provozierende Teil wären, wohl kaum der Fall sein dürfte."

1 Erkläre, warum Bismarck einen Krieg mit Frankreich für unausweichlich ansah!

2 Warum sollte die Kriegserklärung von Frankreich ausgehen und nicht von Preußen?

M3 Der Weg zum Deutschen Reich (1864–1871/1918):

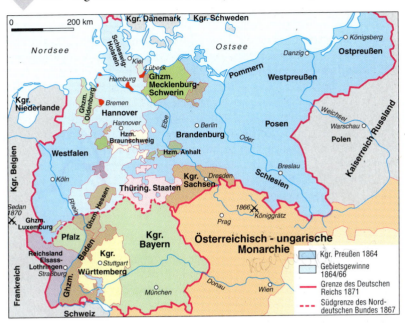

1. Was sagt die Karte über die Machtverhältnisse der einzelnen Staaten aus?

2. Welches territoriale Problem hatte das Königreich Preußen und wodurch wurde dieses Problem „gelöst"?

3. Suche Elsass-Lothringen auf der Karte und informiere dich – z. B. in einem Lexikon – über den Begriff „Reichsland"!

4. Welche Gründe könnten Bayern veranlasst haben, der Gründung des Deutschen Reichs zunächst skeptisch gegenüberzustehen?

M4 Noch während des Krieges gegen Frankreich wurde am 18. Januar 1871 in Schloss Versailles das deutsche Kaiserreich proklamiert (= ausgerufen). Der Maler Anton von Werner war selbst bei der Proklamation anwesend und hat anschließend das historische Ereignis in mehreren Gemälden dargestellt:

Der Großherzog von Baden ruft mit erhobener Hand in Anwesenheit hoher Generäle und Beamten ein „Hoch" auf Kaiser Wilhelm I. aus; links neben dem Kaiser steht sein Sohn, Kronprinz Friedrich Wilhelm, hinter dem Kaiser haben sich die Reichsfürsten versammelt.

1. Stellt die Situation szenisch nach und überlegt euch, was der Kaiser und Bismarck in dem Moment für Gedanken hatten!

2. Das Gemälde wurde als Geschenk für Bismarck gemalt. Er liest die Kaiserproklamation vor. Die weiße Uniform hat er am 18. Januar 1871 nicht getragen. Warum stellt der Künstler ihn trotzdem so dar? Wo genau platziert er ihn auf dem Bild und welche Rolle misst er ihm damit zu?

3. Die Krönung des preußischen Königs zum deutschen Kaiser fand im deutschen Hauptquartier, dem Schloss Versailles, statt. Als Datum wurde der 170. Jahrestag der Krönung des ersten preußischen Königs gewählt und als Ort der Spiegelsaal des Schlosses. Erkläre, was damit ausgedrückt werden sollte!

4. Was bedeutete die Krönung einerseits für die deutsche und andererseits für die französische Bevölkerung? Verfasst kurze Pressemitteilungen dazu, in denen ihr die unterschiedlichen Einstellungen herausarbeitet!

Industrialisierung und Wandel des europäischen Staatensystems

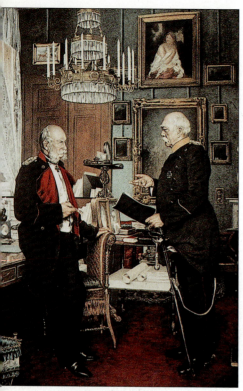

Bismarck (rechts) beim Vortrag bei Kaiser Wilhelm I.

Otto von Bismarck (1815 – 1898) stammte aus einer der ältesten Landadelsfamilien Brandenburgs. Nach dem Studium der Rechtswissenschaften übernahm er die Verwaltung der väterlichen Güter. Seit 1847 war er Abgeordneter des preußischen Landtags. Als Anhänger eines starken Königtums trat er entschlossen gegen die Liberalen auf. Erste diplomatische Erfahrungen sammelte er als Gesandter Preußens im Bundestag in Frankfurt, in Petersburg und in Paris. Mit seiner Berufung zum Ministerpräsidenten Preußens 1862 gelang ihm der Sprung in die große Politik. Ab 1867 Kanzler des Norddeutschen Bundes und ab 1871 Reichskanzler, bestimmte er die preußische Außen- und Innenpolitik bis 1890.

Otto von Bismarck wird preußischer Ministerpräsident

In Preußen versuchte die Regierung 1860 das Heer zu vergrößern. Die Mehrheit der liberalen Abgeordneten des preußischen Landtags verweigerte aus Angst vor einem zu mächtigen Herrscher die Zustimmung für die nötigen Gelder. König und konservative Minister argumentierten daraufhin mit einer Verfassungslücke: Falls es zwischen König und Parlament keine Einigung geben sollte, könnte der König auch ohne die Zustimmung des Parlaments regieren. Die Lage spitzte sich zu, Wilhelm I. dachte bereits an Rücktritt. In dieser schwierigen Situation wurde der preußische Gesandte in Paris, Otto von **Bismarck**, zum Ministerpräsidenten ernannt. Er **setzte** diese **Heeresreform durch** und nahm dabei auch einen **Bruch der preußischen Verfassung** hin. Das Parlament wurde aufgelöst, eine strenge Zensur eingeführt und der Haushalt verabschiedet.

Preußen führt Krieg gegen Österreich

Bismarcks außenpolitisches Ziel war die Schaffung eines kleindeutschen Nationalstaates unter Preußens Führung. Um dies zu erreichen, war er gewillt, nötigenfalls auch mit „Eisen und Blut", d. h. mit kriegerischen Mitteln, zu kämpfen. Österreich war der Hauptgegner für Preußen, dessen Einfluss im Deutschen Bund Bismarck ausschalten wollte. Anlass dazu bot sich in der Schleswig-Holstein-Frage. Der dänische König wollte Schleswig, das mit Holstein verbunden war, seinem Staat einverleiben. Aus einem gemeinsamen Krieg gegen den dänischen König gingen Preußen und Österreich als Sieger hervor. Das Herzogtum Schleswig wurde künftig von Preußen, Holstein von Österreich verwaltet. Darüber kam es allerdings zu Streitigkeiten, die 1866 in einen **Krieg Preußens gegen Österreich** mündeten. Ein Großteil der deutschen Staaten, z. B auch Bayern, stand dabei aufseiten Österreichs, während Preußen kaum Unterstützung erhielt. Dank besserer Waffen und strategischem Geschick gelang den Preußen der **Sieg bei Königgrätz** (Böhmen). Preußen ging aus dem Krieg als Vormacht in Deutschland und als europäische Großmacht hervor. Es gliederte sich Schleswig, Holstein, Hannover, Kurhessen und Frankfurt ein. Mit den anderen norddeutschen Staaten bildete Preußen den **Norddeutschen Bund**. Bismarck schonte seine besiegten Gegner, da er überzeugt war, dass Frankreich eine weitere preußische Machtausdehnung nicht zulassen würde. So konnte er – im Falle eines Krieges gegen Frankreich – auf die Neutralität oder gar die Waffenhilfe dieser Staaten bauen. **Österreich** musste keine Gebiete abtreten, **stimmte** aber **der Auflösung des Deutschen Bundes zu** und schied aus dem Reich aus. Als Bismarck den **süddeutschen Staaten** die Absicht Frankreichs, für die Neutralität im preußisch-österreichischen Krieg linksrheinische Gebiete zu erhalten, bekannt gab, erklärten diese sich bereit, mit Preußen so genannte **Schutz- und Trutzbündnisse** abzuschließen. Darin stellten sie ihre Truppen für den Fall eines Krieges gegen Frankreich unter den Oberbefehl des Königs von Preußen.

Der Deutsch-Französische Krieg 1870/71

Die militärische Stärke Preußens wollte Bismarck nutzen, um die **Einheit Deutschlands zu vollenden**. Dabei war ein Konflikt mit Frankreich vorprogrammiert, das um seine Vormachtstellung innerhalb Europas fürchtete. Zudem suchte Napoleon III. nach außenpolitischen Erfolgen, um von innenpolitischen Problemen abzulenken. Als die Spanier dem katholischen Zweig der Hohenzollern, dem Haus Hohenzollern-Sigmaringen, die Königskrone anboten, fürchtete er eine preußische Umklammerung. Obwohl der Hohenzollernprinz schließlich nachgab, ging der französische Kaiser so weit, dass er von den Hohenzollern forderte, für alle Zeiten auf den spanischen Thron zu verzichten. In dieser Absicht besuchte der französische Botschafter den König in seinem Kurort Bad Ems. Dieser lehnte einen für alle Zeiten geltenden Verzicht entschieden ab und informierte Bismarck in einem Telegramm über das Gespräch mit dem Botschafter. Die so genannte **„Emser Depesche"** leitete Bismarck in stark gekürzter Fassung an die Presse weiter. Da sich Frankreich durch den zurechtweisenden Ton in seiner Ehre verletzt fühlte, erklärte es Preußen im Juli 1870 den Krieg. Die süddeutschen Staaten unterstellten sich dem preußischen Oberbefehl. Bereits die **Schlacht von Sedan** Anfang September 1870 besiegelte das Schicksal Frankreichs, zumal auch der König gefangen genommen wurde. Nachdem Paris von deutschen Truppen belagert worden war, kam es im Januar 1871 zur Kapitulation. Im **Frieden von Frankfurt** musste sich Frankreich verpflichten, die hohe Summe von 5 Milliarden Francs zu zahlen sowie das Elsass und Teile Lothringens abzutreten. Die harten Bedingungen dieses Vertrages sowie die Entscheidung, als Ort der Kaiserkrönung Schloss Versailles zu wählen, haben über Jahrzehnte das Verhältnis zwischen Frankreich und Deutschland stark belastet.

Frankreich kapituliert vor Bismarck (französische Karikatur zum Deutsch-Französischen Krieg 1870/71).

Nach der siegreichen Schlacht bei Sedan im September 1870 wurden pompöse Feiern in Deutschland veranstaltet. Das Bild zeigt die Feier am Brandenburger Tor in Berlin.

Die Gründung des deutschen Kaiserreichs

Noch während des Krieges hatte Bismarck Verhandlungen mit den deutschen Fürsten geführt, um das deutsche Kaiserreich zu gründen. Dabei nutzte er die Siegesstimmung in Heer und Volk für seine Pläne aus. Nach zähen Verhandlungen konnte er schließlich auch die **Zustimmung** des bayerischen Königs, **Ludwig II.**, erreichen. Bedingung dafür, dass die **Bayern** auf ihre politische Selbstständigkeit verzichteten, war allerdings neben Geldzahlungen die **Zusicherung von Sonderrechten** gewesen. Dazu zählten ein eigenes Post-, Bahn- und Telegrafenwesen sowie das Recht eigene diplomatische Vertretungen einzurichten und in Friedenszeiten den Oberbefehl über das Heer zu behalten. Im Spiegelsaal von **Schloss Versailles** wurde am **18. Januar 1871** der preußische König **Wilhelm I. zum deutschen Kaiser** ausgerufen. Genau auf den Tag 170 Jahre nach der Krönung des ersten preußischen Königs war der kleindeutsche Nationalstaat unter Preußens Führung Realität geworden.

Bayern gab bis 1919 eigene Briefmarken heraus. Hier: Briefmarke mit Porträt von König Ludwig III. (1913–1918)

Industrialisierung und Wandel des europäischen Staatensystems

5. Bismarcks Außenpolitik sichert Europa den Frieden

M 1 In der Außenpolitik war es Bismarcks Ziel, durch Bündnisse den Frieden dauerhaft zu sichern.

a) Bismarck als Friedensstifter in der Karikatur:

b) Bündnissysteme:

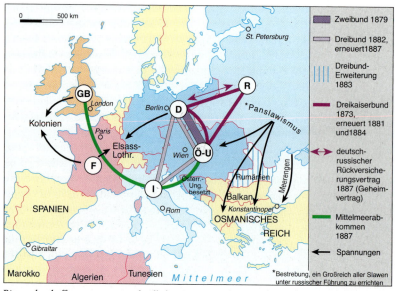

Der Holzschnitt erschien 1883 in der satirischen Zeitschrift „Kladderadatsch". Der griechische Sagenheld Herkules musste zwölf schwere Arbeiten verrichten, die ihn unsterblich machen sollten. Links von Bismarck ein französischer Offizier, rechts ein russischer.

Bismarck schaffte es trotz unterschiedlicher Interessen der Nachbarländer, diese in Verträge mit dem Deutschen Reich einzubinden.

1 Erkläre den Titel der Karikatur! Womit vergleicht der Karikaturist die Bemühungen Bismarcks um den Frieden und welche Erfolgsaussichten sieht er dabei?

2 Welchen besonderen Schwierigkeiten war Bismarck dabei offensichtlich ausgesetzt?

3 Nenne die Vertragsabschlüsse!

4 Welches Land stand außerhalb der Bündnisse und was wollte Bismarck unbedingt verhindern?

1 Versuche den Inhalt der komplizierten Bündnisse mit Österreich und Russland graphisch darzustellen und der Klasse zu präsentieren! Überlege geeignete Symbole!

2 Welchen „Haupteffekt" sollte der Rückversicherungsvertrag haben?

3 Erkläre, wie Bismarck dazu kam, eine Friedensstörung durch Frankreich für wahrscheinlich zu halten!

M 2 In einem Schreiben an Wilhelm I. erklärte Bismarck 1887 die Bedeutung des Rückversicherungsvertrages:

„Wir stehen für die nächsten drei Jahre, auf welcher unser russischer Vertrag abgeschlossen ist, in dem Verhältnis, dass wir Österreich beistehen, falls es von Russland angegriffen wird; dass wir aber neutral bleiben, wenn Russland von Österreich angegriffen würde. In dieser Stellung liegt eine starke Nötigung für die beiden anderen Kaisermächte, untereinander Frieden zu halten. Der Haupteffekt unseres deutsch-russischen Vertrages bleibt für uns immer der, dass wir drei Jahre hindurch die Zusicherung haben, dass Russland neutral bleibt, wenn wir von Frankreich angegriffen werden. Einen Angriff Frankreichs auf Deutschland ... halte ich nach wie vor für die nächstliegende Wahrscheinlichkeit einer Friedensstörung in Europa."

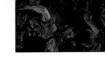

Bismarcks Politik des friedlichen Ausgleichs

Mit der Gründung des Deutschen Reichs war ein großer, militärisch starker und auch wirtschaftlich **mächtiger Staat in der Mitte Europas** entstanden. Ein englischer Politiker äußerte nicht zu Unrecht, das **Gleichgewicht der Macht** sei völlig **zerstört**. Bismarcks Ziel war es deshalb deutlich zu machen, dass das Deutsche Reich den Frieden wolle und keine weiteren Gebiete beanspruche. Ihm ging es einzig darum, die bestehenden Reichsgrenzen zu sichern, weshalb er davon sprach, dass das Reich saturiert (= gesättigt) sei. Der Politik des Ausgleichs und der Versöhnung standen seiner Meinung nach allerdings die Interessen Frankreichs entgegen, das danach strebte Elsass-Lothringen zurückzugewinnen. **Instrument zur Friedenssicherung** sollte **ein Vertragswerk** mit möglichst vielen Staaten sein, das Frankreich isolierte und bestehende Spannungen zwischen den Ländern nutzte, um das Deutsche Reich zum unverzichtbaren Bündnispartner zu machen.

Bismarcks Bündnissystem

Eine ernsthafte Bedrohung des europäischen Gleichgewichts stellten Unruhen auf dem Balkan dar. Dort spitzte sich die Lage 1877/78 zu. Da Deutschland keinerlei Gebiete in dieser Region beanspruchte, konnte sich Bismarck als „ehrlicher Makler" empfehlen, dem es auf dem **Berliner Kongress** im Jahre 1878 gelang, einen Krieg zwischen Großbritannien und Russland sowie Österreich-Ungarn und Russland zu verhindern (s. S. 52f.).
Um die Ergebnisse seiner Außenpolitik zu sichern, schloss Bismarck folgende Bündnisse:
- 1879 kam es mit Österreich zu einem geheimen Vertragsabschluss, dem **Zweibund**. Beide Mächte verpflichteten sich u. a., bei einem Angriff Russlands einander Hilfe zu leisten. Falls es zu einem Angriff Frankreichs auf das Deutsche Reich kommen sollte, sicherte Österreich-Ungarn zu neutral zu bleiben. 1882 wurde das Bündnis durch den Beitritt Italiens erweitert (**Dreibund**).
- Das im Jahre 1873 erstmalig geschlossene **Dreikaiserbündnis** zwischen den Monarchen von Österreich-Ungarn, Russland und dem Deutschen Reich wurde 1881 und 1884 trotz unterschiedlichster Interessen Russlands und Österreichs auf dem Balkan (s. S. 50ff.) erneuert. In diesem Abkommen sicherten sich die drei Kaiser wohlwollende Neutralität im Konflikt mit einer vierten Macht zu.
- Als sich durch Konflikte auf dem Balkan die Gegensätze zwischen Österreich-Ungarn und Russland verschärften und eine Verlängerung des Dreikaiserbündnisses unmöglich machten, schloss Bismarck mit Russland einen geheimen **Rückversicherungsvertrag** (1887). Darin verpflichtete sich Russland zur Neutralität, falls das Deutsche Reich von Frankreich angegriffen werden sollte, und das Deutsche Reich zur Neutralität im Falle eines österreichisch-ungarischen Angriffs auf Russland.

Bismarck setzte sich auch für das Mittelmeerabkommen von 1887 ein, das die bestehenden Machtverhältnisse im Mittelmeer und im Schwarzen Meer gegen Russland aufrechterhalten sollte.

Konfliktherd Balkan

Von 1876 bis 1878 erhoben sich die christlichen Bewohner der Provinz Bosnien-Herzegowina gegen die osmanische Herrschaft. Diesem Aufstand schlossen sich Bulgaren, Serben und Montenegriner an. Russland griff unter dem Vorwand, die „slawischen Brüder" zu unterstützen, in den Krieg ein. In Wirklichkeit ging es Russland darum, einen Zugang zum Schwarzen Meer zu erhalten, was es auch beim Friedensschluss im März 1878 erreichte. Dagegen kam es allerdings zum Protest von Großbritannien und Österreich-Ungarn. Ersteres fürchtete um seinen freien Zugang zu den Staaten im Nahen und Mittleren Osten, Österreich-Ungarn wiederum wollte eine Machtausdehnung Russlands auf dem Balkan nicht hinnehmen. Die Lage spitzte sich zu. Im Juni/Juli 1878 fand der Berliner Kongress statt, der einen weiteren Krieg verhindern sollte.

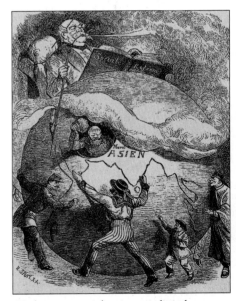

„Mir kann es ganz recht sein, wenn die anderen dort unten Beschäftigung finden. Man hat dann endlich Ruhe hier oben." (Kladderadatsch, 1884)

Anfangs vermied es Bismarck, durch deutsche Kolonialansprüche Großbritannien und Frankreich herauszufordern. Erst um 1884 gab er diese Haltung auf.

6. Innenpolitik und Gesellschaft im Kaiserreich

M1 Bismarck hatte als Reichskanzler viele Probleme zu bewältigen. Innenpolitisch sah Bismarck in der organisierten Arbeiterbewegung die größte Bedrohung für das Kaiserreich. Zwei Attentatsversuche auf den Kaiser veranlassten ihn zu rigorosen Maßnahmen.

a) Das Sozialistengesetz als Karikatur in der englischen Zeitschrift „Punch":

Der Untertitel der Karikatur lautet: „Keeping it down".

b) Das „Gesetz gegen die gemeingefährlichen Bestrebungen der Sozialdemokratie" vom 28. September 1878 bestimmte Folgendes:
„§ 1. Vereine, welche durch sozialdemokratische, sozialistische oder kommunistische Bestrebungen den Umsturz der bestehenden Staats- oder Gesellschaftsordnung bezwecken, sind zu verbieten.
§ 9. Versammlungen, in denen sozialdemokratische, sozialistische oder kommunistische … Bestrebungen zutage treten, sind aufzulösen.
§ 11. Druckschriften, in welchen sozialdemokratische, sozialistische oder kommunistische … Bestrebungen zutage treten, sind zu verbieten."

c) August Bebel, SPD-Vorsitzender, äußerte sich zu den Auswirkungen des Sozialistengesetzes:
„Kaum war es einem Ausgewiesenen (= SPD-Mitglied) geglückt, eine Stelle zu erhalten, flugs erschien die Polizei und machte den armen Teufel bei seinem Arbeitgeber schlecht, der oft widerwillig den eben erst angekommenen Arbeiter entließ. Der musste jetzt sein Ränzel aufs Neue schnüren und zum Wanderstab greifen … Durch die Verfolgung aufs Äußerste verbittert, zogen sie von Stadt zu Stadt, suchten überall die Parteigenossen auf, die sie mit offenen Armen aufnahmen und sie zum Zusammenschluss und zum Handeln anfeuerten. Dadurch wurde eine Menge örtlich geheimer Verbindungen geschaffen, die ohne das Betreiben der Ausgewiesenen kaum entstanden wären."

1 Gib den Inhalt des Sozialistengesetzes mit eigenen Worten wieder!

2 Welchen Zweck sollte es erfüllen?

3 Deute die Karikatur! Was sagt der Karikaturist über die Wirkung des Gesetzes aus? Schaue dir dazu auch die Sitzverteilung der SPD ab dem Jahr 1878 sowie die Äußerungen von August Bebel an!

4 Welche Gründe hatte diese Entwicklung laut Bebel?

M2 Sitzverteilung im Reichstag von 1871 bis 1912:

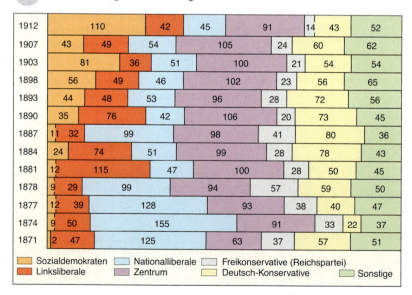

1 Wie veränderte sich der Stimmenanteil der einzelnen Parteien? Welche politische Richtung ist am stärksten vertreten und für welches politische Programm stand sie?

M 3 Bismarck hat verschiedene Gesetze durchgesetzt, die den Einfluss der katholischen Kirche und des Papstes begrenzten. Er selbst sagte dazu:

„Die Frage, in der wir uns befinden, ... ist wesentlich eine politische, es handelt sich nicht um den Kampf, wie unseren katholischen Mitbürgern eingeredet wird, einer evangelischen Dynastie gegen die katholische Kirche, es handelt sich nicht um den Kampf zwischen Glauben und Unglauben, es handelt sich um den uralten Machtstreit zwischen Königtum und Priestertum ... Es handelt sich um die Verteidigung des Staates, es handelt sich um die Abgrenzung, wie weit die Priesterschaft und wie weit die Königsherrschaft gehen soll, und diese Abgrenzung muss so gefunden werden, dass der Staat seinerseits dabei bestehen kann. Denn in dem Reiche dieser Welt hat er das Regiment und den Vortritt."

1 Welchen Vorwurf der Katholiken versuchte Bismarck zu entkräften?

2 Welche Rolle kam seiner Meinung nach dem Staat zu?

3 Überlege, wer außer den Protestanten auch diese Meinung vertreten hatte!

M 4 Die Gesellschaft im Kaiserreich

a) Eine Festtafel im gehobenen Bürgertum:

b) „Bitt'schön, wenn der Herr Hund vielleicht nicht alles aufessen kann ...":

c) Das Militär und seine Rangordnung prägten das Leben im Kaiserreich:

„Der Festredner" (Gemälde von Carl Johann Spielter, 1901)

Zeichnung von Th. Th. Heine im „Simplicissimus", 1896

„Herr Leutnant tragen das Monokel im Bad?" – „Ah, befürchte sonst für einen Zivilisten gehalten zu werden."
Das Monokel, eine Sehhilfe für das Auge, galt als eines der Kennzeichen für militärisch-adelige Gesinnung im Kaiserreich (Karikatur aus dem „Simplicissimus").

d) Dienstmädchen gab es in vielen bürgerlichen Haushalten. Sie hatten von frühmorgens bis spätabends zu tun, auch samstags; sonntags endete ihr Dienst am Nachmittag. Aus den Vorschriften für Dienstmädchen:

„Die Dienstboten müssen stets ehrerbietig (sein) gegen ihre Herrschaft und alle Standespersonen werden, je nach Landessitte, aber meistens in der dritten Person, angeredet und immer der Titel dabei: ‚Haben die gnädige Frau', ‚Befehlen der gnädige Herr' oder wie der Titel denn ist." – „Wenn ein Auftrag gegeben wird, so sagen sie ‚zu Befehl' (nicht ‚Jawohl' oder ‚Ja') und werden sie gerufen oder ist etwas nicht verstanden ‚Wie befehlen' ... (nicht ‚Was gefällig?' oder gar ‚Was'); haben sie ... etwas anzubieten, ... ‚Befehlen gnädige Frau noch?' (nicht ‚Wünschen Sie?'); bei Anmeldung der Mahlzeiten ‚Es ist serviert' oder ‚Es ist aufgetragen!'"

1 Die Gesellschaft im Kaiserreich war sehr unterschiedlich. Berichte darüber anhand der Bilder und der Quelle! Ziehe dazu auch die Abbildungen und Texte auf den Seiten 12ff. hinzu!

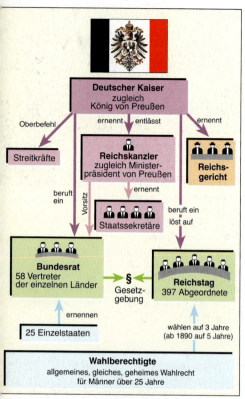

Die Verfassung von 1871 blieb bis 1918 gültig.

Polizeiliche Hausdurchsuchung bei verdächtigen Sozialdemokraten

Die Verfassung des Deutschen Reichs

Die Reichsverfassung von 1871 enthielt keine Grundrechte. Die exekutive Gewalt lag beim preußischen König, der zugleich deutscher Kaiser war. Er hatte das Recht, den Reichskanzler und die Staatssekretäre zu ernennen oder zu entlassen. Otto von Bismarck wurde der erste **Reichskanzler**. Er war **allein dem Kaiser und nicht dem Parlament verantwortlich**. Da der Kaiser zusammen mit dem Bundesrat zudem das Recht der Auflösung des Reichstags besaß, konnte gegen seinen Willen im neuen Reich kaum etwas geschehen.

Die gesetzgebende Gewalt lag beim Reichstag und im Bundesrat. Die Abgeordneten des Reichstags wurden vom Volk gewählt, die Vertreter der 25 Einzelstaaten wurden von ihren jeweiligen Regierungen entsandt. Die Länder besaßen Rechte in den Bereichen Finanzverwaltung, Polizei, Schulen und im Gerichtswesen, während dem Reich Außenpolitik, Außenhandel und Post zustanden. Bayern hatte eine Sonderstellung (s. S. 25).

Bismarcks Kampf gegen die Sozialdemokratie

Gegen mögliche Widersacher seiner Politik ging Bismarck äußerst autoritär vor. Am heftigsten bekam dies die politische Arbeiterbewegung zu spüren. Neben dem Allgemeinen Deutschen Arbeiterverein (1863 gegründet), der demokratische Forderungen wie das allgemeine und gleiche Wahlrecht vertrat, übte die Sozialdemokratische Arbeiterpartei (1869) großen Einfluss auf die Arbeiter aus. 1875 vereinigten sich diese Parteien zur **Sozialistischen Arbeiterpartei** (SAP). Sie forderte mehr politische und soziale Rechte für die Arbeiter und glaubte, dies nur durch einen Umsturz der bestehenden Gesellschaftsordnung erreichen zu können.

Zwei Attentatsversuche im Jahr 1878 auf den Kaiser lieferten Bismarck den willkommenen Vorwand, um mit entsprechenden Gesetzen gegen die Sozialdemokratie vorzugehen. Dass die organisierte Arbeiterbewegung tatsächlich hinter den Attentaten gestanden hatte, konnte nicht nachgewiesen werden. Das **Sozialistengesetz** verbot sozialistische und kommunistische Versammlungen und Vereine sowie den Druck ihrer Zeitungen. Die SAP als Partei blieb allerdings bestehen und konnte weiterhin Kandidaten für die Reichstagswahl aufstellen. Viele Parteimitglieder mussten flüchten, um einer Verhaftung zu entgehen. Durch umfangreiche Sozialgesetze ab 1883 versuchte Bismarck gleichzeitig die Arbeiter für den Staat zu gewinnen (s. S. 17f.). Sein Ziel, die Arbeiterbewegung zu zerschlagen, erreichte er nicht: Trotz Gefängnisstrafen, Ausweisungen und Verfolgungen steigerte die SAP ihren Stimmenanteil bei den Reichstagswahlen. 1890 wurde das Sozialistengesetz, nachdem Bismarck aus dem Amt geschieden war, aufgehoben. Die Sozialistische Arbeiterpartei nannte sich von da an „Sozialdemokratische Partei Deutschlands" (SPD).

Maßnahmen gegen die katholische Kirche

Eine Gefährdung für den Staat sah Bismarck auch im Einfluss der katholischen Kirche auf das Kultur- und Bildungswesen. Im Jahr 1870 war das Dogma von der Unfehlbarkeit des Papstes verkündet worden. Danach hatten Glaubens- und Morallehren, die der Papst verkündete, absolute Gültigkeit. Dieser, wie Bismarck formulierte, „**Priesterherrschaft**", sagte er den Kampf an. Als die **Zentrumspartei**, die sich als katholische Antwort auf das protestantische Übergewicht im neuen Kaiserreich verstand, aus den Reichstagswahlen von 1871 als **zweitstärkste Partei** hervorging, handelte Bismarck: Zunächst ließ er die katholische Abteilung des preußischen Kultusministeriums schließen. Anschließend setzte er eine Reihe einschneidender **Maßnahmen** durch. Dazu zählte z. B das zeitweilige Verbot für Jesuiten und andere Orden, im Deutschen Reich Klöster zu gründen. Mit diesen Maßnahmen wollte Bismarck nicht die Katholiken treffen, sondern die **Kirche der Kontrolle des Staates unterwerfen** und das Zentrum als politische Kraft zerschlagen. Ergebnis war auch hier eine Niederlage: Die Zentrumspartei gewann bei den Reichstagswahlen zwischen 1871 und 1878 erheblich an Stimmen dazu.

Bismarck und Papst Pius IX. beim Schachspiel in einer zeitgenössischen Karikatur zur Auseinandersetzung zwischen Staat und Kirche. Aufgrund des Widerstandes des Papstes und der Kirchen gegen die von Bismarck erlassenen Kirchengesetze wurden die meisten von ihnen wieder aufgehoben. Bis heute gültig geblieben sind die staatliche Schulaufsicht sowie die alleinige Rechtmäßigkeit der standesamtlich geschlossenen Ehe (= Zivilehe).

Die Gesellschaft im Kaiserreich

Trotz der raschen industriellen Entwicklung blieb der Adel in Deutschland weiterhin tonangebend. Die führenden Positionen in Armee, Justiz und Verwaltung wurden von Adeligen besetzt. Das **Besitzbürgertum** wie Fabrikbesitzer, Bankiers ahmte die Lebensgewohnheiten der Adeligen nach. Bei den **Bürgern** begannen sich Leistung, Bildung und eine Karriere beim Militär als erstrebenswerte Maßstäbe der Anerkennung durchzusetzen. Meister, Bürokräfte usw. setzten sich deutlich ab von ungelernten Hilfskräften und **Arbeitern**. Die Bestrebungen von Arbeitern nach mehr politischen Rechten und sozialen Verbesserungen stießen bei den oberen Schichten auf Ablehnung und vergrößerten die Kluft zwischen beiden (s. S. 19). **Frauen** hatten je nach gesellschaftlichem Rang unterschiedliches Ansehen und andere Aufgaben. Sie waren den Männern keineswegs gleichgestellt. Viele Berufe blieben ihnen verschlossen. Erst nach 1900 durften Frauen an der Universität studieren und die Ausbildungsmöglichkeiten verbesserten sich. In Bayern gab es erstmals 1912 ein Mädchengymnasium. Für mehr Rechte der Frauen und bessere soziale Absicherung setzten sich unterschiedliche Bewegungen ein (s. S. 20f.).

Im Deutschen Reich lebten auch eine Reihe von Minderheiten wie Dänen und Polen, die weder politisch mitwirken durften noch gesellschaftlich Anerkennung fanden. **Juden** hingegen waren im Deutschen Reich ab 1871 völlig gleichberechtigt und genossen z. B. als Unternehmer, Bankiers, Anwälte und Ärzte sowie in der Wissenschaft und Kultur großes Ansehen. Trotzdem waren sie immer wieder Neid und Anfeindungen ausgesetzt; man stempelte sie schnell als Sündenböcke bei wirtschaftlichen Schwierigkeiten ab. Der Begriff **„Antisemitismus"** (= Feindschaft gegenüber Juden) wurde erstmals in der Presse verwendet, ab 1880 entstanden erste antisemitische Parteien.

Obgleich einige jüdische Mitbürger aufgrund ihrer Verdienste zu Ehrenbürgern ernannt wurden, fehlte es nicht an Neid und Kritik: „Automobil, Patent Schmul – billigster Betrieb – gänzlich gefahrlos" (Karikatur aus dem Jahr 1900)

Industrialisierung und Wandel des europäischen Staatensystems

Überprüfe dein Wissen!

① Industrialisierung

Teste dein Wissen zur Industrialisierung!

Beantworte folgende Fragen und schreibe die Antworten in dein Heft!

ak – bank – bay – ber – che – deut– dus– dy – e – ein – en– hy– in – ken – ma– mie – mo – mon – na– ne – o – ot – po – ri – sche – scher – schi – schle – sien – sel – tan– the – ti – to – trie – und – ver – wech– zoll

1. Wichtige Voraussetzung für die Industrialisierung in Deutschland
2. Industriebereich, der durch den Eisenbahnbau einen großen Aufschwung erfuhr
3. Industrieregion (heute in Polen liegend)
4. Neue Finanzierungsform – z. B. für Großbetriebe
5. 1834 in München gegründete Bank
6. Erfindung von Werner von Siemens
7. Erfinder des Viertaktmotors (Nachname)
8. Wissenschaftsbereich, dem Justus von Liebig zu internationaler Anerkennung verhalf

② Wirtschaftliche Folgen des Eisenbahnbaus

Warum hat man die Eisenbahn als „Motor" der Industrialisierung in Deutschland bezeichnet? Erkläre anhand der Grafik und schreibe zu jedem Bereich zwei Sätze in dein Heft!

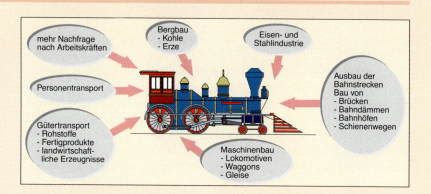

③ Arbeiten und Leben in der Zeit der Industrialisierung

Wiederhole anhand der Bilder, was du noch über die Lebens- und Arbeitsverhältnisse einzelner Schichten der Gesellschaft in der Zeit der Industrialisierung weißt! Beschreibe dabei auch die unterschiedlichen Aufgabenbereiche der Frauen aus der Unter- und Oberschicht!

④ Soziale Frage und Lösungsversuche

Wer ist's gewesen? Alle Persönlichkeiten haben sich mit der sozialen Frage auseinander gesetzt, aber unterschiedliche Konsequenzen daraus gezogen. Ordne Namen, Zitate bzw. Kurzbeschreibungen und Abbildungen richtig zu!

a) Wilhelm von Ketteler
c) Adolf Kolping
b) Karl Marx
d) Alfred Krupp

I.

II.

1. „Man richte nur in allen Städten ... einen freundlichen, geräumigen Saal ein, sorge an Sonn- und Feiertagen ... für Beleuchtung und im Winter für behagliche Wärme dazu und öffne das Lokal jungen Arbeitern ... Da die jungen Leute Gemeinsames mit ziemlich gleichen Kräften wollen, bilden sie dadurch einen Verein ... an dessen Spitze ein Geistlicher stehen soll."

2. „Ich habe den Mut gehabt, für die Verbesserung der Lage der Arbeiter Wohnungen zu bauen ... ihnen Schulen zu gründen und Einrichtungen zu treffen zur billigen Beschaffung von allem Bedarf ... Genießt, was euch beschieden ist. Nach getaner Arbeit verbleibt im Kreise der Eurigen und sinnt über Haushalt und Erziehung. Das sei eure Politik!"

III.

3. „Die ganze Gesellschaft spaltet sich in zwei große, feindliche Lager ...: Bourgeoisie und Proletariat ... Der Zweck des Kommunismus ist: Bildung des Proletariats zur Klasse, Sturz der Bourgeoisieherrschaft, Eroberung der politischen Macht durch das Proletariat."

4. „Die erste Forderung des Arbeiterstandes ist eine dem wahren Wert der Arbeit entsprechende Erhöhung des Arbeiterlohnes ... Die Gottlosigkeit des Kapitals, das den Arbeiter als Arbeitskraft und Maschine ausnutzt, muss gebrochen werden. Aber auch die Gottlosigkeit der Arbeiter muss vermieden werden."

IV.

Industrialisierung und Wandel des europäischen Staatensystems

⑤ Das Deutsche Reich

Versuche die Karikaturen auf dieser Seite zu deuten! Sie beziehen sich auf wichtige politische Ereignisse im Deutschen Reich!

Schreibe zu jeder Karikatur zwei bis drei Sätze in dein Heft und bereite einen Kurzvortrag dazu vor der Klasse vor! Nenne zunächst das Ereignis und erkläre dann, worauf die jeweilige Karikatur hinweisen bzw. was sie kritisieren will! Zeige die verschiedenen Rollen auf, in denen Bismarck dargestellt wird!

„Ein Alptraum des Herrn von Bismarck" (Karikatur aus der Pariser Zeitschrift „Actualité" vom 22. August 1870)

„Der eiserne Junggeselle" (Karikatur aus „Berg's Kikeriki" vom 21. November 1871)

„Hier, meine Herren, die Auswahl ist diesmal nicht groß! Für eins von beiden müssen Sie sich entscheiden!" (Karikatur aus dem „Kladderadatsch")

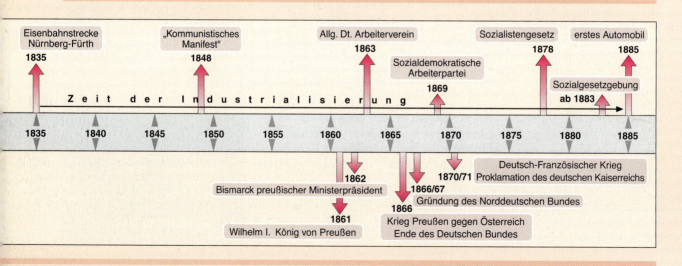

Europa und die Welt im Zeitalter des Imperialismus

Im Zeitalter des Imperialismus teilten die europäischen Mächte und die Vereinigten Staaten von Amerika die Welt unter sich auf. Dies ging nicht ohne Rivalität und harten Konkurrenzkampf vor sich. Großmachtpolitik, kulturelles Sendungsbewusstsein und wirtschaftliche Interessen waren die Gründe für diese Politik. Der deutsche Kaiser Wilhelm II. trat dabei besonders forsch und großspurig auf. Seiner Meinung nach sollte „am deutschen Wesen die Welt genesen". Darauf nimmt die amerikanische Karikatur aus dem Jahr 1898 mit dem Titel „Come and be saved" Bezug. Aber auch die anderen europäischen Staaten setzten oft für ihre Ziele, die Unterjochung zahlreicher Länder Afrikas und Asiens, rücksichtslos ihr Militär ein.

Europa und die Welt im Zeitalter des Imperialismus

1. Grundlagen und Motive des Imperialismus

M 1 Frankreichs Einstellung zu den Kolonien:

„Frankreich wird Marokko Kultur, Wohlstand und Frieden bringen können." (Titelseite einer französischen Zeitung, 1911)

1 Beschreibe, in welcher Haltung „Marianne", die Verkörperung Frankreichs, den Marokkanern entgegentritt und welche Haltung diese einnehmen! Welche Einstellung gegenüber den Marokkanern wird dadurch deutlich?

2 Welche Symbole des Fortschritts werden dargestellt? Was soll damit ausgedrückt werden?

M 2 Aussagen von Europäern über den Sinn von Kolonien:

Der britische Kolonialpolitiker Cecil Rhodes (1877): „Ich behaupte, dass wir die erste Rasse der Welt sind und dass es umso besser für die menschliche Rasse ist, je mehr von der Welt wir bewohnen ... Da Gott offensichtlich die englisch sprechende Rasse zu seinem Werkzeug geformt hat ... denke ich, dass das, was er gern von mir getan haben möchte ist, so viel von der Karte von Afrika britisch rot zu malen als möglich und anderswo zu tun, was ich kann, um die Einheit zu fördern und den Einfluss der englisch sprechenden Rasse auszudehnen."

Der deutsche Kaufmann und Kolonialpolitiker Carl Peters (1856 – 1918): „In ganz England ging mir die Rückwirkung einer großen Kolonialpolitik auch positiv auf. Ich erkannte, was die Wechselwirkung zwischen Mutterland und Kolonien handelspolitisch und volkswirtschaftlich bedeute und was Deutschland jährlich verliere dadurch, dass es seinen Kaffee, seinen Tee, seinen Reis, seine Gewürze, kurz alle seine Kolonialartikel von fremden Völkern sich kaufen müsse'..."

Der deutsche Historiker Heinrich von Treitschke (1834 – 1896): „So ist jene Kolonisation für die Zukunft der Welt ein Faktor von ungeheurer Bedeutung geworden. Von ihr wird abhängen, in welchem Maße jedes Volk an der Beherrschung der Welt durch die weiße Rasse teilnehmen wird: Es ist sehr gut denkbar, dass einmal ein Land, das gar keine Kolonien hat, gar nicht mehr zu den europäischen Großmächten zählen wird ..."

1 Fasse die Gründe, die für den Erwerb von Kolonien angegeben werden, mit wenigen Schlagworten zusammen!

2 Welche Rolle spielten die Einwohner der Kolonien in den Überlegungen?

3 Versucht Gründe zu finden, mit denen man diese drei Äußerungen widerlegen kann!

Was versteht man unter „Imperialismus"?

Mit dem Zeitalter der Entdeckungen um 1500 n. Chr. begann die Ausbreitung der europäischen Zivilisation über den gesamten Erdball. In der zweiten Hälfte des 19. Jahrhunderts setzte erneut eine Kolonisationsbewegung ein. Neben den europäischen Mächten kamen als weitere Kolonialherren die USA, Russland und Japan hinzu. Es begann ein wahrer Wettlauf um die angeblich letzten „freien" Gebiete, der nicht immer konfliktfrei vor sich ging und oft zu Krisen zwischen den einzelnen Mächten führte. Dieses **Bestreben der einzelnen Staaten, ihren Macht- und Einflussbereich auf entfernte Gebiete und Völker auszudehnen**, bezeichnet man als Imperialismus (lat. imperium = dt. Herrschaftsgebiet, Reich).

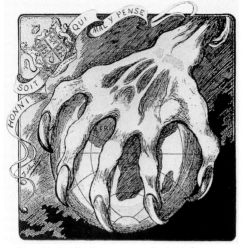

Französische Karikatur gegen die britische Kolonialpolitik. Der Schriftzug lautet übersetzt: „Ein Schelm, wer Böses dabei denkt."

Gründe für den Erwerb von Kolonien

Die Industrialisierung hatte zu einem enormen Anwachsen der Produktion geführt, gleichzeitig gab es aber für die immer größeren Mengen keine Abnehmer. Die Preise sanken, damit zugleich auch die Löhne. Diese wirtschaftliche Krise fand in mehreren Ländern statt. Die Befürworter des Imperialismus sahen einen Ausweg nur durch Erwerb von **Kolonien**, die sowohl **als Absatz- als auch Rohstoffmärkte** dienen sollten. Durch den erweiterten Markt würden nicht nur die Arbeitsmarktlage wieder stabilisiert werden, sondern auch neue Industrie- und Handelszentren entstehen. Geld könne Gewinn bringend in Großplantagen, Bergwerke und in den Bau von Verkehrswegen investiert werden und damit auch die Wirtschaft beleben. Konservativ eingestellte Politiker und Industrielle hofften, damit der wachsenden sozialistischen Arbeiterbewegung den Wind aus den Segeln nehmen zu können. Zufriedene Arbeiter hätten weniger Interesse an revolutionären Umsturzversuchen, wie sie Karl Marx und Friedrich Engels forderten (s. S. 19).

Neben dem wirtschaftlichen Gesichtspunkt spielte auch die Vorstellung, ein Staat wäre nur dann eine **echte Großmacht**, wenn er einen **möglichst großen Kolonialbesitz** vorweisen könne, eine große Rolle. Die Angst, man könnte womöglich an Macht und Stärke hinter andere Nationen zurückfallen, war eine der Triebfedern für die koloniale Expansion.

Rassismus und Sendungsbewusstsein

Die imperialistischen Staaten fühlten sich anderen überlegen. Man glaubte, das eigene Volk, die eigene „Rasse" sei aufgrund ihres angeblichen größeren Wertes zur Weltherrschaft berufen. In der Vorstellung der meisten Europäer waren die Eingeborenen Afrikas und Asiens unzivilisiert. Man ging davon aus, dass es zum Besten dieser Völker wäre, wenn man ihnen – notfalls mit Gewalt – die eigene Kultur und Zivilisation aufdrängen würde. Diese überhebliche Vorstellung von der angeblichen Minderwertigkeit der Afrikaner und Asiaten rechtfertigte in den Augen der europäischen Staaten, sie zu unterwerfen und ihre teilweise uralten Kulturen zu zerstören.

Diese deutsche Seifenreklame von 1885 macht deutlich, wie die Eingeborenen in Europa gesehen wurden.

Europa und die Welt im Zeitalter des Imperialismus

2. Der Wettlauf um die Kolonien

M 1 Das Streben nach Kolonialbesitz veränderte das Gesicht der Welt:

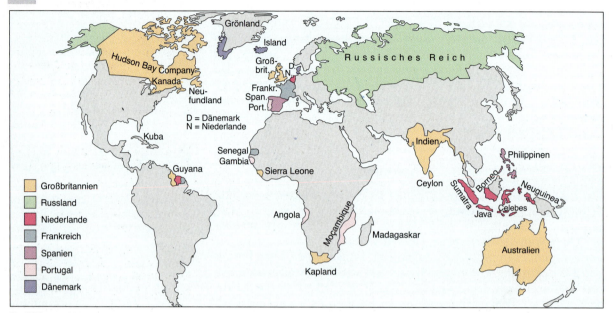

Die Welt um 1830

1 Nenne die Staaten, die sich besonders stark an der imperialistischen Politik beteiligt haben!

2 Wo lagen die Schwerpunkte der Eroberungspolitik?

3 Überlege, warum durch die „weißen Flecken" auf der Karte von 1830 beim Betrachter ein falscher Eindruck entstehen kann!

Die Welt um 1914

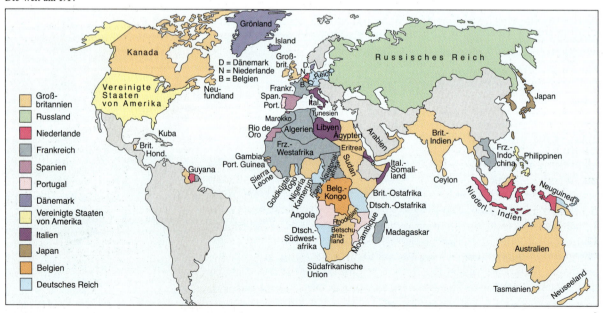

38

M 2 Der Kaufmann Carl Peters (1856 – 1918) nahm für die „Deutsche Gesellschaft für Kolonisation" in einem Monat und neun Tagen im heutigen Tansania ein Gebiet von der Größe Süddeutschlands in Besitz. Er beschreibt seine Vorgehensweise:

„Zogen wir in einen Kral (dorfähnliche Siedlung) ein, so begaben wir uns zu seiner Hoheit und fragten, ... ob er uns gestatte, dass auch wir unser Lager aufschlügen. Bei Mbuela knüpften wir sofort ein recht kordiales (herzliches) Verhältnis an ... Wir tranken dann einen Trunk guten Grogs und brachten seine Hoheit von vornherein in die vergnüglichste Stimmung ... Alsdann begannen auch die diplomatischen Verhandlungen, und aufgrund derselben wurde der Kontrakt (Vertrag) geschlossen. Als dies geschehen war, wurden die Fahnen ... in die Höhe gehisst, der Vertrag in deutschem Text ... verlesen, ich hielt eine kurze Ansprache, wodurch ich die Besitzergreifung als solche vornahm, die mit einem Hoch auf Seine Majestät, den Deutschen Kaiser endete, und drei Salven, von uns und den Dienern abgegeben, demonstrierten den Schwarzen, was sie im Falle einer Kontraktbrüchigkeit zu erwarten hätten ..."

M 3 Der Aufstand der Hereros

Die Hereros gehörten zu den Bantustämmen und lebten als nomadisierende Viehzüchter in Südwestafrika (heute Namibia). 1904 wehrten sie sich gegen die immer größer werdenden Übergriffe der Deutschen.

a) Der deutsche General von Trotta nach der entscheidenden Schlacht:
„Ich, der große General der deutschen Soldaten, sende diesen Brief an das Volk der Hereros. Die Hereros sind nicht mehr deutsche Untertanen. Sie haben gemordet und gestohlen, haben verwundete Soldaten Ohren und Nasen und andere Körperteile abgeschnitten und wollen jetzt aus Feigheit nicht mehr kämpfen. ... Das Volk der Hereros muss das Land verlassen. Wenn es dies nicht tut, so werde ich es mit dem Groot Rohr (Geschütz) dazu zwingen. Innerhalb der deutschen Grenze wird jeder Herero mit oder ohne Gewehr, mit oder ohne Vieh erschossen, ich nehme keine Weiber und keine Kinder mehr auf, treibe sie zu ihrem Volke zurück oder lasse auch auf sie schießen. Dies sind meine Worte an das Volk der Hereros. Der große General des mächtigen deutschen Kaisers."

b) Ein überlebender Herero berichtete:
„Der Krieg ist aus ganz anderen Gründen gekommen und hätte nicht zu kommen brauchen. Einmal waren es die Kaufleute mit ihrem schrecklichen Wucher ... für 1 Pfund (wollten sie) nach 12 Monaten 5 Pfund Zinsen haben. Dann ist es der Branntwein gewesen, der die Leute schlecht und gewissenlos gemacht hat. Aber das schlimmste Übel ist ... die Vergewaltigung unserer Frauen durch Weiße. Manche Männer sind totgeschossen (worden) wie Hunde, wenn sie sich weigerten, ihre Frauen und Töchter preiszugeben und drohten, sie mit der Waffe in der Hand zu verteidigen. Wären solche Dinge nicht gewesen, dann wäre kein Krieg gekommen."

1 Beschreibe Peters' Vorgehensweise! Mit welchen Mitteln erreichte er den Abschluss eines so genannten Schutzvertrages?

2 Warum ließ er am Ende der Zeremonie eine Salve abfeuern?

3 Der Vertrag wurde als Schutzvertrag bezeichnet, d. h. formal stellten sich afrikanische Herrscher mit ihrem Volk unter den Schutz des Deutschen Reichs. Peters selber spricht jedoch von einer ‚Besitznahme'. Erkläre diesen scheinbaren Widerspruch!

1 Welche Ziele verfolgten die deutschen Truppen? Welche Mittel wandten sie an, um diese zu erreichen?

2 Stellt Wirklichkeit und Idealbild im Verhältnis von Weißen zu den Einheimischen gegenüber!

3 Viele heutige Konflikte in Afrika haben ihre Wurzeln in der Zeit der imperialistischen Politik des 19. Jahrhunderts. Informiert euch im Internet unter den Namen afrikanischer Länder wie Ruanda, Südafrika, Kongo und versucht Informationen darüber zu sammeln! Auch unter dem Begriff „UNO-Friedenstruppen" werdet ihr Hinweise finden. Stellt die Ergebnisse der Klasse vor!

c) So wurde das Verhältnis zwischen dem deutschen Gouverneur (Theodor Leutwein) und den Hereros im Jahre 1906 dargestellt:

Europa und die Welt im Zeitalter des Imperialismus

Großbritannien, Frankreich und Russland als Fassadenmaler: „Wenn das gute Wetter hält, soll nächstens die Fassade unseres Erdballs frisch gestrichen werden, da an manchen Stellen die alte Farbe schlecht gehalten hat." (Karikatur aus dem Kladderadatsch, 1884)

Die Aufteilung Afrikas

Die imperialistische Politik der europäischen Mächte richtete sich bevorzugt auf Afrika, dessen Inneres bis zur Mitte des 19. Jahrhunderts weitgehend unerforscht blieb. Bedeutende Forscher wie Henry M. Stanley bereiteten mit ihren Entdeckungsfahrten der nachfolgenden Kolonisation den Boden (s. S. 42f.). Die erkundeten Regionen glichen nicht europäischen Staatengebilden, sondern waren von einer Vielzahl von Stämmen besiedelt. Daher verfestigte sich die Vorstellung vom „herrenlosen" Land, das man sich ohne weiteres aneignen könnte. Die Zerstückelung Afrikas erfolgte ohne jede Rücksichtnahme auf die alten Stammesgebiete der Afrikaner und deren Sprachgrenzen.

Großbritannien strebte die Bildung eines zusammenhängenden Kolonialgebietes von Ägypten bis Südafrika („Kap-Kairo-Linie") an. Diese Landverbindung sollte die Kontrolle Afrikas durch Großbritannien sichern. **Frankreich** hingegen wollte seinen Besitz aus ähnlichen Gründen von Nord- und Westafrika aus nach Osten ausdehnen („Afrika-Transversale"). Ein Konflikt mit England war aufgrund dieser konkurrierenden Interessen vorprogrammiert. **Deutschland** begann vergleichsweise spät mit dem Erwerb von Kolonien. Anfang der 80er Jahre hatten deutsche Kaufleute und Reisende mehrere Gebiete in Afrika in Besitz genommen und um Schutz gebeten. Bismarck gab seine anfängliche Zurückhaltung in der Kolonialpolitik auf (s. S. 27) und machte 1884 Togo, Kamerun, Deutsch-Südwestafrika (Namibia) und Deutsch-Ostafrika (Tansania) zu „Schutzgebieten" des Deutschen Reichs.

Nach einem ernsthaften Konflikt zwischen Frankreich, Belgien und Großbritannien um das neu erforschte, an Bodenschätzen reiche Kongo-Gebiet wurden auf der **Kongo-Konferenz** 1884/1885 allgemein gültige Regeln für den Erwerb von Kolonien aufgestellt. Unter Bismarcks Leitung bestätigten zwölf Diplomaten europäischer Staaten sowie die des Osmanischen Reichs und der USA die bisherige Aufteilung Afrikas. Bei den Verhandlungen nahmen keine Vertreter der afrikanischen Völker teil.

Wie wurde ein Land zur Kolonie?

- Viele Gebiete wurden durch militärische Aktionen erobert.
- Oft nahmen Privatleute Landstriche in Besitz. Kam es zu Konflikten mit der einheimischen Bevölkerung, baten Kaufleute und Siedler ihr Heimatland um Schutz. Als Gegenleistung für die Entsendung von Soldaten und Schutztruppen wurden diese Gebiete der Oberhoheit des Heimatlandes unterstellt.
- Viele Länder erhielten staatliche Unterstützungsgelder. Konnten sie diese Kredite an ihre europäischen Geldgeber nicht zurückzahlen, so besetzten sie das Schuldnerland und übernahmen die Kontrolle über die Wirtschaft und Politik. Dies sollte angeblich nur dem Schutz der eigenen wirtschaftlichen Interessen dienen. Ägypten geriet so unter britische Kontrolle. Die USA setzten diese Vorgangsweise in Ländern wie Haiti, Santo Domingo und Nicaragua durch. Man sprach auch von **„Dollarimperialismus"**.

Der britische Kolonialpolitiker Cecil Rhodes. Er war von 1890–1896 Premierminister der Kap-Provinz und kämpfte für die Landverbindung von Ägypten bis Südafrika. Dafür besetzte er große Gebiete im südlichen Afrika, das heutige Sambia, Botswana und Simbabwe.

Wie wurden Kolonien verwaltet?

War die Herrschaft der Weißen einmal gefestigt, gingen sie schnell daran, die neu erworbenen Kolonien nach eigenen Vorstellungen und zum eigenen Vorteil zu verwalten und umzugestalten. Im Einzelnen bedeutete dies:

- Sie bauten eine staatliche Verwaltung mit einem Gouverneur, Reichskommissar o. Ä. auf. Dieser konnte sich zur Durchführung von Verordnungen auf Schutztruppen stützen.
- Sie setzten Gerichte ein, die die Weißen bevorzugten.
- Sie schränkten die Lebensweise von Einheimischen radikal ein, indem sie ihnen ihr Land wegnahmen. Außerdem erließen sie Berufsverbote – zum Beispiel in der Verwaltung, bei Gerichten usw.
- Sie führten das bis dahin unbekannte Geld- und Steuerwesen ein. Im Zuge der Ausbeutung des Kolonialbesitzes ging man dazu über, von den Einheimischen verschiedene Arten von Abgaben und Steuern zu erheben. Konnten sie diese nicht leisten, wurden sie bestraft (Prügelstrafe, Verpflichtung zur Zwangsarbeit).

Auch die Missionare der christlichen Kirchen stellten sich neben ihrer seelsorgerischen Tätigkeit häufig in den Dienst der Kolonialherren. Sie unterstützten diese bei Verwaltungsaufgaben und trugen so – ungewollt oder gewollt – zur Festigung der Macht der Weißen bei.

So stellte man die Kolonialherrschaft gerne dar: Die Einwohner der deutschen Kolonien huldigen Kaiser Wilhelm II.

Der Herero-Aufstand endet mit einem Völkermord

Wie es den beherrschten Völkern ergehen konnte, wenn sie sich gegen die Herrschaft der Europäer zur Wehr setzten, zeigt das Beispiel des Herero-Aufstandes in Deutsch-Südwestafrika (1904 – 1906). Die Hereros waren Viehzüchter und Nomaden. Da immer mehr Land an deutsche Siedler ging, wurde ihre traditionelle Lebensweise immer mehr eingeschränkt. Der so genannte Schutzvertrag, den ihr Anführer Maherero 1870 abgeschlossen hatte, wurde von der deutschen Kolonialverwaltung missachtet. So kam es 1904 unter der Führung von Samuel Maherero zu einem Aufstand. Das Deutsche Reich entsandte Truppen, die die Hereros besiegten und in die Wüste Kalahari abdrängten. Damit begann ein **gnadenloser Völkermord** an den Hereros, denn der deutsche Kommandeur von Trotta ließ die wenigen Wasserstellen in der Wüste besetzen. Von den 60 000 Hereros – darunter viele Frauen und Kinder – kamen etwa 80 Prozent um, die meisten verdursteten. Die wenigen Überlebenden wurden in Lager gesperrt, wo wiederum viele den Tod fanden.

Alles in allem überlebte nur ein Viertel des Volkes der Hereros die deutsche Kolonialherrschaft. Dieses Beispiel zeigt, mit welcher rücksichtslosen Menschenverachtung die Kolonialmächte vorgingen, wenn sie ihre Interessen durch Aufstände der einheimischen Völker gefährdet sahen.

Und dies war die Realität: Gefangene Hereros werden nach dem Aufstand in die Gefangenschaft geführt.

Geschichten aus der Geschichte

Der Kongo gibt sein Geheimnis preis

Die Abenteuer des Henry M. Stanley – nach alten Dokumenten neu erzählt.

Auszug aus dem Jugendbuch von Hans O. Meissner

Einer der berühmtesten, aber auch umstrittensten Afrika-Forscher war Henry Morton Stanley (1841–1904), der auf mehreren spektakulären und verlustreichen Expeditionen das Kongo-Becken erforschte. Von 1875 an erschloss er das Gebiet im Auftrag des belgischen Königs Leopold II., der dieses Gebiet 1884/85 auf der Kongo-Konferenz als Privatbesitz zugestanden bekam. In der Folgezeit wurden die Menschen dort auf so grausame Weise ausgebeutet, dass etwa 10 Millionen umkamen.

Im Textauszug wird ein Gefecht zwischen den Mitgliedern einer Expedition von Henry M. Stanley (im Text Bula Matari genannt) und afrikanischen Eingeborenen beschrieben. Es kommen dabei beide Seiten zu Wort:

Henry M. Stanley, genannt Bula Matari (der Felsenbrecher)

„Da schien plötzlich das Ende der Expedition gekommen. Bula Matari soll mit seinen eigenen Worten sagen, was am 1. Februar 1877 geschah:
‚Wieder bringt das unirdische Gebrüll erbarmungs-
5 loser Menschenfresser große Aufregung in unsere Fahrt. Schlagartig werden meine Gedanken aus dem Traumland der Entdeckung gerissen. Ganz anders als sonst, da wir nur plumpe Einbäume gewohnt waren, stößt jetzt eine ungeheure Flotte von riesen-
10 haften Kanus gegen uns vor. Alle sind bemannt mit federgeschmückten und phantastisch bemalten Kriegern. Sie erheben ihre Stimmen zu einem gewaltigen Chor der Mordlust, dass die Wälder widerhallen und die Echos von Ufer zu Ufer springen.
15 Mit ohrenbetäubendem Lärm erschallen die Kriegschöre, und die Trommeln machen uns taub mit ihrem furchtbaren Dröhnen …
Es sind im Ganzen 54 Boote, aber welche unglaubliche Giganten! Jedes von ihnen übertrifft die ‚Ali-
20 ce' ums Doppelte. Das feindliche Flaggschiff ist ein echter Leviathan.[1] 80 Paddler stehen dicht nebeneinander, acht Steuerleute bedienen das mächtige Ruder am Heck, und dazu wimmelt es auf dem Schiff noch von kreischenden Kriegern. In den an-
25 deren Kanus schätze ich mindestens 2000 Mann …
Die Krieger holen zum Speerwurf aus, aber im gleichen Augenblick knattern unsere Gewehre. Manwa Sera, Klatschetsche, Pocock und ich verschießen Explosionspatronen aus unseren Elefantenbüchsen. Es
30 ist die größte unserer bisherigen Schlachten auf dem Strom und bei weitem die gefährlichste. Das Holz der feindlichen Kanus zersplittert, das Wasser rötet sich, zerfetzte Menschenleiber treiben an uns vorbei. Überall dasselbe schreckliche Bild: Rauch, Donner
35 und Geschrei. Der Feind begreift jetzt die furchtbare Wirkung unserer Waffen. Noch schneller als sie kamen, suchen die Überlebenden ihr Heil in der Flucht. Aus den Verfolgern werden die Verfolgten.
Mein Blut kocht, und wilder Hass gegen die scheuß-
40 lichen menschlichen Aasgeier übermannt mich. Wir verfolgen sie bis zu ihren Dörfern. Wir haben die Besinnung verloren aus Ekel vor diesen mordgierigen Kannibalen. Wir treiben sie Hals über Kopf in die Wälder, zerstören ihre Hütten und ihre Götzentempel aus Elfenbein. Alles wird verbrannt, und dann
45 versenken wir die riesigen Kanus. Schauderhaft sind die Beweise ihres Kannibalismus, Menschenschädel verzieren die Dorfstraße, große Mengen an Schenkelknochen, Rippen und Rückenwirbeln liegen auf

Eines der vielen Gefechte während Stanleys Expedition

den Abfallhaufen. Mich überkommt Übelkeit bei dem Gedanken, dass auch unsere Knochen auf diese Weise verstreut würden …'

Nun hat uns der Zufall eine Schilderung der anderen Seite überliefert. Etwa zwölf Jahre später begegnete der belgische Kolonialforscher Coquihat dem Häuptling dieses Stammes und Anführer in jenem Gefecht. Er gab davon eine völlig andere Darstellung als Stanley:

‚Da erschienen eines Tages zur Stunde, als die Sonne gerade über unserem Kopf stand, mehrere Kanus von schwerfälliger Form. Vorne fuhr ein ganz merkwürdiges Kanu, mit zwei aufgerichteten Stangen, von denen Schnüre herabhingen. Die Männer in diesem Kanu waren mit weißem Stoff bekleidet, obwohl es sehr warm gewesen ist. Zu unserem Schrecken erblickten wir zwei Gestalten, die im Gesicht so hell waren wie weiße Tonerde. Sie hatten Stoff auf dem Kopf. Wir glaubten, es seien unbekannte Geister. Was wollten sie auf unserem Strom? Sicher nichts Gutes, eher sehr viel Böses. Sie wollten nicht bei uns anlegen, obwohl wir laut zu ihnen riefen. Als sich mehrere unserer Kanus den unheimlichen Gestalten näherten, war ich selbst mit meinem großen Kanu dabei. Der Geist mit den wasserfarbenen Augen und der hellen Haut zeigte ein rotes Tuch und winkte. Was das bedeuten sollte, wussten wir nicht. Um das Tuch und die Fremden näher zu sehen, paddelten wir ganz schnell auf sie zu. Da drohte dieser Geist mit einem dicken Stock in seiner Hand. Er hielt diesen Stock an seine Schulter, und plötzlich krachte Donner und Feuer daraus. Kugeln, die aus grauem, schwerem Metall bestanden, flogen in unsere Kanus, in unsere Brust und in unseren Kopf. Die schnellen Geschosse erreichten uns aus sehr, sehr großer Entfernung. Auch Frauen, die am Ufer standen, wurden durchlöchert, ebenso die Hütten, die Ziegen und die Schilde. Die Menschen fielen um, als habe sie der Blitz getroffen. Alles wurde durchschlagen wir Bananen. Danach kämpften wir mit der Tapferkeit von Löwen und Elefanten. Wir verfolgten die Feinde tageweit stromab, doch schließlich konnten sie uns leider entschlüpfen. Wir haben nie wieder etwas von ihnen gesehen oder gehört. Ich hoffe, der Strom hat sie verschlungen.'

Wem soll man nun glauben, dem Häuptling der Menschenfresser oder Stanley? Da er in den meisten Fällen, die man später nachprüfen konnte, die Wahrheit gesagt hatte und weil seine Sansibariten[2] das Gleiche über die Schlacht vom 1. Februar erzählten, neigt sich die Glaubwürdigkeit zugunsten Bula Mataris."

---

[1] hier: eine Art Ungeheuer
[2] Hilfsmannschaften Stanleys, die von der Insel Sansibar kamen

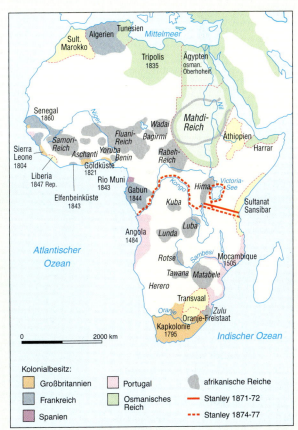

Reiseroute Stanleys. Die Karte zeigt Afrika um 1850. Erst ab 1884/85 wird die Landkarte „bunter", die „weißen" Flecken beginnen zu verschwinden.

3. Die Folgen des Imperialismus für die Kolonien und Europa

1 Vergleicht die Aufgaben in Geographie und Geschichte mit euren eigenen Aufgaben! Welche Unterschiede gibt es?

2 Wie müssten Aufgaben aussehen, die besser für die Schüler in Togo geeignet gewesen wären? Entwerft einige Beispiele!

3 Überlegt euch, welche Folgen diese Art der Schulbildung auf die einheimischen Schüler gehabt haben könnten!

1 Nenne Lebensbereiche der Einheimischen, die die europäischen Kolonialmächte verändert haben!

2 Vergleiche die beiden Bilder! Welchen Eindruck machen sie auf euch?

3 Was könnte das Brautpaar bewogen haben, sich nach europäischer Mode zu kleiden?

M1 Die Kolonialherren ermöglichen vielen Afrikanern erstmals einen Schulbesuch. Einige Prüfungsaufgaben an Schulen in Togo, 1909:

„Nach Schönschreiben und Rechtschreiben, je eine halbe Stunde, Geographie, eine Stunde:
1. die großen Staaten Europas und ihre Hauptstädte
2. die Namen der bedeutendsten deutschen Flüsse und die Richtung, in die sie fließen
3. die Namen der bedeutendsten deutschen Gebirge
Am Nachmittag Aufsatz: Welche guten Dinge haben uns die Europäer gebracht? Lesen aus dem ‚Dreikaiserbüchlein' (ein Lesebuch)
(Fragen im Fach Geschichte): „Die Regierung Kaiser Wilhelms I. und die Kriege, die er geführt hat. Nenne die Männer, die sein Regiment besonders unterstützt haben."

M2 Veränderungen in der Lebensweise der Afrikaner

Die europäischen Machthaber prägten den Alltag vieler Afrikaner bis tief in das Privatleben hinein.

a) Eine neue Religion:

„ … Die Alten hatten noch an die Kalungas geglaubt, an die Seelen Verstorbener, die sie als Holzfigur anbeteten. Die Männer und Frauen hatten noch nächtelang zum Klang großer Trommeln getanzt. Dann wurden die Kalungas von den Missionaren verbrannt, dazu die Trommeln und der heidnische Schmuck. Die Feste wurden verboten; es wurde mit der Hölle gedroht. Alles sollte mit einem Male ein Ende haben."

b) Männer wurden als Arbeitskräfte ohne ihre Familien in weit entlegene Gebiete gebracht:

„Ein blühender junger Mann zog fort zur Arbeit – ein elender, gealterter Mann kehrt heim, Hütte und Acker findet er verwahrlost, die Familie im Elend; nur all seine Krankheiten schleppt er mit sich und infiziert damit Familie und Volk."

c) Hochzeit:

Ein Paar vom Volk der Ovambo sowie ein Brautpaar, das nach europäischer Sitte heiratete.

M3 Die europäische Kolonialherrschaft aus der Sicht der Kolonialvölker

a) Der Schriftsteller und Politiker Aimé Césaire aus Martinique (Karibik) schrieb 1968:
„… Man wirft mir Fakten an den Kopf, Statistiken, Kilometerzahlen von Straßen, Kanälen, Eisenbahnen. Ich spreche von Millionen Menschen, die man ihren Göttern, ihrer Erde, ihren Sitten, ihrem Leben, entriss. Ich spreche von Millionen Menschen, denen man geschickt das Zittern, den Kniefall, die Verzweiflung, die Unterwürfigkeit eines Dieners eingeprägt hat …
Man präsentiert mir Schiffsladungen von Baumwoll- und Kakaoexporten … Ich spreche von einer landwirtschaftlichen Entwicklung, die einzig den Interessen der Mutterländer dient, vom Raubbau an Erzeugnissen, Raubbau an Rohstoffen."

b) Der Nigerianer Donald Ekong:
„(Frankreich und England) haben in der ganzen Welt das getan, was 2000 Jahre vorher die Römer in Europa gemacht haben. Sie haben ein Weltreich gegründet. Man darf nicht annehmen, dass es nur Ausbeutung war. Die Engländer haben in all diesen Ländern britische Verwaltung eingeführt. Und sie haben diese Gebiete nicht nur regiert, sondern haben auch einen erheblichen kulturellen Einfluss ausgeübt und sehr viel auf kulturellem Gebiet hinterlassen. Eine Entwicklung dieser Art hat Europa auch durchgemacht. … Wir schimpfen natürlich auf den Imperialismus. Aber wenn ich einen indischen Kollegen treffe oder einen Burmesen oder jemanden von irgendeiner Insel im Pazifischen Ozean, von der ich zuvor nie gehört habe, finde ich es trotzdem als sehr angenehm, festzustellen, daß er die gleiche Sprache spricht wie ich, und zwar nicht nur linguistisch (von den Wörtern her), sondern dass wir gemeinsame Ideen haben."

1 Fasse mit eigenen Worten die Argumente zusammen, die die Autoren jeweils für und gegen die Kolonialherrschaft vorbringen!

2 Finde weitere Argumente, mit denen ihr eine der beiden Sichtweisen unterstützen könnt!

3 Diskutiert darüber, ob die Kolonialherrschaft für die Eingeborenen eher ein Fluch oder ein Segen war!

M4 Lohnen sich Kolonien?

a) Eines der wichtigsten Argumente für den Erwerb von Kolonien war im Deutschen Reich der wirtschaftliche Nutzen gewesen. Diese Tabelle zeigt die Einnahmen aus den und die Ausgaben für die Kolonien im Jahr 1912 (Angaben in Millionen Mark):

Kolonie	Einnahmen	Ausgaben
Südwest-Afrika	24 180 000	34 810 000
Kamerun	10 950 000	10 950 000
Togo	3 510 000	3 310 000
Deutsch-Ostafrika	15 580 000	18 970 000
Deutsch-Neuguinea	870 000	1 480 000
Deutsch-Samoa	1 180 000	1 000 000

b) Otto von Bismarck zur Kolonialpolitik (1868):
„Einerseits beruhen die Vorteile, die man sich von Kolonien für den Handel und die Industrie des Mutterlandes verspricht, zum größten Teil auf Illusionen. Denn die Kosten, welche Gründung, Unterstützung und besonders die Behauptung von Kolonien verursachen, übersteigen sehr oft den Nutzen … Außerdem würde der Versuch Kolonien zu gründen, deren Oberhoheit andere Staaten in Anspruch nehmen, zu mannigfachen und unerwünschten Konflikten führen können."

1 Schon früh hat Otto von Bismarck vor zu großen Erwartungen in der Kolonialpolitik gewarnt. Worauf weist er hin? Stelle seine Aussagen den Angaben in der Tabelle gegenüber!

Europa und die Welt im Zeitalter des Imperialismus

„Bevor die Deutschen kamen …"

„Die Deutschen sind da!"
In Deutschland machte man sich über die Veränderungen, die durch die eigene Herrschaft bewirkt wurden, lustig. (Karikatur aus der Zeitschrift „Jugend", 1896)

Kautschukplantage in Malaysia
Solche eintönigen Monokulturen entstanden anstelle des tropischen Regenwaldes mit seiner reichen Tier- und Pflanzenwelt.

Die Kolonialherren verändern das Leben der einheimischen Bevölkerung

Die Herrschaft der Europäer hatte in den Kolonien einen tief greifenden Wandel in vielen Lebensbereichen der Einheimischen. Die Arbeit in den Bergwerken und auf den Plantagen erforderten eine große Anzahl an Arbeitern, ebenso wie die Großprojekte der Kolonialmächte, etwa der Bau großer Eisenbahnlinien quer durch Afrika. Hierfür wurden in großem Umfang – und nicht immer freiwillig – Einheimische aus oft weit entfernt liegenden Dörfern und Gebieten angeworben. Deren **Familien**, Frauen mit ihren Kindern, oft auch alte Menschen, blieben meist **unversorgt** zurück; die traditionellen Familienverbände zerbrachen oft. Die Missionare der Weißen brachten den Einheimischen die Botschaft des Christentums, **verboten** zugleich **traditionelle Sitten, Bräuche und Glaubensvorstellungen**, die sie oft als „heidnisch" und „unmenschlich" ansahen. Viele einheimische Sprachen waren zwar durch die Kolonialherren zum ersten Mal verschriftlicht worden. Aber sie konnten sich gegenüber den europäischen Sprachen nicht durchsetzen. Der Unterricht in den Schulen fand in der Sprache der jeweiligen Kolonialmacht statt und verdrängte die einheimischen Sprachen und Dialekte. Die neuen Herren lebten einen bis dahin völlig unbekannten Lebensstil. Deren Gewerbefleiß, Konsumdenken und Gewinnstreben gewannen schnell Anhänger in der einheimischen Bevölkerung. Man ahmte die Kolonisten nach. Durch alle diese Veränderungen gingen die althergebrachten Familien- und Sippenbindungen größtenteils verloren.

Raubbau an der Natur

Die traditionelle, kleinbäuerliche Land- und Viehwirtschaft, die in erster Linie auf Selbstversorgung ausgerichtet war, wurde verdrängt. Die Kolonialmächte konzentrierten sich auf den Anbau Gewinn bringender Agrarerzeugnisse und den Abbau und Export von wertvollen Rohstoffen. **Riesige Plantagen** entstanden, um etwa Kautschuk, Kaffee oder Kakao zu produzieren. Dafür wurden ganze Landstriche gerodet. Gezielt förderte man den **Abbau von** bestimmten **Bodenschätzen**. Die Plantagen und Bergwerke waren nie in einheimischem Besitz, die riesigen Profite flossen stets in die Mutterländer ab. Diese wirtschaftliche Monokultur wirkt sich bis heute auf die Wirtschaft vieler afrikanischer Länder aus: Bis heute sind sie oft vom Export eines einzelnen Produkts abhängig, dessen Preis jedoch auf den Märkten Europas und der USA bestimmt wird. Lebensmittel zur Grundversorgung müssen weiterhin importiert und teuer bezahlt werden. Trotz ihrer politischen Unabhängigkeit sind die meisten ehemaligen Kolonien weiterhin von Europa wirtschaftlich abhängig geblieben.

Neben der Plantagenwirtschaft bewirkte der **Abbau von Edelhölzern** wie Mahagoni und Teakholz einen weiteren Raubbau an der Natur. Beispiel Kamerun: Das Land war arm an Erzen und anderen Bodenschätzen. Das Schlagen von Edelhölzern zerstörte große Urwaldflächen. Die Folgen sind bis heute spürbar. Steppengebiete und Buschwerk breiten sich dort aus, wo früher üppige Tropenwälder standen.

Willkürliche Grenzziehungen und neue Regierungsformen

Um ihre Herrschaft zu sichern, **entmachteten** die Kolonialmächte die **einheimischen Herrscher** und schafften die traditionelle Selbstverwaltung durch Häuptlinge und Clan-Chefs ab. An ihre Stelle traten Beamte der jeweiligen Kolonialmächte. Gleichzeitig wurden die Grenzen zwischen den verschiedenen Kolonien völlig willkürlich gezogen. Meist hatten die jeweiligen Völker in Stammesverbänden zusammengelebt; jetzt wurden **traditionelle Siedlungsgebiete zerschnitten** oder verfeindete Gruppen gezwungen, in einem neuen Staat zusammen zu leben. Als Folge dieser Entwicklung kommt es in vielen afrikanischen Staaten auch heute noch immer wieder zu blutigen Auseinandersetzungen zwischen einzelnen Völkern.

1994 fliehen Hunderttausende vor dem grausamen Bürgerkrieg in Ruanda. Bei Auseinandersetzungen zwischen zwei verfeindeten Volksgruppen gab es mehr als eine Million Tote. In Afrika sind bis heute Millionen von Menschen vor solchen Bürgerkriegen auf der Flucht.

Welchen Nutzen hatten die Einheimischen von der Kolonisierung?

Die von den Kolonialherren erbauten **Krankenhäuser und Schulen** ermöglichen eine bessere medizinische Versorgung und eine Alphabetisierung bei Teilen der Bevölkerung. Einheimische wurden in handwerklichen und sozialen Berufen ausgebildet. Zur besseren Verwaltung und ergiebigeren Ausbeutung schufen die Kolonialmächte eine Infrastruktur, die das Land wirtschaftlich erschloss: **Häfen, Straßen und Eisenbahnlinien** waren die Basis für die Modernisierung des Landes. Dies gilt auch für den **Ausbau des Nachrichtenwesens**. Allerdings dienten diese Maßnahmen rein wirtschaftlichen Interessen, ökonomisch unergiebige Landesteile blieben unerschlossen. Außerdem geschah diese Erschließung und der Ausbau mithilfe meist schlecht bezahlter oder zwangsverpflichteter Einheimischer.

Das bedeutendste Erbe der Kolonialherren ist jedoch die **Sprache:** Besonders Englisch und Französisch haben sich als Verkehrssprachen durchgesetzt. Indien z.B. hat über 1600 Sprachen und Dialekte. Die Sprache des ehemaligen Mutterlandes erleichtert die allgemeine Verständigung untereinander.

Folgen für die Kolonialmächte

Ursprünglich setzten die Kolonialmächte große Hoffnungen in den wirtschaftlichen Ertrag der Kolonien. Zum ersten Mal wurden einer breiten Bevölkerungsschicht **Kolonialwaren** (Tee, Kaffee, Kakao, Zucker und tropische Früchte) in größerem Umfang und billiger angeboten. Viele Handelshäuser und Kapitalgesellschaften erzielten anfangs durchaus Gewinne. Die Entwicklung zeigte schon bald, dass die **Kolonien** die hoch gesteckten Erwartungen der Kolonialmächte nicht erfüllen konnten. Sie waren fast ausnahmslos **ein Zuschussgeschäft**, da sich die erwarteten wirtschaftlichen Erfolge nicht einstellten und die militärische Sicherung riesige Summe verschlang. Die angestrebte wirtschaftliche Unabhängigkeit von anderen Staaten durch eigene Rohstoffquellen und Absatzmärkte konnte nicht ansatzweise erreicht werden. So trat auf staatlicher Seite eine allgemeine Ernüchterung ein. Es mehrten sich die Stimmen, die die **Kolonialpolitik als Fehlschlag** kritisierten.

Ein „Kolonialwarenladen" aus der Zeit der Jahrhundertwende
Die so genannten Kolonialwaren, etwa Kaffee, Kakao, wurden durch die Kolonialherrschaft zum ersten Mal für viele Bürger erhältlich. Diese Veränderungen der Konsumgewohnheiten waren für die meisten Europäer die sichtbarste Folge des Kolonialismus.

Europa und die Welt im Zeitalter des Imperialismus

4. Das Deutsche Reich unter Kaiser Wilhelm II.

M1 Der deutsche Kaiser Wilhelm II. (1888 – 1918)

a) Wie der Kaiser gesehen werden wollte:

Wilhelm II. auf einem Gemälde von Max Koner (1890): Er trägt eine Uniform, deren Brustpanzer mit Orden geschmückt ist. Seine linke Hand umfasst einen Degen, die rechte stützt sich auf einen Marschallstab.

1 Stelle das Porträt nach! Warum wählte der Maler diese Körperhaltung, Kleidung und Perspektive?

2 Ein französischer General soll zu diesem Bild gesagt haben: „Dies ist kein Porträt, sondern eine Kriegserklärung." Begründe, wie er zu diesem Urteil kommen konnte!

b) Wie Wilhelm II. im Ausland eingeschätzt wurde:

Ungarische Karikatur aus dem Jahr 1895

3 Wie stellt der Karikaturist den Kaiser dar? An welches geschichtliche Vorbild denkt er dabei?

4 Was will die Karikatur aussagen? Beachte vor allem die Weltkugel mit der Hand des Kaisers!

1 Nenne die außenpolitischen Ziele des Kaisers!

2 Mit welchen Mitteln wollte er diese erzielen? Achte vor allem auf die Wortwahl und zitiere die entsprechenden Stellen!

3 Welche anderen Mächte werden einer solchen Politik nicht tatenlos zugesehen haben? Bedenke, was du über den Imperialismus erfahren hast!

4 Die Rechtschreibung des Textes weist eine Besonderheit auf; was kannst du daraus über das Selbstverständnis des Kaisers ableiten?

M2 Wilhelm II. zu den Zielen seiner Außenpolitik:

Auf einem Festmahl nach einer Schiffstaufe äußerte sich der Kaiser am 3. Juli 1900 folgendermaßen:

„Der Ozean ist unentbehrlich für Deutschlands Größe. Aber der Ozean beweist auch, dass auf ihm in der Ferne, jenseits von ihm, ohne Deutschland und den Deutschen Kaiser keine große Entscheidung fallen darf … Hierfür die geeignetsten und, wenn es sein muss, auch die schärfsten Mittel rücksichtslos anzuwenden, ist Meine Pflicht nur, Mein schönstes Vorrecht. Ich bin überzeugt, dass Ich hierbei Deutschlands Fürsten und das gesamte Volk fest geschlossen hinter Mir habe …"

Wilhelm II. will, dass Deutschland Weltmacht wird

Im Jahr 1888 wurde Wilhelm II. deutscher Kaiser. Er war ein Mann von ausgeprägtem Geltungsdrang und Machtwillen, der jedoch oft unüberlegt und ohne diplomatisches Geschick handelte. Er trat in Deutschland und vor allem im Ausland gern in Uniform und mit großem Gefolge auf. Mit ihm begann ein **„neuer Kurs"** in der deutschen Politik: Sein Ziel war es, dem Deutschen Reich einen „Platz an der Sonne" im Machtkonzert mit den anderen Großmächten zu sichern. Dabei setzte er nicht auf Diplomatie und Verhandlungsgeschick, wie dies Bismarck getan hatte, sondern versuchte durch militärisch entschlossenes Vorgehen seine Gegner oder andere Staaten einzuschüchtern. 1890 entließ er deshalb den vorsichtig und diplomatisch handelnden Kanzler Bismarck und führte eine Politik des „persönlichen Regiments" ein. Das hieß, dass der Kaiser alle wichtigen politischen Entscheidungen selbst traf und nicht, wie in der Verfassung vorgesehen, der Reichskanzler. Er umgab sich mit einem Beraterstab, der vor allem aus Militärs bestand. In Deutschland konnte der Kaiser mit seiner Politik der Stärke auf die Zustimmung breiter Schichten der Bevölkerung bauen. Der damals verbreitete **Nationalismus** bewirkte, dass viele Menschen glaubten, das Deutsche Reich sei anderen Mächten überlegen und habe Anspruch auf eine Führungsposition in der Welt. Es galt das Kaiserwort „Am deutschen Wesen soll die Welt genesen" (s. S. 35). Der ebenfalls herrschende **Militarismus** (übersteigertes militärisches Denken) führte dazu, dass militärischer Drill und bedingungsloser Gehorsam im Alltag – etwa in den Schulen – als Erziehungsprinzip verbreitet waren. Militärische Paraden, Manöver und Flottenschauspiele waren an der Tagesordnung und begeisterten auch die Bevölkerung. Offiziere genossen in der Gesellschaft hohes Ansehen und waren begehrte Heiratskandidaten.

„Auf Vorposten" (Postkarte aus dem Kaiserreich)
Aus solchen scheinbar harmlosen Abbildungen wird deutlich, welch großen Stellenwert militaristisches Denken damals hatte. Kleine Buben wurden in unbequeme „Matrosenanzüge" gesteckt; „Krieg" zu spielen galt als natürliche Beschäftigung der Jungen.

Die deutsche Politik führt zu einem Wettrüsten in Europa

Ziel der deutschen Großmachtpolitik war es, sowohl auf See als auch im Fall eines Landkrieges stark genug zu sein, um es mit jedem Gegner aufnehmen zu können. Damit wurde ein Wettrüsten eingeleitet, in dessen Verlauf das Deutsche Reich seine Rüstungsausgaben verdoppelte. Besonderes Augenmerk legte der Kaiser dabei auf den **Ausbau der deutschen Hochseeflotte**. Nur dadurch glaubte er, den deutschen Kolonialbesitz schützen und wenn möglich noch ausbauen zu können. Immer größere und schwerer bewaffnete Kampfschiffe liefen in den Werften vom Stapel. Vor allem Großbritannien sah sich dadurch herausgefordert und reagierte mit einem eigenen Flottenbauprogramm. Aber auch andere **europäische Großmächte** wie Frankreich und das russische Zarenreich **erhöhten ihre Rüstungsausgaben** von Jahr zu Jahr. So kam es zu einem allgemeinen Wettrüsten, das in allen Staaten die Staatskassen enorm belastete und zugleich den Weltfrieden mehr und mehr bedrohte. Immer häufiger wurde nun bei auftretenden Konflikten offen mit dem Einsatz der bereitstehenden Flotten und Armeen gedroht.

„Wie sollen wir uns da die Hand geben?"
Auf dieser Karikatur aus dem Jahr 1912 wird deutlich, dass die Flottenrüstung zur Entfremdung zwischen dem Deutschen Reich und Großbritannien beitrug.

Europa und die Welt im Zeitalter des Imperialismus

5. Die deutsche Politik führt zu einem Wandel der Bündnissysteme

M 1 „Der Lotse verlässt das Schiff":

Karikatur aus der englischen Zeitschrift „Punch" (1890)

M 2 Die Karte und eine Karikatur veranschaulichen, welche Staaten zwischen 1879 und 1907 miteinander verbündet waren.

a) Europäische Bündnisse 1887:

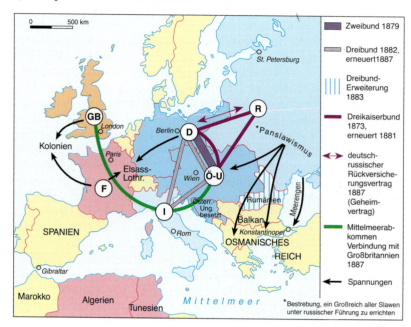

b) Die Karikatur zeigt die Situation nach 1907:

1 Was soll mit dieser Karikatur ausgedrückt werden? Stelle einen Zusammenhang zu den Materialien in M 2 her!

2 Welchen Eindruck machen die beiden Personen auf den Betrachter?

1 Vergleiche M 2a) mit M 2b)! Was hat sich 1907 grundlegend verändert?

2 Untersuche die Karikatur genauer: Welche Staaten sind gemeint? Wodurch fallen die beiden Personen in der Mitte auf?

3 Stellt die Situation nach; heftet euch dabei Karten mit den Namen der Länder an! Wo benötigt ihr zwei Personen für ein Land? Wie fühlen sich die Schüler in der Mitte und wie die anderen?

Der „neue Kurs" in der deutschen Außenpolitik

Reichskanzler Bismarck hatte in seiner Außenpolitik stets das Ziel verfolgt, Frankreich, den Kriegsgegner der Jahre 1870/71, zu isolieren. Besonders ein Zusammengehen Frankreichs mit Russland wollte er verhindern. Dies hätte für das Deutsche Reich im Falle eines Krieges die Gefahr mit sich gebracht, an zwei Fronten gleichzeitig kämpfen zu müssen. Kaiser **Wilhelm II. setzte** jedoch in erster Linie **auf die eigene militärische Stärke**; zusätzliche Rückendeckung gab es durch die Bündnispartner Österreich, Italien und Rumänien. Im Jahr der Entlassung Bismarcks 1890 kündigte er den geheimen Rückversicherungsvertrag mit Russland. Darin hatten sich beide Staaten im Falle eines Angriffskrieges durch eine dritte Macht zu wohlwollender Neutralität verpflichtet. Man hatte gehofft, die Feindseligkeit zwischen beiden Staaten ausnutzen zu können und erachtete es deshalb nicht als notwendig, den Vertrag zu verlängern. Nun war der Weg frei für ein Bündnis Russlands mit Frankreich, das jetzt eine Chance sah, aus seiner politischen Isolation herauszukommen. So beschlossen die Regierungen beider Länder in den Jahren 1892 und 1894 ein militärisches Bündnis. Was Bismarck über dreißig Jahre zu verhindern gewusst hatte, verspielten der Kaiser und seine Berater in wenigen Jahren.

Das Deutsche Reich wird politisch isoliert

Lange Zeit war das Verhältnis zwischen Frankreich und Großbritannien wegen der Rivalität in den Kolonien sehr gespannt gewesen. Stattdessen suchte die britische Regierung einen Ausgleich mit Deutschland. Die Verhandlungen kamen jedoch nur zäh voran. Zwar einigte man sich über einen Tausch deutscher Besitzungen in Afrika. Unter anderem wurde die Insel Sansibar gegen das sich in britischer Hand befindliche Helgoland ausgetauscht, das von da an zum Reich gehörte. Weitere Verhandlungen blieben aber ergebnislos. Vielmehr verschlechterte sich das Verhältnis beider Länder zueinander wegen der Flottenrüstung des deutschen Kaisers zusehends. Nach und nach kam es dagegen zu einer Annäherung der Briten und Franzosen. Nachdem die französische Regierung auf jede Einmischung in Ägypten sowie im Sudan verzichtet und im Gegenzug die britische Regierung Frankreich freie Hand in Marokko zugesichert hatte, war das Eis gebrochen: Im Jahr 1904 schlossen beide Länder die **Entente cordiale** (wörtlich: herzliches Einvernehmen). Dieser Vertrag wurde 1907 noch erweitert. Nachdem das russische Zarenreich sich mit Großbritannien über eine Abgrenzung der kolonialen Interessengebiete im Orient (Afghanistan, Persien) geeinigt hatte, trat es dem Bündnis bei, das nun **Triple Entente** (dreifacher Bund) hieß.

Das Deutsche Reich war damit politisch eingekreist. Nur mit Österreich-Ungarn war man seit 1879 durch den noch bestehenden Zweibund verbunden. Dieser war 1882 durch Hinzutreten Italiens zu einem Dreibund erweitert worden. Doch wegen Streitigkeiten zwischen Italien und der Donaumonarchie in Oberitalien verstärkte Italien in der Folgezeit seine diplomatischen Kontakte zu Großbritannien und Frankreich. Die Politik der Stärke, die Wilhelm II. betrieben hatte, war damit weitgehend gescheitert.

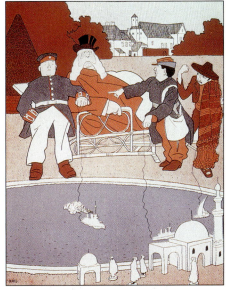

„Onkel Bull, bitte, lass den bösen Buben nicht mitspielen!" (Karikatur von Olaf Gulbransson aus dem Jahr 1911)

Der deutsche Kaiser versuchte seine außenpolitischen Misserfolge durch forsches Auftreten zu überspielen. Als Frankreich offen Ansprüche auf das unabhängige Marokko (Nordafrika) anmeldete, entsandte er das Kanonenboot „Panther", um die Franzosen einzuschüchtern und eigene Interessen zu wahren. Die Aktion war aber nicht mehr als eine hilflose Drohung und brachte nichts ein: Frankreich sicherte sich die Oberhoheit über Marokko. Außerdem rückten Briten und Franzosen wegen der offenen kriegerischen Haltung des Deutschen Reichs politisch noch enger zusammen. Der deutsche Kaiser stand international als Kriegstreiber am Pranger.

Europa und die Welt im Zeitalter des Imperialismus

6. Die Krisen auf dem Balkan gefährden den Frieden in Europa

M1 Zu Beginn des 20. Jahrhunderts veränderte sich die politische Landkarte auf dem Balkan:

Der Balkan 1908

Der Balkan 1913

1 Welche Länder wurden bis 1908 unabhängig?

2 Welches Land musste Gebiete abtreten? Was lässt sich daraus über den inneren Zustand des Landes ableiten?

3 Vergleiche die Karten miteinander! Welche Veränderungen ergaben sich bis zum Jahr 1913?

4 Was wisst ihr über die aktuelle Lage der Staaten in Südosteuropa? Sucht euch ein Land eurer Wahl heraus und sammelt Material aus Büchern, Zeitungsarchiven, informiert euch im Internet und gestaltet eine Wandzeitung!

1 Warum hielt Wilhelm II. ein Eingreifen Österreich-Ungarns für unvermeidlich?

2 Aus welchem Grund fand er einen Krieg zu diesem Zeitpunkt für günstig?

3 Was meinte der General von Moltke (Chef des deutschen Generalstabes) mit seiner Äußerung über die Presse und was kannst du daraus über die Stimmung in der Bevölkerung schließen?

M2 Als sich 1912/13 die Krise auf dem Balkan zuspitzte und vor allem der Konflikt Serbiens mit Österreich-Ungarn immer offener zutage trat, tagte der deutsche „Kriegsrat" unter Vorsitz von Kaiser Wilhelm II. In den Aufzeichnungen eines deutschen Generals findet sich folgende Schilderung der Lage:

„Seine Majestät haben sich folgendes Bild gemacht. Österreich muss gegenüber den auswärtigen Slawen (Serben) kraftvoll auftreten, sonst verliert es die Macht über die Serben in der österreichisch-ungarischen Monarchie. Wenn Russland die Serben stütze, wäre der Krieg für uns unvermeidlich ... Wir könnten aber hoffen, Bulgarien und Rumänien, auch Albanien und vielleicht auch die Türkei auf unserer Seite zu haben."
General von Moltke dazu: „Ich halte einen Krieg für unvermeidlich und: Je eher, desto besser. Wir sollten aber durch die Presse die Volkstümlichkeit eines Krieges mit Russland ... besser vorbereiten."

Der Balkan im 19. Jahrhundert

Als die Forderungen nach nationaler Selbstbestimmung im Verlauf des 19. Jahrhunderts den Balkan erreichten, wurde aus dem Gebiet ein Krisenherd. Die dort ansässigen Völker besaßen eine Vielzahl verstreuter Siedlungsräume. Deshalb waren – und sind bis heute – die **Ansprüche auf nationale Selbstbestimmung** und staatliche Einheit nur **schwer zu verwirklichen**, ohne die Ansprüche anderer zu verletzen. Außerdem stand der **Balkan** stets **im Blickpunkt vieler Großmächte:**

- Russland wollte einen Zugang vom Schwarzen Meer zum Mittelmeer.
- Großbritannien versuchte dies zu verhindern, da die Seeherrschaft im östlichen Mittelmeer die Kontrolle des Sueskanals und der Verbindungen nach Fernost bedeutete.
- Österreich-Ungarn war Nachbarstaat und Heimat verschiedener südslawischer Bevölkerungsgruppen und durch die nationalen Bestrebungen der Südslawen, die ein Großreich schaffen wollten, unmittelbar bedroht.
- Das (wenngleich nur mehr schwache) Osmanische Reich hielt Mitte des 19. Jahrhunderts noch weite Teile des Balkans besetzt.

Auf dem **Berliner Kongress 1878** wurde versucht, die verschiedenen Interessen auszugleichen und eine **neue Ordnung** für den Balkan zu finden. Folgendes wurde vereinbart (s. S. 27):

- Rumänien, Montenegro und Serbien wurden als unabhängige Staaten anerkannt.
- Bulgarien wurde unabhängig, musste aber Tributzahlungen an das Osmanische Reich leisten.
- Bosnien-Herzegowina wurde von Österreich-Ungarn verwaltet.

Vom Krisenherd zum Kriegsschauplatz

Die Neuordnung der Verhältnisse erwies sich aber als wenig stabil. Österreich-Ungarn und Russland versuchten weiterhin ihren Einfluss auf dem Balkan zu vergrößern. In zwei Kriegen wurde um die staatliche Neuordnung gekämpft. Folgende Änderungen traten bis 1913 ein:

- Das Osmanische Reich verlor fast den gesamten europäischen Besitz, behielt aber die Kontrolle über den Bosporus.
- Mazedonien wurde zwischen Serbien und Griechenland aufgeteilt. Serbien konnte so sein Staatsgebiet verdoppeln.
- Albanien entstand auf Betreiben Österreich-Ungarns als neuer Staat. Damit verhinderte das Habsburgerreich, dass Serbien einen Zugang zum Mittelmeer erhielt. Eine erbitterte Feindschaft Serbiens gegen die Doppelmonarchie war die Folge.

1913 war es den Großmächten ein letztes Mal gelungen, den Krieg örtlich zu begrenzen. Die Probleme bestanden aber fort. Vor allem der Konflikt zwischen Serbien und Österreich-Ungarn schwelte weiter. Wollte die Donaumonarchie nicht den Zerfall ihres Vielvölkerstaats riskieren, mussten die serbischen Großmachtpläne mit aller Macht verhindert werden.

Der **Balkan** (= Gebiet Südosteuropas, benannt nach dem ihn durchziehendem Gebirge) hatte jahrhundertelang zum **Osmanischen (türkischen) Reich** gehört. Im Laufe des 19. Jahrhunderts gelang es den Balkanvölkern, sich von der türkischen Herrschaft zu befreien und eigene Staaten zu bilden (Griechenland, Serbien, Montenegro, Bulgarien, Rumänien). Zu Beginn des 20. Jahrhunderts war das Osmanische Reich innerlich zerrüttet und militärisch geschwächt. Die Türken wurden in mehreren Kriegen (1912 – 1913) fast vollständig vom Balkan verdrängt.

„Der kochende Kessel" (1908)
Die englische Karikatur zeigt die Vertreter der Großmächte Großbritannien, Frankreich, Russland, Deutschland und Österreich-Ungarn. Sie sitzen auf dem Deckel eines überkochenden Kessels, der den Balkan darstellt. Nur mit Mühe gelingt es ihnen sich zu halten (= einen großen, allgemeinen Krieg zu vermeiden).

Europa und die Welt im Zeitalter des Imperialismus

Überprüfe dein Wissen!

Diese Karikatur ist dir bereits bekannt.
① Wen zeigt sie? Schreibe die Grundzüge der Politik dieses Mannes mit eigenen Worten in ganzen Sätzen in dein Heft!

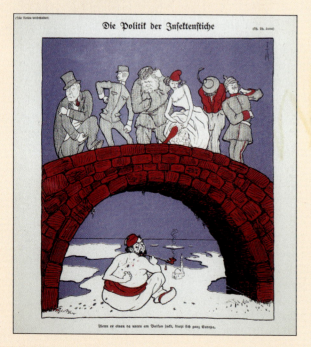

Zar Nikolaus II. von Russland besuchte im Jahre 1901 den Bündnispartner Frankreich. Zusammen mit dem französischen Staatspräsidenten Loubet nimmt er eine Truppenparade ab. Die lateinische Inschrift links unten lautet übersetzt: „Willst du den Frieden, rüste für den Krieg."

② Erkläre, inwieweit dieses Treffen den Wandel der Bündnisse zwischen den Großmächten in Europa belegt! Wer war für diesen Wandel verantwortlich? Warum ist der lateinische Satz typisch für die Stimmung zwischen den europäischen Staaten am Vorabend des Ersten Weltkrieges?

Die Bildunterschrift dieser Karikatur aus dem Jahre 1908 heißt: „Wenn es einen da unten am Balkan juckt, kratzt sich ganz Europa."

③ Für welche Staaten stehen die abgebildeten Personen? Was weißt du über den Zusammenhang zwischen der Lage auf dem Balkan und der Stellung der europäischen Mächte untereinander? Welche wesentlichen Interessen hatten diese Staaten auf dem Balkan? Wie veränderte sich dort die politische Landkarte?

Auch unter den Kolonialmächten gab es Kritik an der Gier, mit der die Kolonien ausgebeutet wurden, und an der Rücksichtslosigkeit, mit der man die Welt aufteilte, wie diese Propaganda-Postkarte der Zentrumspartei für die Reichstagswahlen von 1912 zeigt.

④ Fasse noch einmal die Ziele der Kolonialpolitik zusammen! Welche Mächte waren besonders beteiligt? Wo lag ihr Besitz?

Herero-Frauen nehmen in den traditionellen Trachten ihres Volkes, die aus der Kolonialzeit stammen, am Herero-Tag teil. An diesem Tag – das Wochenende vor oder nach dem 26. August – treffen sich Hereros, um der Toten ihres Volkes, aber auch ihrer gefallenen Feinde zu gedenken. Dabei kommen die Männer in Uniformen, die denen der einstigen Schutztruppe ähneln. Die Veteranen sprechen sich mit deutschen Dienstgraden an, dazu spielt Blasmusik. Die Frauen gehen über den Friedhof und berühren die Gräber, auch die der deutschen Soldaten. Traditionell hält der deutsche Botschafter in Namibia (ehemals Deutsch-Südwestafrika) die Ansprache auf dem Friedhof, wo die Führer des Herero-Aufstandes begraben liegen.

⑤ Wiederholt, was ihr über den Herero-Aufstand und seine Folgen wisst! Wie denkt ihr über die Tatsache, dass bei dieser Totenehrung auch der gefallenen deutschen Soldaten gedacht wird?

Europa und die Welt im Zeitalter des Imperialismus

Die wirtschaftlichen Folgen des Kolonialismus wirken bis heute nach

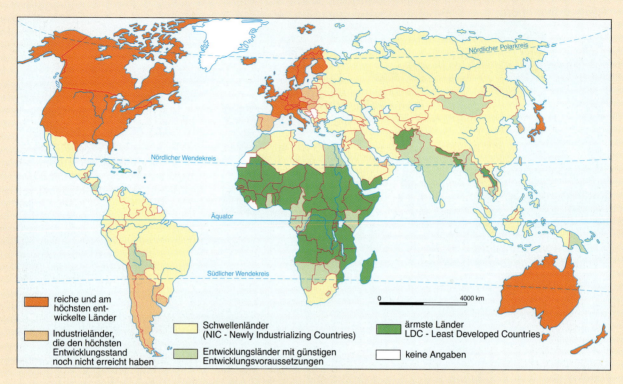

① Vergleicht diese Karte mit der auf S. 38 (unten)! Welche Länder sind besonders von der Armut betroffen? Welche Gründe könnte dieses wirtschaftliche Ungleichgewicht haben? Informiert euch auf den S. 44–47!

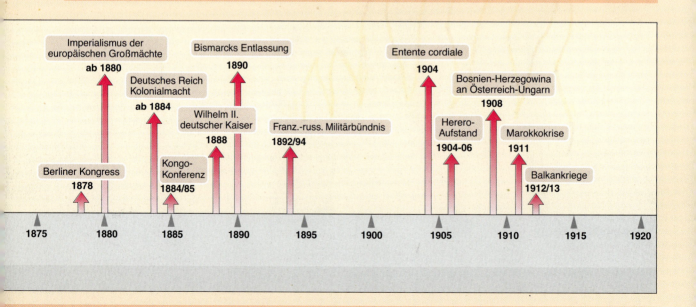

Erster Weltkrieg und Nachkriegsordnung

Europa trauert (Postkarte aus der Schweiz)
Während die Kriegsfurie noch wütet, wendet sich Europa auf den Trümmern von ihr ab.
Vier Jahre (1914 – 1918) dauerte der Erste Weltkrieg, der nicht nur die Landkarte Europas neu zeichnete, sondern auch unsägliches Elend und bittere Not mit sich brachte.

Erster Weltkrieg und Nachkriegsordnung

1. Ein Terroranschlag löst den Ersten Weltkrieg aus

M1 Der österreichische Thronfolger Erzherzog Franz Ferdinand wurde mit seiner Frau Sophie Opfer eines Attentats:

Im Juni 1914 fanden österreichische Militärmanöver in Bosnien statt. Zum Abschluss dieser Machtdemonstration besuchten der Erzherzog und dessen Frau die Hauptstadt Sarajewo. Der bosnisch-serbische Gymnasiast Princip verwundete durch Schüsse das Paar während seines Besuchs am 28. Juni 1914 tödlich. Die Hintergründe und Umstände des Attentats sind bis heute nicht vollständig geklärt. Der Attentäter wurde verhaftet und starb später im Gefängnis (zeitgenössische Zeichnung nach Augenzeugenberichten von Felix Schwormstädt).

[1] Stelle anhand einer Geschichtskarte fest, wo Sarajewo liegt!

[2] Welchen Grund konnte der Attentäter für den Mordanschlag gehabt haben (siehe S. 52f.)?

[3] Welche politischen Reaktionen waren auf den Mordanschlag möglich?

M2 Der deutsche Botschafter in Wien berichtete am 30. Juni 1914 nach Berlin:

„Hier höre ich bei ernsten Leuten vielfach den Wunsch, es müsse einmal gründlich mit den Serben abgerechnet werden[1]. Man müsse den Serben zunächst eine Reihe von Forderungen stellen und, falls sie diese nicht annehmen, energisch vorgehen. Ich benutze jeden solchen Anlass, um ruhig, aber sehr nachdrücklich und ernst vor übereilten Schritten zu warnen[2]."

Randbemerkungen Kaiser Wilhelms II.:
[1] „jetzt oder nie"
[2] „Wer hat ihn dazu ermächtigt? Das ist dumm! Geht ihn gar nichts an, da es lediglich Österreichs Sache ist, was es hierauf zu tun gedenkt. Er (= der Botschafter) soll den Unsinn gefälligst lassen! Mit den Serben muss aufgeräumt werden, und zwar bald!"

[1] Welche Forderungen wurden in Wien erhoben?

[2] Welches Ziel hatten die Forderungen ganz offensichtlich?

[3] Stelle die Einstellung des Botschafters der des Kaisers gegenüber!

M3 Ein deutscher Regierungsbeamter notierte im Juni 1914 die Ansichten des deutschen Generalstabschefs Helmuth von Moltke:

„Die Aussichten in die Zukunft bedrückten ihn schwer. In 2 – 3 Jahren würde Russland seine Rüstungen beendet haben. Die Übermacht unserer Feinde wäre dann so groß, dass er nicht wüsste, wie wir ihrer Herr werden sollten. Jetzt wären wir ihnen noch einigermaßen gewachsen. Es bleibe seiner Ansicht nach nichts übrig, als ein Präventivkrieg … (also) unsere Politik auf die baldige Herbeiführung eines Krieges einzustellen."

[1] Welche Befürchtungen hatte der deutsche Generalstabschef?

[2] Was ist ein Präventivkrieg? Schlage in einem Wörterbuch nach!

[3] Überlege, wie sich die Ansicht Moltkes auf den Gang der Politik im Krisenfall auswirken konnte!

M4 Krieg statt Diplomatie: Die „Julikrise" führte in den Krieg:

28. Juni:	Attentat auf den österreichischen Thronfolger
6. Juli:	Regierung des Deutschen Reichs sichert Österreich volle Unterstützung zu („Blankoscheck")
23. Juli:	Ultimatum Österreichs an Serbien mit harten Bedingungen
25. Juli:	Serbien akzeptiert Forderungen weitgehend, macht aber teilmobil; Russland beschließt Unterstützung Serbiens
28. Juli:	Österreich erklärt Serbien den Krieg
29. Juli:	Großbritannien bietet Vermittlungen an, warnt vor einer „europäischen Katastrophe"; Deutschland rät Österreich zum Einlenken
30. Juli:	Österreich lehnt die von Deutschland vorgelegten britischen Vermittlungsvorschläge ab; Russland macht mobil
31. Juli:	Deutschland fordert Russland auf, die Mobilmachung rückgängig zu machen; Österreich erklärt Mobilmachung
1. Aug.:	Russland reagiert nicht auf die deutsche Forderung; Deutschland macht mobil und erklärt Russland den Krieg; französische Mobilmachung
2. Aug.:	Deutschland besetzt Luxemburg und fordert das neutrale Belgien auf, deutsche Truppen durch das Land marschieren zu lassen; Großbritannien sichert Frankreich den Schutz der Nordseeküste zu
3. Aug.:	Deutschland erklärt Frankreich den Krieg
4. Aug.:	Großbritannien fordert Deutschland ultimativ auf, die belgische Neutralität zu wahren (kommt einer Kriegserklärung gleich); Belgien erklärt Deutschland den Krieg
6.–12. Aug.:	weitere Kriegserklärungen der am Konflikt beteiligten europäischen Länder

1 Unterscheide bei den vorgegebenen Daten zwischen diplomatischen und militärischen Aktivitäten! Notiere die Reihe der Mobilmachungen!

2 Lies auf S. 185 nach, was man unter „Mobilmachung" versteht! Welche Auswirkungen hatte eine solche auf die Politik?

3 Erkläre zu den einzelnen Daten, welche Bündnisverpflichtungen gegebenenfalls wirksam wurden! Vergleiche hierzu M 2b) auf S. 50!

4 Überlege dir, ob der Weg in den Krieg unvermeidbar war! Diskutiert in der Klasse darüber, wie der Friede hätte gewahrt werden können!

M5 Mit Propagandapostkarten wurde die Stimmung angeheizt.
a) Deutsche Postkarte:

1 Wie wurden die Siegeschancen im ausbrechenden Krieg dargestellt?

2 Beurteile die Aussagen der Karten realistisch!

3 Welchen Zweck sollen Karten dieser Art erfüllen?

b) In England lud man zur Jagd ein:

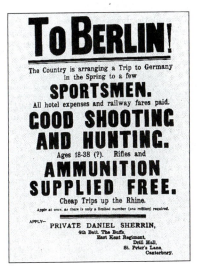

Erster Weltkrieg und Nachkriegsordnung

Der österreichisch-serbische Konflikt

1908 wurden die ehemals türkischen Provinzen **Bosnien und Herzegowina von Österreich-Ungarn annektiert** (s. S. 52). Dagegen protestierte Serbien, das diese Gebiete als zu Serbien gehörig ansah. Es strebte nach einem südslawischen Großreich unter serbischer Vorherrschaft und wurde darin von Russland unterstützt. Letzteres wollte Österreich-Ungarn schwächen und selbst auf den Balkan vordringen. Auch viele in Bosnien-Herzegowina lebende Serben wünschten sich einen Anschluss, weil sie sich als Minderheit ohne Rechte fühlten. Erzherzog Franz Ferdinand wollte dagegen den einzelnen Volksgruppen im Vielvölkerstaat Österreich-Ungarn weit gehende Zugeständnisse machen und so ihre sprachlichen und kulturellen Unterschiede und Besonderheiten anerkennen. Die Befürworter eines südslawischen Großreichs befürchteten, dass durch diese Politik die serbisch-stämmigen Bürger nicht mehr für ein Zusammengehen mit Serbien sein würden. Die Reise des Thronfolgerpaares als Abschluss eines Manövers wurde von serbischer Seite als Machtdemonstration und zugleich als Provokation angesehen. Mitglieder der Terrorgruppe „Schwarze Hand", die enge Kontakte zum serbischen Geheimdienst unterhielten, planten den Thronfolger zu ermorden. Nachdem ein Bombenanschlag am 28. Juni 1914 sein Ziel verfehlt hatte, gelang es dem Bosnier Gavrilo Princip noch am selben Tag, an den offenen Wagen des Thronfolgerpaares heranzuspringen und die tödlichen Schüsse abzugeben.

Der 19jährige Gavrilo Princips wurde unmittelbar nach dem Attentat verhaftet. Princip wurde nicht zum Tode verurteilt, weil er zur Tatzeit das 20. Lebensjahr noch nicht erreicht hatte. Er starb einige Jahre später in einem österreichischen Gefängnis an einer schweren Erkrankung.

Die Bündnisverpflichtungen der europäischen Mächte

Obgleich weltweit Empörung über das Attentat herrschte, sah man darin zunächst eine weitere Krise auf dem Balkan. **Deutschland** sprach sich als Bündnispartner eindeutig für ein energischeres Vorgehen aus. Kaiser Wilhelm II. gab bereitwillig schon am 6. Juli die von den Historikern später als „Blankoscheck" bezeichnete Zusage, Österreich-Ungarn in jedem Fall beizustehen, was immer auch die Reaktion auf das Attentat sein sollte. Dieses Verhalten verschärfte die Krise.
Zwei Überlegungen waren für **die risikobereite Politik Kaiser Wilhelms II.** maßgebend: Eine Auseinandersetzung mit Russland und Frankreich erschien führenden Militärs als unvermeidbar. Man wollte nicht warten, bis die Gegner militärisch erstarkten, sondern ihnen durch einen Angriff zuvorkommen (Präventivkrieg). Der einzig noch verbliebene Bündnispartner Österreich-Ungarn sollte außerdem nicht noch mehr geschwächt werden.
Auf der anderen Seite konnte Serbien von Russland Hilfe erwarten. Frankreich erneuerte seine Beistandsverpflichtung gegenüber Russland. Damit zeichnete sich ab, dass **aus dem lokalen österreichisch-serbischen Konflikt ein europäischer Krieg** zu entstehen drohte. Vor allem Großbritannien versuchte, dies durch Vermittlungsvorschläge noch zu verhindern, wurde aber von Deutschland dabei nur halbherzig unterstützt.

Das mächtige Russland beschützt das arme, kleine Serbien (russische Karikatur, 1914).

Militärisches Denken überwiegt – der Erste Weltkrieg bricht aus

Obwohl zunächst keinerlei Beweise für die Mittäterschaft des serbischen Geheimdienstes vorlagen, fiel der Verdacht sofort auf den Nachbarstaat. Die **österreichische Regierung** nutzte das europaweite Entsetzen zur Vorbereitung eines Krieges gegen Serbien, indem sie am 23. Juli ein **Ultimatum an die serbische Regierung** richtete, das nahezu unannehmbare Bedingungen enthielt. Nach außen hin ging die Regierung scheinbar auf die Forderungen ein. Sie wusste, dass Österreich in jedem Fall Krieg wollte. Daher vergewisserte sich Serbien der Unterstützung Russlands und mobilisierte seine Armee. Die **serbische Mobilmachung** zeigte die große Bereitschaft zum Krieg und provozierte die österreichische Kriegserklärung. Der russische Zar gab dem Drängen seiner Offiziere nach Mobilmachung nach, weil man wegen der Größe des Landes relativ viel Zeit benötigte, bis die Armee kriegsbereit war. Deutschland wiederum fühlte sich dadurch bedroht, forderte **Russland** auf, die Mobilmachung zurückzunehmen, und erklärte seinerseits Anfang August Russland den Krieg.

Deutschland fragte bei der französischen Regierung nach, ob **Frankreich** sich im Falle einer deutsch-russischen Auseinandersetzung neutral verhalten werde. Als die Zusicherung ausblieb, erklärte Deutschland auch Frankreich den Krieg. Die Besetzung Luxemburgs und die gleichzeitige Bedrohung Belgiens riefen **Großbritannien** auf den Plan. Mit der Kriegserklärung Großbritanniens an Österreich am 12. August 1914 war der Erste Weltkrieg endgültig ausgebrochen.

Keiner der beteiligten Staaten war frei von Schuld

Am Anfang des 20. Jahrhunderts herrschte in Europa eine heute schwer nachvollziehbare politische Stimmung. Alle Großmächte wollten ihre Macht möglichst weltweit ausdehnen. Die Konkurrenten wurden dabei äußerst misstrauisch beobachtet. Viele Politiker waren der Überzeugung, dass nur ein Krieg die **Macht- und Vorherrschaftsfrage** lösen könne. Dazu kam eine kriegsbereite Stimmung unter den Völkern. Die Alliierten sahen in Deutschland und Österreich-Ungarn die Angreifer und Friedensstörer; die deutsche Bevölkerung wiederum war überzeugt, von missgünstigen und rachsüchtigen Nachbarn in den Krieg getrieben worden zu sein. Man glaubte deshalb, für eine gerechte Sache zu kämpfen. Dass ein Krieg vor allem Leid und Opfer mit sich bringt, wollte in dieser Anfangsphase kaum jemand sehen. Man war auch überzeugt, dass der Krieg nicht lange dauern werde.

Deutschland und Österreich-Ungarn allerdings tragen sicherlich die Hauptschuld allein schon deswegen, weil sie am Anfang des sich ausweitenden Konfliktes standen und ihn mit mäßigender Politik auf lokaler Ebene hätten eingrenzen können. Die Haltung der deutschen Regierung, ohne die Österreich niemals den Krieg mit dem von Russland gestützten Serbien hätte wagen können, war also entscheidend für die Entwicklung. Allerdings hätten **alle anderen großen Mächte Europas** zu fast jedem Zeitpunkt auch die Möglichkeit gehabt, den Krieg zu verhindern, zumindest aber einzugrenzen.

Schlieffenplan: Der einzige Mobilmachungsplan, über den das Deutsche Reich verfügte, war der 1905 ausgearbeitete Schlieffenplan. Der sah – aufgrund der bestehenden Bündnisse – zuerst einen Krieg mit Frankreich vor, das in einem überfallartigen Angriff besiegt werden sollte. Die deutschen Soldaten würden dabei durch das neutrale Belgien marschieren. Erst danach sollte der Großteil des deutschen Heeres im Osten gegen Russland aufmarschieren.

Kriegsbegeisterte französische (oben) und deutsche (unten) Reservisten auf dem Weg in ihre Garnisonen im August 1914. Auf den Zügen stand „Einmal Paris – Berlin und zurück" oder aber „Auf zum Preisschießen nach Paris" und sollte die Stimmung in den Truppen wiedergeben. Man war überzeugt, dass der Krieg nur kurze Zeit dauern würde.

Erster Weltkrieg und Nachkriegsordnung

2. Vom Bewegungskrieg zum Stellungskrieg (1914–1916)

1 Erläutere den Kriegsverlauf im Westen, Süden und im Osten bis 1916!

M 1 Europäische Kriegsschauplätze im Ersten Weltkrieg:

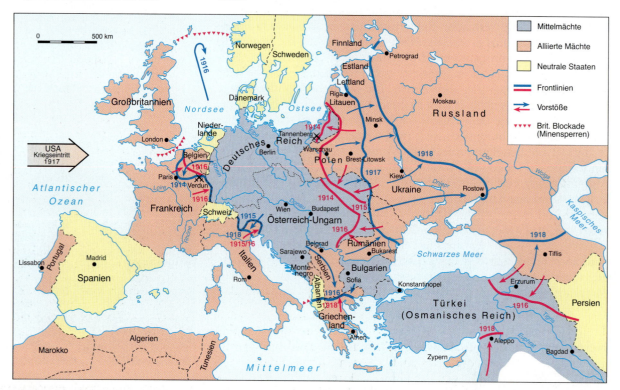

M 2 Der Krieg entwickelte eine nie da gewesene Grausamkeit. Symbol des Grauens im Ersten Weltkrieg wurde die Schlacht um Verdun, eine französische Festung und Kleinstadt.

a) Ein Soldat schrieb nach Hause:
„… Denn wenn man im Graben steht und sich nicht regen darf, wenn Minen und Granaten kommen, so ist das wohl Kampf, aber keine lebendige Tat, sondern das grauenhafte Gegenteil davon. Das ist überhaupt das Scheußliche in dem jetzigen Kriege – alles wird maschinenmäßig, man könnte den Krieg eine Industrie gewerbsmäßigen Menschenschlachtens nennen …"

1 Von wo aus beobachtete der Briefschreiber das Kriegsgeschehen?

2 Welchen Belastungen waren die Soldaten ausgesetzt?

3 Was meinte der Schreiber mit „gewerbsmäßigem Menschenschlachten"?

4 Literarisch aufgearbeitet wurde diese Situation im Roman „Im Westen nichts Neues" von Erich Maria Remarque. Lies auf Seite 66f. nach und erzähle!

b) Soldaten im Schützengraben:

Die Frontlinien erstarren

Die deutsche Armee drang nach der Kriegserklärung an Frankreich über das neutrale Belgien in Frankreich ein, wie es der so genannte **Schlieffenplan** vorgesehen hatte. Relativ schnell rückten Einheiten auf Paris vor. Die schweren Verluste, die Verlagerung der Truppen an die gefährdete Ostfront und der Abwehrkampf der Franzosen und Engländer führten aber dazu, dass die deutsche Oberste Heeresleitung (OHL) den Plan aufgab, die französische Armee einzuschließen und Paris zu belagern. Damit kam der deutsche Vormarsch an der Marne zum Stillstand. Viele Franzosen sprachen vom **„Wunder an der Marne"**. Der Krieg war damit – nach Einsicht des deutschen Kronprinzen, geäußert 1914 gegenüber einer amerikanischen Zeitung – „verloren". Dennoch wurde weitergekämpft.

An der **Ostfront** war es der dort nur schwachen deutschen Armee gelungen, dem russischen Ansturm bei Tannenberg in Ostpreußen und bis zu den Karpaten standzuhalten. Auch hier hatten die Militärs die Lage falsch eingeschätzt. Der Vormarsch blieb unter anderem wegen der im Westen gebundenen Kräfte stecken. **Ab Frühjahr 1915** standen sich die Feinde **im Stellungskrieg** gegenüber.

Die Karte zeigt, dass sich die Westfront in drei Jahren Krieg nur unwesentlich veränderte. Der Kampf kostete aber viele Hunderttausend Tote auf beiden Seiten.

1916 versuchte die deutsche OHL noch einmal im Westen durch eine Großoffensive eine Entscheidung herbeizuführen. Ziel des ersten Vorstoßes bildete die Festung Verdun. Allein das mörderische Ringen um Verdun dauerte vier Monate und hinterließ nur unsägliches Leid und Zerstörung.

„Materialschlachten" – eine neue Form der Kriegsführung

Von der französischen Nordküste bis zu den Alpen und auch an der Ostfront gruben sich die Soldaten in Unterstände und Schützengräben von insgesamt 800 km Länge ein. Die **schwere Artillerie** hinter den Frontlinien, d.h. große weit reichende Geschütze, beschoss pausenlos die gegnerischen Gräben, um die immer wieder befohlenen **Sturmangriffe** der Infanterie vorzubereiten. Die neuen Granaten und Minen, aber auch das erstmals eingesetzte Giftgas führten zu fürchterlichsten Verletzungen und entsetzlichsten Leiden für Getroffene und deren Kameraden. So wurde eine Form von Krieg befohlen, die, ohne Erfolg zu versprechen, einen enorm hohen Blutzoll auf beiden Seiten forderte. Die Psyche der Soldaten war durch das unentwegte Trommelfeuer der schweren Kanonen und die ständige Todesangst in unmenschlicher Weise belastet. Viele junge Soldaten verloren den Verstand, als sie in ihren Schützengräben und Unterständen zum untätigen Warten auf den jederzeit möglichen Tod gezwungen waren.

Der Krieg weitet sich aus

Großbritannien sperrte mit Beginn des Krieges den Ärmelkanal und die Nordsee für deutsche Schiffe. Diese **Seeblockade** verhinderte den Nachschub an Rohstoffen und Lebensmitteln zu den Mittelmächten. Als sich der ehemalige Bündnispartner **Italien** im Mai 1915 **mit den Alliierten** verbündete, entstand zudem eine **neue Front im Süden**. Die Gründe für den Kriegseintritt lagen in der Gegnerschaft zu Österreich-Ungarn. Italien wurde außerdem im Falle eines Sieges der Alliierten Gebietsgewinne, u.a. Istrien, Teile Dalmatiens, einige Inseln in der Ägäis und Südtirol, versprochen.

Das Maschinengewehr war eine wirksame Waffe im Grabenkampf. Hier: eine deutsche Maschinengewehrbesatzung mit Gasmasken gegen Kampfgase.

Erster Weltkrieg und Nachkriegsordnung

3. Alltag an der Front und in der Heimat

M1 Die Soldaten sind unmenschlichen Belastungen ausgesetzt.

a) Soldaten nehmen in einer Gefechtspause ihre Mahlzeit auf bereitgestellten Särgen ein:

b) Soldaten berichteten 1916 aus der „Hölle von Verdun":
„Das gesamte Tal ist eine Rauchwolke, ein Krachen, ein Bersten. Einen Weg gibt es nicht. Granatloch neben Granatloch! In einem eroberten Graben Leichen, Material, Maschinengewehre. Granaten schlugen in naher und nächster Entfernung ein, furchtbar! Nach einer halben Stunde, fast im Laufschritt, gelangten wir, todmüde, völlig erschöpft am Hang 304 an; hier massenhaft Leichen, Gestank, viel fehlte nicht, ich wäre zusammengebrochen. Der ehemalige Wald ist wegrasiert, Trichter neben Trichter, Leichen, Gräben, Gewehre, Helme in unzähliger Menge. Es ist ein grausiges Schlachtfeld."

„Seit vier Tagen und vier Nächten im Graben. Wir leiden schrecklich unter Artilleriefeuer. Die 12. Kompanie hat nur noch 60 Leute! Und kein Wasser! Wie viele Opfer hat dieser Fleck Erde schon gekostet! Und wie viele wird er noch kosten!"

1 Über welche Sinneseindrücke berichteten die Soldaten?

2 Überlege, welche Auswirkungen solche Erlebnisse auf den Menschen auf Dauer haben! Beziehe dabei auch das Bild M 1a) mit ein!

M2 Der Überlebenskampf in der Heimat

a) Im Krieg wurden die folgenden Rationen zugeteilt (Durchschnittsverbrauch pro Person):

	1913	1914	1915	1917
Brot	330 g	225 g	220 g	160 g
Fleisch	150 g	71,5 g	35,5 g	19 g
Fett	28 g	?	12 g	7 g

b) Vor einem Lebensmittelgeschäft bildete sich 1917 eine Menschenschlange:

Die Menschen, besonders in den großen Städten, mussten oft lange Wartezeiten hinnehmen, wenn sie Lebensmittel kaufen wollten.

1 Wiege die jeweiligen Mengen aus der Tabelle M2a) ab und vergleiche mit dem, was heutzutage durchschnittlich verzehrt wird! Auskunft über den Durchschnittsverbrauch bekommst du sicher von der Lehrkraft des Faches Haushalt und Ernährung.

2 Worauf deutet es hin, wenn sich vor Lebensmittelgeschäften Schlangen bilden?

3 Wer steht vorwiegend in der Schlange im Bild 2b)?

4 Überlege dir mögliche Gründe dafür!

Der moderne Krieg überfordert die Leidensfähigkeit des Menschen

Der Stellungskrieg und die Materialschlachten führten zu beispiellosem Blutvergießen und körperlichen sowie seelischen Belastungen der überlebenden Soldaten. So mussten in einer der bis dahin blutigsten Schlachten der Kriegsgeschichte im Jahr 1916 um die Festung **Verdun** innerhalb nur weniger Monate 360 000 französische und 335 000 deutsche Soldaten ihr Leben lassen. Dabei verschob sich die Front nur insgesamt acht Kilometer. Rund 135 000 Tonnen Munition wurden in dieser Schlacht verschossen. Das tägliche Erleben von beispielloser Grausamkeit, von Tod und entsetzlichsten Verletzungen führte zu einer inneren Abstumpfung der Soldaten. Tod und Verwundung wurden alltäglich und das Mitgefühl ging verloren, weil die erlebten Ereignisse sonst nicht zu verkraften waren.

Frauen bei der Arbeit in einer Munitionsfabrik

Der Krieg verändert auch das Leben in der Heimat

Da fast alle Männer im wehrfähigen Alter als Soldaten an der Front waren, mussten in der Heimat **Frauen** nicht nur den Haushalt führen und die Kinder erziehen, sondern auch die **Berufe der Männer ausüben** und dies nicht nur in Fabriken. Gerade auf dem Land fehlten die männlichen Arbeitskräfte für die schwere Arbeit auf dem Feld. Diese war aber besonders wichtig, da durch die englische Seeblockade nicht nur Rohstoffe für die Industrie, sondern auch **Nahrungsgüter knapp** wurden. Dazu kam, dass die heimische Landwirtschaft aufgrund des Arbeitskräftemangels nicht mehr so viel produzieren konnte wie in Friedenszeiten. Um die weniger werdenden Lebensmittel einigermaßen gerecht zu verteilen, führte die Regierung **Lebensmittelkarten** ein, die jedem Einwohner eine sehr begrenzte Menge der lebensnotwendigen Nahrungsmittel zuwies. Viele Menschen konnten sich nicht ausreichend ernähren; sie wurden anfällig für Krankheiten und viele starben an Infektionen. Auf dem **Schwarzmarkt** gab es Lebensmittel und Güter zu weit überhöhten Preisen. Diese konnte nur bezahlen, wer aus dem Krieg Gewinn gezogen hatte. „Kohlrübenwinter" nannte man den äußerst harten Winter 1916/17. In diesen Monaten wurde besonders zum Verzehr von Steckrüben aufgerufen, die in ausreichendem Maße vorhanden waren.

Frauen und Kinder mussten die harte Feldarbeit leisten. Oft fehlten sogar die Pferde, die ebenfalls im Kriegseinsatz waren.

Daneben forderte man zu **Spenden** und **Sammelaktionen** auf. Es wurden nicht nur Eisen und Kleidung gesammelt, es mussten u. a. auch Haare abgegeben werden, damit man aus ihnen Treibriemen, Dichtungsringe und Filz herstellen konnte. Von den Kirchtürmen holte man Glocken, um sie einzuschmelzen und daraus Granathülsen zu fertigen. Ehepaare tauschten ihre Goldringe gegen solche aus Eisen ein. Den hohen Finanzbedarf zur Beschaffung von Kriegsmaterial konnten nicht allein die Steuern decken. So genannte **Kriegsanleihen** ermöglichten es, privates Kapital zur Finanzierung des Krieges zu nutzen. Es wurde eine hohe Rendite (Gewinn) für den Fall des allgemein erwarteten Sieges versprochen. Der besiegte Kriegsgegner sollte dann über Reparationszahlungen (= Wiedergutmachung) die Staatsschulden und die Zinsen bezahlen.

Alles, was zu verwerten war, wurde gesammelt.

Im Westen nichts Neues

Auszug aus dem Roman von Erich Maria Remarque (1898 – 1970) aus dem Jahr 1929

Der Roman erzählt von den Schülern einer Abiturklasse in der Zeit des Ersten Weltkrieges, die von ihrem Lehrer dazu überredet werden, sich freiwillig als Frontsoldaten zum deutschen Heer zu melden. Bereits in der Grundausbildung verlieren die Jugendlichen einen großen Teil ihrer Illusionen. An der Front erleben sie die volle Grausamkeit des Krieges, während zu Hause an den Stammtischen großmäulig von dem zu erwartenden Sieg gesprochen wird. Der folgende Auszug schildert, was der Ich-Erzähler bei einem französischen Sturmangriff im Schützengraben erlebt:

„… Eine Granate knallt. Gleich darauf zwei andere. Und schon geht es los. Ein Feuerüberfall. Maschinengewehre knattern. Jetzt gibt es vorläufig nichts anderes als liegen zu bleiben. Es scheint ein Angriff zu werden. Überall steigen Leuchtraketen. Ununterbrochen.

Ich liege gekrümmt in einem großen Trichter, die Beine im Wasser bis zum Bauch. Wenn der Angriff einsetzt, werde ich mich ins Wasser fallen lassen, so weit es geht, ohne zu ersticken, das Gesicht im Dreck. Ich muss den toten Mann markieren … Was tust du, wenn jemand in deinen Trichter springt? – Jetzt zerre ich rasch den kleinen Dolch heraus, fasse ihn fest und verberge ihn mit der Hand wieder im Schlamm. Ich werde sofort losstechen, wenn jemand hereinspringt, hämmert es in meiner Stirn, sofort die Kehle durchstoßen, damit er nicht schreien kann, es geht nicht anders, er wird ebenso erschrocken sein wie ich, und schon vor Angst werden wir übereinander herfallen, da muss ich der Erste sein …

Das Gekrach der Granaten trifft mein Ohr. Wenn unsere Leute einen Gegenstoß machen, bin ich befreit. Ich presse den Kopf an die Erde und höre das dumpfe Donnern wie ferne Bergwerksexplosionen – und hebe ihn wieder, um auf die Geräusche oben zu lauschen.

Die Maschinengewehre knarren. Ich weiß, dass unsere Drahtverhaue fest und fast unbeschädigt sind; – ein Teil davon ist mit Starkstrom geladen. Das Gewehrfeuer schwillt an. Sie kommen nicht durch, sie müssen zurück. Ich sinke wieder zusammen, gespannt bis zum Äußersten. Ein einzelner Schrei gellend dazwischen. Sie werden beschossen, der Angriff ist abgeschlagen. An mir vorüber hasten Schritte. Das Knarren der Maschinengewehre wird eine ununterbrochene Kette. Gerade will ich mich etwas umdrehen, da poltert es, und schwer und klatschend fällt ein Körper zu mir in den Trichter, rutscht ab, liegt auf mir – Ich denke nichts, ich fasse keinen Entschluss – ich stoße rasend zu und fühle nur, wie der Körper zuckt und dann weich wird und zusammensackt. Meine Hand ist klebrig und nass, als ich zu mir komme.

Der andere röchelt. Es scheint mir, als ob er brüllt, jeder Atemzug ist wie ein Schrei, ein Donnern – aber es sind nur meine Adern, die so klopfen. Ich möchte ihm den Mund zuhalten, Erde hineinstopfen, noch einmal zustechen, er soll still sein, er verrät mich; doch ich bin schon so weit zu mir gekommen und auch so schwach plötzlich, dass ich nicht mehr die Hand gegen ihn heben kann.

So krieche ich in die entfernteste Ecke und bleibe dort, die Augen starr auf ihn gerichtet, das Messer umklammert, bereit, wenn er sich rührt, wieder auf ihn loszugehen – aber er wird nichts mehr tun, das höre ich schon an seinem Röcheln.

Undeutlich kann ich ihn sehen. Nur der eine Wunsch ist in mir – wegzukommen. Wenn es nicht bald ist, wird es zu hell; schon jetzt ist es schwer. Doch als ich versuche den Kopf hochzunehmen, sehe ich bereits die Unmöglichkeit ein. Das Maschinengewehrfeuer ist derartig gedeckt, dass ich durchlöchert werde, ehe ich einen Sprung tue.

… Es ist heller, grauer, früher Tag. Das Röcheln tönt fort … Die Gestalt gegenüber bewegt sich. Ich schrecke zusammen und sehe unwillkürlich hin. Jetzt bleiben meine Augen wie festgeklebt hängen. Ein Mann mit einem kleinen Schnurrbart liegt da, der Kopf ist zur Seite gefallen. Ein Arm ist halb gebeugt. Der Kopf drückt kraftlos darauf. Die andere Hand liegt auf der Brust, sie ist blutig.

Er ist tot, sage ich mir, er muss tot sein, er fühlt nichts mehr – was da röchelt, ist nur noch der Körper. Doch der Kopf versucht sich zu heben, das Stöhnen wird einen Moment stärker, dann sinkt die Stirn wieder auf den Arm zurück. Der Mann ist nicht tot, er stirbt, aber ist nicht tot. Ich schiebe mich heran, halte inne, stütze mich auf die Hände, rutsche wieder etwas weiter, warte weiter, einen grässlichen Weg von drei Metern, einen langen, furchtbaren Weg. Endlich bin ich neben ihm.

Da schlägt er die Augen auf. Er muss mich noch gehört haben und sieht mich mit einem Ausdruck furchtbaren Entsetzens an. Der Körper liegt still, aber in den Augen ist eine so ungeheure Furcht, dass ich einen Moment glaube, sie würden die Kraft haben, den Körper mit sich zu reißen. Hunderte von Kilometern weit weg mit einem einzigen Ruck. Der Körper ist still, völlig ruhig, ohne Laut jetzt, das Röcheln ist verstummt, aber die Augen schreien, brüllen, in ihnen ist alles Leben versammelt zu einer unfassbaren Anstrengung zu entfliehen, zu einem schrecklichen Grausen vor dem Tode, vor mir …

Die Augen folgen mir. Ich bin unfähig, eine Bewegung zu machen, solange sie da sind …

Die Augen sind zurückgezuckt, als die Hand kam, jetzt verlieren sie ihre Starre, die Wimpern sinken tiefer, die Spannung lässt nach. Ich öffne ihm den Kragen und schiebe den Kopf bequemer zurecht. Der Mund steht halb offen, er bemüht sich Worte zu formen. Die Lippen sind trocken. Meine Feldflasche ist nicht da, ich habe sie nicht mitgenommen. Aber es ist Wasser in dem Schlamm unten im Trichter. Ich klettere hinab, ziehe mein Taschentuch heraus, breite es aus, drücke es hinunter und schöpfe mit der hohlen Hand das gelbe Wasser, das hindurchquillt. Er schluckt es. Ich hole neues. Dann knöpfe ich seinen Rock auf, um ihn zu verbinden, wenn es geht. Ich muss es auf jeden Fall tun, damit die drüben, wenn ich gefangen werden sollte, sehen, dass ich ihm helfen wollte, und mich nicht erschießen. Er versucht sich zu wehren, doch die Hand ist zu schlaff dazu. Das Hemd ist verklebt und lässt sich nicht beiseite schieben, es ist hinten geknöpft. So bleibt nichts übrig, als es aufzuschneiden.

Ich suche das Messer und finde es wieder. Aber als ich anfange, das Hemd zu zerschneiden, öffnen sich die Augen noch einmal und wieder ist das Schreien darin und der wahnsinnige Ausdruck, sodass ich sie zuhalten, zudrücken muss und flüstern: ‚Ich will dir ja helfen, Kamerad, camarade, camarade, camarade‘, eindringlich das Wort, damit er es versteht.

Drei Stiche sind es. Mein Verbandspäckchen bedecken sie, das Blut läuft darunter weg, ich drücke sie fester auf, da stöhnt er. Es ist alles, was ich tun kann. Wir müssen jetzt warten, warten.

Eine Szene aus dem Film „Im Westen nichts Neues" von Lewis Milestones (1930)

Diese Stunde. – Das Röcheln setzt wieder ein – wie langsam stirbt doch ein Mensch! Denn das weiß ich: er ist nicht zu retten. Ich habe zwar versucht, es mir auszureden, aber mittags ist dieser Vorwand vor seinem Stöhnen zerschmolzen, zerschossen. Wenn ich nur meinen Revolver nicht beim Kriechen verloren hätte, ich würde ihn erschießen. Erstechen kann ich ihn nicht. Mittags dämmere ich an der Grenze des Denkens dahin. Hunger zerwühlt mich, ich muss fast weinen darüber, essen zu wollen, aber ich kann nicht dagegen ankämpfen. Mehrere Male hole ich dem Sterbenden Wasser und trinke selbst davon.

Es ist der erste Mensch, den ich mit meinen Händen getötet habe, den ich genau sehen kann, dessen Sterben mein Werk ist … Dieser Sterbende hat die Stunden für sich, er hat ein unsichtbares Messer, mit dem er mich ersticht: die Zeit und meine Gedanken.

Ich würde viel darum geben, wenn er am Leben bliebe. Es ist schwer, dazuliegen und ihn sehen und hören zu müssen.

Nachmittags um drei Uhr ist er tot …"

Erster Weltkrieg und Nachkriegsordnung

4. Das Entscheidungsjahr 1917

M1 Friede – ja, aber wie? In Deutschland sind die Meinungen gespalten:

a) Aus dem Schreiben eines Admirals:
„… Der Krieg verlangt eine Entscheidung vor Herbst 1917, wenn er nicht in allgemeiner Erschöpfung aller (am Krieg Beteiligten) und damit für uns verhängnisvoll enden soll. Gelingt es, England das Rückgrat zu brechen, so ist der Krieg sofort zu unseren Gunsten entschieden. Englands Rückgrat aber ist der Schiffsraum.
… Ich komme daher zu dem Schluss, dass ein uneingeschränkter[1] U-Boot-Krieg, der so rechtzeitig eröffnet wird, dass der den Frieden vor der Welternte des Sommers 1917 … herbeiführt, selbst den Bruch mit Amerika in Kauf nehmen muss, weil uns gar keine andere Wahl bleibt …"

[1] d. h. Versenkung – auch neutraler Handels- und Passagierschiffe – ohne Vorwarnung innerhalb einer festgelegten Zone

b) Während Kaiser und Militärs in Deutschland einen Frieden mit Gebietsgewinnen forderten, verabschiedete die Mehrheit der Abgeordneten des Deutschen Reichstags einen Friedensvorschlag mit folgendem Inhalt:
„Der Reichstag erstrebt einen Frieden der Verständigung und der dauernden Versöhnung der Völker. Mit einem solchen Frieden sind erzwungene Gebietserwerbungen und politische, wirtschaftliche oder finanzielle Vergewaltigungen unvereinbar …"

M2 Auf Drängen der militärischen Führung erklärte das Deutsche Reich im Februar 1917 den uneingeschränkten U-Boot-Krieg. Nach Versenkung eines amerikanischen Dampfers folgte die amerikanische Kriegserklärung im April 1917:

In der deutschen Zeitschrift „Simplicissimus" erschien 1917 die Karikatur mit dem Titel: „Der Moloch spuckt Kriegsmaterial aus". Ein Moloch ist eine Macht, die alles verschlingt.

---

[1] Wie schätzte der Autor von Text M 1a) die Kriegssituation ein?

[2] Überlege, warum die Seemacht England so gefährlich für die deutsche Kriegsführung erschien!

[3] Welche Gefahr wurde durch den Vorschlag des Admirals heraufbeschworen?

[4] Was wurde in Text M 1b) gefordert?

[1] Woran kann man erkennen, dass mit dem Moloch die USA gemeint sind?

[2] Welche Gegenstände strömen aus dem Maul des Ungeheuers?

[3] Was wollte der Karikaturist mit dieser Zeichnung ausdrücken?

[4] Welche Folgen für den Kriegsverlauf könnte der Zeichner vorausgesehen haben?

Siegfrieden oder Verständigungsfrieden?

Trotz monatelanger Materialschlachten veränderte sich der Verlauf der Fronten im Westen und Osten während der Kriegsjahre 1916/1917 kaum. Während die **englische Seeblockade** Deutschland von allen Zulieferungen aus Übersee abschnitt, konnten sich Frankreich und besonders England problemlos aus den USA mit Kriegsmaterial beliefern lassen. Die deutsche Bevölkerung litt an Hunger, Arbeitskräfte fehlten und die Rohstoffvorräte wurden immer geringer. Die übertrieben selbstgefälligen **Militärs forderten** dennoch **größtmögliche Anstrengungen von der Bevölkerung**, um durch erhöhte Produktionen die Soldaten an der Front zu unterstützen.

Die Mehrheit der **Abgeordneten im Deutschen Reichstag** hingegen versuchte einen Verständigungsfrieden zu erreichen. Eine von den SPD-Abgeordneten angeregte **Friedensresolution** (Aufruf) sollte den Feindländern zeigen, dass es nach dem Willen der Mehrheit des deutschen Volkes keine Gebietseroberungen, dafür aber einen dauerhaften Frieden geben sollte. Die Alliierten lehnten diesen Vorschlag ab, obgleich sich auch deren Bevölkerung nach Frieden sehnte.

Die Oberste Heeresleitung gewann erneut die Oberhand. Um England von seinen Nachschublinien zur See abzuschneiden und zu Friedensverhandlungen zu zwingen, erklärte die deutsche Regierung im April 1917 den **uneingeschränkten U-Boot-Krieg**. Kein Unterschied sollte gemacht werden zwischen feindlichen und neutralen Schiffen.

Das Schiff im Hintergrund ist gerade von einem Torpedo, abgefeuert von einem deutschen U-Boot, getroffen worden.

Der Kriegseintritt der USA verändert die Kriegslage

Bereits 1915 waren auf einem von einem deutschen U-Boot versenkten englischen Frachtschiff amerikanische Zivilpassagiere ums Leben gekommen. Damals beließen es die Amerikaner bei einem Protest. Als jetzt aber amerikanische Frachter ohne Vorwarnung von deutschen U-Booten versenkt wurden, war die Empörung in der amerikanischen Öffentlichkeit so groß, dass es im April **1917** zur **Kriegserklärung der USA** und einem Großteil der mittel- und südamerikanischen Staaten **an das Deutsche Reich** kam. Dies geschah allerdings auch im Interesse einflussreicher amerikanischer Wirtschaftskreise, die Waffen an Frankreich und England verkauft hatten und nur nach einem Sieg der Alliierten auf Gewinn bringende Rückzahlung der dafür gewährten Kredite hoffen durften.

Der Kriegseintritt Amerikas führte zu einer entscheidenden Wende im Kriegsablauf: Standen sich eben noch die erschöpften Europäer auf den Schlachtfeldern gegenüber, sahen sich nun die Truppen der Mittelmächte vor die Aufgabe gestellt, der überwältigenden Materialübermacht und frischen Truppen aus Amerika (ca. zwei Millionen Soldaten) standzuhalten.

Dennoch gaben die Mittelmächte den Glauben an einen Sieg nicht auf, weil sich im Osten die militärische Situation durch die russischen Revolutionswirren von 1917 und den Frieden von Brest-Litowsk 1918 mit Russland (s. S. 83) gebessert hatte. Die Hoffnung, dass die Entlastung der Ostfront dem Deutschen Reich Vorteile im Westen bringen könnte, bewahrheitete sich jedoch nicht.

„Vernichtet das wilde Untier!"
Mit diesem Plakat warb die amerikanische Regierung 1917 Freiwillige für den Krieg in Europa.

Erster Weltkrieg und Nachkriegsordnung

5. Die Revolution von 1917 beendet das Zarenreich

M 1 Die russische Gesellschaft:

1 Benenne die sechs dargestellten Gesellschaftsschichten!

2 Welche Missstände werden aufgeführt?

3 Welche Bevölkerungsschicht hat Grund zur Unzufriedenheit und könnte eine Veränderung anstreben?

1 Lies in einem Lexikon nach und gib kurz die wichtigsten Stationen im Leben Lenins wieder!

2 Wie unterscheidet sich Lenin von allen anderen im Bild M2a) dargestellten Personen und warum wird er so dargestellt?

3 Welche Personengruppen erkennst du unter den Zuhörern?

4 Was sah Lenin als Voraussetzung für einen wirklichen Frieden an?

5 Was meinte Lenin mit „der ersten Etappe der Revolution"?

6 In welchen Bereichen strebte er Änderungen an?

Die Karikatur aus dem Jahr 1900 wurde im Ausland veröffentlicht.

M 2 Der Widerstand gegen die Ungerechtigkeit innerhalb der russischen Gesellschaft wurde größer.

a) Bereits im Jahre 1905 hatte das Volk einen Regierungswechsel erzwungen. Trotzdem blieb der Zar an der Macht. Im Jahre 1917 spitzte sich die Lage erneut zu:

Ein Maler stellt den Revolutionär Wladimir I. Lenin im Jahre 1917 dar, wie er vor einer Menschenmenge eine Rede hält (Gemälde von Wladimir Serov, 1947).

b) Lenin (1870 – 1924) fasste die revolutionäre Phase in Russland im April 1917 in den so genannten „Aprilthesen" (These = Leitsätze) zusammen:

„1. Man muss (der Masse) beweisen, dass ein wahrhaft demokratischer Frieden … ohne den Sturz des Kapitalismus unmöglich ist …
2. Die gegenwärtige Lage in Russland besteht … im Übergang von der ersten Etappe der Revolution, die … die Bourgeoisie (das Bürgertum) an die Macht brachte, zur zweiten Etappe, die die Macht in die Hände des Proletariats und der armen Schichten der Bauernschaft legen muss …
4. … Arbeiterräte sind die einzig mögliche Form der Revolutionsregierung …
6. Enteignung des gesamten adeligen Grundbesitzes. Nationalisierung des gesamten Bodens im Lande; über ihn verfügen die örtlichen Landarbeiter- und Bauernräte …
8. … sofortige Übernahme der Kontrolle der … Produktion und Verteilung der Erzeugnisse durch den Arbeiterrat …"

In Russland herrschen Zar und Adel fast uneingeschränkt

Im Zarenreich Russland war es während des gesamten 19. Jahrhunderts immer wieder zu Unruhen gekommen. Obgleich eine Großmacht, war Russland wirtschaftlich und technisch sehr rückständig. Es gab **viele unzufriedene Gruppen**. Eine adelige Minderheit, an ihrer Spitze die Zarenfamilie und die hohe Geistlichkeit, herrschte nahezu uneingeschränkt und lebte im Wohlstand. Die Militärs waren sehr einflussreich. Die Bauern hungerten, die Arbeiter klagten über niedrige Löhne und schlechte Wohnungen. Die Niederlage im russisch-japanischen Krieg **1905** und die **mangelhafte Versorgung** insbesondere auch der Stadtbevölkerung mit Nahrungsmitteln steigerte die Unzufriedenheit der Menschen. Es kam zu **Arbeiterstreiks** und Demonstrationen. In St. Petersburg (1914–1924 Petrograd) eröffnete das Militär das Feuer auf Demonstrierende und tötete dabei über 1000 Menschen. Die sich daraus entwickelnde Revolution zwang Zar Nikolaus II. (1894–1917), eine **gemäßigte Regierung** einzusetzen und ein Parlament, **die Duma**, zuzulassen. Viele Zugeständnisse nahm der Herrscher jedoch bald wieder zurück.

Aufständische Soldaten marschieren durch Petrograd.
Im Februar 1917 tragen Soldaten ein Schild mit der Aufschrift „Freiheit, Gleichheit, Brüderlichkeit" durch die Straßen. Sie erinnern damit an die Französische Revolution von 1789.

Im Februar 1917 wird der Zar gestürzt

Die Unzufriedenheit blieb. Der harte **Kriegswinter 1916/17** verlangte der russischen Armee, aber auch dem **Volk härteste Entbehrungen** ab, während die **Oberschicht im Überfluss** lebte. Als im Februar 1917 an die 200 000 Arbeiter auf die Straße gingen, gab der Zar den Befehl, auf die demonstrierenden Menschen zu schießen. Die Soldaten weigerten sich und liefen zu den Demonstranten über. Die Abgeordneten der Duma zwangen den Zaren zur Abdankung. Russland wurde in eine **parlamentarische Demokratie** umgewandelt. Die neue gemäßigte Regierung wollte den Krieg nicht sofort beenden und die anstehenden Probleme nur vorsichtig verändern. Damit waren die **Arbeiter- und Soldatenräte (Sowjets)**, die sich in den Industriebetrieben und in der Armee gebildet hatten, nicht einverstanden. Sie strebten einen radikalen Umsturz der Gesellschaft nach den Theorien von Wladimir Iljitsch **Lenin** (1870–1924) an. Er legte die Lehre von Karl Marx so aus, dass die Revolution des Proletariats auch in einem Agrarstaat wie Russland erfolgreich sein könnte, wenn sie von einer gut organisierten Partei gelenkt werde.

Oktoberrevolution 1917 – die Sowjets übernehmen die Macht

Mit der Parole „**Frieden, Land, Brot**" und der Forderung „**Alle Macht den Räten!**" wagte Lenin am 7. November 1917 den gut vorbereiteten Umsturz. Seine Anhänger besetzten alle wichtigen Straßen, Bahnhöfe, Brücken und Ämter in Petrograd und nahmen die Regierung fest; der Ministerpräsident floh. Die Revolutionäre stießen kaum auf Widerstand. Sobald die Bolschewisten an der Regierung waren, machten sie ein Friedensangebot, auf das Deutschland einging. In den Verhandlungen von Brest-Litowsk 1917 (s. S. 83) musste Russland jedoch sehr harte Friedensbedingungen akzeptieren.

Sowjets waren Räte, die von Bauern, Soldaten und Arbeitern jeweils aus ihrem und für ihren Arbeits- und Lebensbereich gewählt wurden.

Bolschewisten oder Bolschewiken (russ. bolsche = mehr) nannte man die Gruppe um Lenin, die bei einem Kongress in London im Jahre 1903 bei einer Abstimmung die Mehrheit erhielt. Die damals Unterlegenen bezeichnete man als Menschewiken (russ. mensche = wenig, minder).

In seinen **Aprilthesen** forderte Lenin die sofortige Beendigung des Krieges, die Vereinigung der Staatsmacht in den Händen des Proletariats, die Errichtung einer Räte (= Sowjet-)republik, die Enteignung der Großgrundbesitzer, die Verstaatlichung des gesamten Grund und Bodens und die Übernahme der Betriebe durch die Arbeiter.

Erster Weltkrieg und Nachkriegsordnung

6. Das Ende des Ersten Weltkrieges

M 1 Die Lage im Herbst 1918

a) Die Front veränderte sich:

Hauptkampflinien:
- - - - Frühjahr 1918
——— 11. November 1918

b) Telegramme 1918:

Generalfeldmarschall Paul von Hindenburg schrieb am 3. Oktober 1918 an den Reichskanzler Max von Baden:

„… Infolge der Unmöglichkeit, die in den Schlachten der letzten Tage eingetretenen sehr erheblichen Verluste zu ergänzen, besteht nach menschlichem Ermessen keine Aussicht mehr, dem Feinde den Frieden aufzuzwingen … Der Gegner … führt ständig neue, frische Reserven in die Schlacht … Die Lage verschärft sich täglich … Unter diesen Umständen ist es geboten, den Kampf abzubrechen …"

Karl I., Kaiser von Österreich, am 27. Oktober an Kaiser Wilhelm II.:

„Es ist meine Pflicht, Dir … zur Kenntnis zu bringen, dass mein Volk weder im Stand noch willens ist, den Krieg … fortzusetzen … Da unnützes Blutvergießen ein Verbrechen wäre … habe ich den Entschluss gefasst, innerhalb 24 Stunden um … Frieden und … sofortigen Waffenstillstand anzusuchen."

c) Neue Waffen verschoben das Stärkeverhältnis zusätzlich:

Englische Tanks (Panzer) greifen deutsche Stellungen an.

1 Welche Kriegslage führte zu dem Telegramm der Obersten Heeresleitung? Beachte auch die Karte in M 1a)!

2 Nenne Gründe für die Situation an der Front!

3 Welche Begründung für die Entscheidungen wurde in den Telegrammen genannt?

4 Versetze dich in die Lage eines der beiden Soldaten und schildere deine Gedanken!

5 Welche Wirkung hatte der Einsatz neuer Waffen, wie z. B. der Tanks, durch die Alliierten auf den Kriegsverlauf?

M 2 Ende Oktober 1918 plante die deutsche Seekriegsleitung einen Angriff der Flotte gegen Großbritannien. In einem Brief an seinen Vater berichtete ein Matrose:

„… Auf allen Geschwadern hätte die Besatzung verschiedener Schiffe den Gehorsam verweigert. Als die Flotte auslaufen wollte, hätten die Mannschaften den Feuerlöschapparat angestellt, so dass in allen Kesseln das Feuer ausging. Bei jedem ‚Seeklar'-Befehl hätten sie dasselbe gemacht und infolgedessen das Auslaufen der Flotte verhindert. Man fragte sie nach dem Grund und sie antworteten … sie wollten den Verzweiflungskampf der deutschen Flotte nicht mitmachen … Den Zweck haben sie ja erreicht, die Marine macht nicht mehr mit – wenn nur die Armee und das Volk bald folgen …

Beunruhigt euch nicht, wenn es auch etwas drunter und drüber geht. Totschießen lassen wir uns nicht mehr die letzten Tage!"

1 Mit welchen Mitteln wehrten sich die Soldaten gegen den Befehl?

2 Welches Risiko gingen sie dabei ein?

3 Welchen Grund nennt der Schreiber für den Widerstand?

4 Welche Wirkung wünschte sich der Matrose?

Die Niederlage der Mittelmächte

Die Oberste Heeresleitung (OHL) der deutschen Armee versuchte durch Großoffensiven an der Westfront, dem Einsatz der Amerikaner zuvorzukommen. Es wurden dabei lediglich Geländegewinne erzielt, aber kein entscheidender Durchbruch erreicht. Ab Juli 1918 begann der **Gegenangriff der Alliierten**, dem die abgekämpften deutschen Truppen nicht mehr standhalten konnten. Die in immer größerer Zahl von den Briten eingesetzten **Tanks** erzielten bei Amiens einen tiefen Einbruch in die deutsche Frontlinie. Die schweren Verluste in diesem Abwehrkampf konnten nicht mehr durch frische Truppen ausgeglichen werden, auch wenn inzwischen bereits 17-Jährige nach einer Kurzausbildung an die Front geschickt wurden. Immerhin konnte der zähe Widerstand die Truppen der Alliierten in ihrem Vormarsch hemmen. Aber erst mit dem Zusammenbruch der Balkanfront und dem Drängen Österreichs und Bulgariens auf rasche Waffenruhe gab die deutsche OHL den Krieg militärisch für verloren.

Der Waffenstillstand wird geschlossen

Am 29. September 1918 forderte die deutsche Heeresleitung die Regierung auf, sofort einen Waffenstillstand zu schließen. Der damalige Reichskanzler wollte diese Forderung nicht verantworten und trat deshalb zurück. Daraufhin ernannte der Kaiser den eher liberal gesinnten **Max von Baden** zum **Reichskanzler**. Dieser bat am 3. Oktober den amerikanischen Präsidenten Wilson um Vermittlung eines Waffenstillstandes. Wilson machte seine Vermittlung u. a. auch davon abhängig, dass die Unterhändler nicht mehr dem Kaiser, sondern dem Parlament verantwortlich seien. Dies hatten auch die Militärs verlangt. Damit wollte die Heeresleitung erreichen, dass die Verantwortung für die sich abzeichnende Niederlage auf die Regierung abgewälzt werde. „Sie sollen die Suppe jetzt essen, die sie uns eingebrockt haben!", soll General von Ludendorff gesagt haben. Schließlich stimmten Kaiser und Militär Ende Oktober einer **Verfassungsreform** zu, nachdem das Parlament Kriegsentscheide und Friedensverträge billigen musste.

Bei den Verhandlungen, die Anfang November 1918 in Compiègne (Frankreich) begannen, stellten die Alliierten **harte Forderungen**:
– Räumung von Frankreich, Belgien und Luxemburg
– Rückgabe von Elsass-Lothringen an Frankreich
– Besetzung linksrheinischer Gebiete durch alliierte Truppen
– Fortsetzung der Blockade Deutschlands
– Auslieferung sämtlichen Kriegsmaterials, darunter auch die noch verbliebenen U-Boote und die Hochseeflotte

Da die Kriegslage sich verschlechterte, riet die OHL die Bedingungen zu akzeptieren. Außerdem hatte die Stimmung in der Zivilbevölkerung durch die militärischen Rückschläge im Jahr 1918 einen absoluten Tiefpunkt erreicht. Neben Not, Leid und Entbehrungen kam noch hinzu, dass die Menschen verbittert waren darüber, dass man ihnen lange Zeit die wahre Kriegslage verheimlicht hatte.

Am **11. November 1918** wurde der **Waffenstillstand unterzeichnet**. Von diesem Tag an schweigen die Waffen an allen Fronten.

Ehrenblatt für gefallene deutsche Soldaten, das zusammen mit der Todesanzeige an die Familien versandt wurde. Es soll der tröstende Eindruck erweckt werden, der Gefallene sei für eine gute Sache und ehrenvoll gestorben.

Matrosen in Kiel und Wilhelmshaven verweigern den Gehorsam. Die stolzen Admirale der deutschen Marine wollten aber die nahezu unversehrte Flotte nicht kampflos ausliefern und gaben Ende Oktober 1918 – trotz Waffenstillstandsverhandlungen und ohne Wissen der Reichsregierung – Befehl zu einer letzten Schlacht gegen die britische Flotte. Die Matrosen erkannten die Sinnlosigkeit dieses Unternehmens und weigerten sich, die Befehle auszuführen. Sie löschten die Feuer unter den Kesseln und verhinderten das Auslaufen der Flotte. Die Lage wurde explosiv.

Erster Weltkrieg und Nachkriegsordnung

7. Die Novemberrevolution beendet das Kaiserreich

M 1 Menschen demonstrierten für eine demokratische Ordnung:

1 Aus welchen Bevölkerungsgruppen setzten sich die Demonstranten zusammen?

2 Was für eine Uniform trägt der Mann links vorne? Siehe dazu auch die Seiten 72f.!

1 Wie wird im Erlass des Reichskanzlers Max von Baden die Abdankung dargestellt?

2 Wer soll als vorläufiger Reichskanzler vorgeschlagen werden?

3 Welche Forderung deutet auf eine demokratische Entwicklung hin?

4 Wie wurde die Ausrufung der Republik von den Zuhörern aufgenommen?

Am 9. November 1918 strömte eine große Anzahl von Menschen zum Berliner Schloss, um an einer Protestkundgebung teilzunehmen.

M 2 Unter dem Druck der Alliierten und der Demonstranten dankte Kaiser Wilhelm II. ab. Damit endete die Monarchie:

2. Extraausgabe. Sonnabend, den 9. November 1918.
Vorwärts
Berliner Volksblatt.
Zentralorgan der sozialdemokratischen Partei Deutschlands.

Der Kaiser hat abgedankt!

Der Reichskanzler hat folgenden Erlaß herausgegeben:

Seine Majestät der Kaiser und König haben sich entschlossen, dem Throne zu entsagen.

Der Reichskanzler bleibt noch so lange im Amte, bis die mit der Abdankung Seiner Majestät, dem Thronverzichte Seiner Kaiserlichen und Königlichen Hoheit des Kronprinzen des Deutschen Reichs und von Preußen und der Einsetzung der Regentschaft verbundenen Fragen geregelt sind. Er beabsichtigt, dem Regenten die Ernennung des Abgeordneten Ebert zum Reichskanzler und die Vorlage eines Gesetzentwurfs wegen der Ausschreibung allgemeiner Wahlen für eine verfassunggebende deutsche Nationalversammlung vorzuschlagen, der es obliegen würde, die künftige Staatsform des deutschen Volks einschließlich der Volksteile, die ihren Eintritt in die Reichsgrenzen wünschen sollten, endgültig festzustellen.

Berlin, den 9. November 1918. **Der Reichskanzler.**
Prinz Max von Baden.

Es wird nicht geschossen!

Der Reichskanzler hat angeordnet, daß seitens des Militärs von der Waffe kein Gebrauch gemacht werde.

Die Titelseite des SPD-Parteiblattes „Vorwärts" berichtete am 9. November 1918 über die Abdankung des Kaisers.

Philipp Scheidemann ruft von einem Fenster des Reichstags vor einer großen Menschenmenge die Republik aus.

Die Monarchie wird gestürzt und eine Republik ausgerufen

Mit den meuternden Matrosen verbündeten sich die Hafen- und Werftarbeiter und bildeten so genannte **Arbeiter- und Soldatenräte**. Innerhalb weniger Tage griff die **revolutionäre Bewegung** auf andere Hafenstädte und schließlich auf **ganz Deutschland** über. In vielen Städten demonstrierten die Menschen für die Beendigung des Krieges und verlangten eine Abdankung des Kaisers. In der Person des Kaisers und in der Institution der Monarchie sah man das Haupthindernis auf dem Weg zum Waffenstillstand und Frieden. Der Kaiser zögerte. In dieser angespannten Situation handelte Reichskanzler Max von Baden. Er erklärte am 9. November eigenmächtig den **Thronverzicht Wilhelms II.**, trat selbst zurück und übertrug das Amt des Reichskanzlers – in einem ebenfalls nicht verfassungsrechtlich vorgesehenen Akt – auf den Vorsitzenden der SPD, **Friedrich Ebert**. Der Kaiser legte daraufhin sein Amt nieder. Mit Wilhelm verzichteten im ganzen Reich die Fürsten auf ihre Rechte.

Nach dem Zusammenbruch der Monarchie stellte sich die Frage, was an ihre Stelle treten sollte. Aus der SPD heraus hatte in den Kriegsjahren eine Gruppe von Abgeordneten die USPD (Unabhängige Sozialdemokratische Partei Deutschlands) gegründet. Ihre Führer **Karl Liebknecht und Rosa Luxemburg** lehnten den gemäßigten Kurs Friedrich Eberts mit dem Ziel einer parlamentarischen Demokratie ab und strebten eine Räterepublik nach russischem Vorbild an. Die Anhänger beider Gruppierungen demonstrierten für ihre Staatsform. Die Ereignisse überstürzten sich. Dem gemäßigten Sozialdemokraten **Philipp Scheidemann** gelang es, von einem Fenster des Reichstags aus, am 9. November 1918 die „**Deutsche Republik**" auszurufen, bevor einige Stunden später Karl Liebknecht auf einer Kundgebung vor dem Berliner Schloss eine „**freie sozialistische Republik Deutschland**" proklamierte.

Abgeordnete des Reichstags übernehmen die Regierungsgeschäfte

Am 10. November 1918 begab sich der ehemalige Kaiser ins Exil nach Holland. Unter dem Druck der demonstrierenden Massen einigten sich die beiden sozialistischen Parteien auf einen Kompromiss. In Berlin wurde mit dem „**Rat der Volksbeauftragten**" eine vorläufige Regierung gebildet. Es gehörten ihm drei Mitglieder der SPD und drei der USPD an. Friedrich Ebert von der SPD wurde zum Vorsitzenden gewählt. Als dringendste Aufgaben mussten in Angriff genommen werden:
– Friedensverhandlungen mit den Alliierten
– Rückführung und Wiedereingliederung der Soldaten (an die acht Millionen) in das Berufsleben; das bedeutete auch Umstellung der Wirtschaft von Kriegs- auf Friedensproduktion
– Überwindung der Hungersnot
– Vorbereitung einer verfassungsgebenden Versammlung

Mit der Unterzeichnung des Waffenstillstandsvertrages am 11. November 1918 schwiegen zwar die Waffen an allen Fronten, der Kampf im Inneren ging aber noch weiter (s. S. 88f.).

In ganz Deutschland kam es zu revolutionären Bewegungen.

Erster Weltkrieg und Nachkriegsordnung

8. Vom Königreich zum Freistaat Bayern

M1 Der Schriftsteller Oskar Maria Graf (1894 – 1967) erinnert sich an die Revolution und das Ende der Monarchie in Bayern:

1 Versuche die Erinnerungen des Schriftstellers Oskar Maria Graf den folgenden Phasen der bayerischen Revolution zuzuordnen:
– Zunächst stößt die Revolution auf wenig Interesse in Bayern (November 1918).
– Ermordung des USPD-Vorsitzenden führt zu blutigen Ausschreitungen in München und zur Errichtung einer Räteherrschaft (Februar – April 1919).
– Die Soldaten der Regierung begehen nach Niederschlagung des Aufstandes unzählige Gräueltaten (Mai 1919).

2 Informiere dich über Oskar Maria Graf, der diese Erinnerungen zwischen 1920 und 1926 niedergeschrieben hat, und berichte darüber vor der Klasse!

Friedens-Massendemonstration auf der Theresienwiese (7. November 1918)

M2 Die SPD-Regierung Hoffmann verabschiedete im August 1919 eine Verfassung für Bayern. Auszüge daraus:
„§1/I Bayern ist ein Freistaat und Mitglied des Deutschen Reichs. Die bisherigen Landesteile Bayerns in ihrem Gesamtbestande bilden das Staatsgebiet.
Die Landesfarben sind weiß und blau.
§2 Die Staatsgewalt geht von der Gesamtheit des Volkes aus. Sie wird nach den Bestimmungen dieser Verfassung und der Verfassung des Deutschen Reichs unmittelbar durch die Staatsbürger und mittelbar durch die in dieser Verfassung eingesetzten Organe ausgeübt."

1 Wie sollte Bayern laut dieser Verfassungsurkunde ab 1919 regiert werden?

2 Lies in der aktuellen bayerischen Verfassung nach und vergleiche!

„Vor der Bavaria waren dichte Massen und wuchsen von Minute zu Minute. Von den Hängen und Treppen des Denkmals herab redeten Männer ... Wir fanden endlich Eisner, der weither von einem Seitenhang herunter schrie ... Und brausend riefen alle: ‚Hoch Eisner! Hoch die Weltrevolution!' ... In den Versammlungen redeten sie große Töne, dann zog man wieder mit Fahnen und Geschrei durch die Straßen ... ‚Nieder!' und ‚Hoch!' schrie man und wusste kaum warum. Die Reichen lebten noch genauso herrlich und in Freuden, sie hatten sich mit Hamsterwaren eingedeckt, kein Mensch krümmte ihnen ein Haar ... Auf dem Land kümmerte sich kein Mensch um die Revolution.
... Eines Morgens ... lief wie ein Lauffeuer in alle Winkel und Ecken der aufgepeitschten Stadt: ‚Kurt Eisner ermordet! ... Schießerei und Panik im Landtag!' Man schrieb den 21. Februar. Der Landtag sollte heute eröffnet werden ... Plötzlich fuhr ... ein voll besetztes Lastauto mit dichten Fahnen und Maschinengewehren vorüber, und laut schrie es herunter: ‚Rache für Eisner!' ... Das war anders, ganz anders als am 7. November ...
‚Geiselmord im Luitpoldgymnasium!', gellte förmlich von Ohr zu Ohr. Die Arbeiter hatten jene Verhafteten und zwei gefangene Regierungssoldaten erschossen.
‚Sontheimer tot! Egelhofer erschossen! Landauer ermordet!' war gleichsam die Antwort darauf und jetzt fing bei den Soldaten eine wahre Treibjagd auf verdächtige Zivilisten an ... Überall zogen lange Reihen verhafteter, zerschundener, blutig geschlagener Arbeiter mit hochgehaltenen Armen ... Da schoss es schon nicht mehr ... Das elegante Volk tummelte sich hier und in den Hofgartencafés ... Die Räterepublik war zu Ende. Die Revolution war besiegt. Das Standgericht arbeitete emsig ..."

Eine unblutige Revolution beendet die Monarchie

Auch in Bayern verschärfte sich in der ersten Novemberwoche 1918 die revolutionäre Stimmung. SPD, USPD und die Gewerkschaften riefen für den **7. November 1918** zu einer gemeinsamen **Demonstration** auf der Theresienwiese **in München** auf. Über 60 000 Menschen kamen, um den Rednern der Parteien zuzuhören. Sie forderten u. a. einen sofortigen Waffenstillstand, den Rücktritt des Kaisers und soziale Verbesserungen. Schließlich zog **Eisner** (USPD) mit etwa 2000 Menschen zu den Münchner Kasernen. Viele Soldaten schlossen sich dem Zug an. Alle wichtigen öffentlichen Gebäude wurden besetzt. Es kam zu Demonstrationen vor der Residenz des bayerischen Königs. Im Landtag hielt Eisner um Mitternacht die erste Sitzung des **Arbeiter- und Soldatenrates** ab und rief den **Freistaat Bayern** aus. Wenige Stunden zuvor war König Ludwig III. (1913 – 1918) mit seiner Familie geflohen. Einige Tage später entband der König alle Beamten und Soldaten von dem ihm geleisteten Treueeid. Die **Monarchie in Bayern** war damit nach 700 Jahren Herrschaft der Wittelsbacher **unblutig beendet** worden. In allen wichtigen Städten formierten sich Arbeiter- und Soldatenräte. Der Großteil der Bevölkerung interessierte sich nur wenig für alle diese Vorgänge.
Die ersten **Wahlen zum bayerischen Landtag** am 12. Januar 1919 brachten schließlich eine vernichtende Niederlage für Eisners USPD. Sie erhielt nur 3 von 180 Landtagssitzen. Eisner ließ daraufhin für den 21. Februar 1919 den neu gewählten Landtag einberufen, um dort den Rücktritt seiner provisorischen Regierung bekannt zu geben. Auf dem Weg zum Landtag wurde Eisner jedoch von einem fanatischen Gegner der Revolution erschossen.

Kurt Eisner (1867–1919), der in Berlin geboren wurde, war zunächst Redakteur bei einer sozialdemokratischen Tageszeitung. Seit 1910 lebte er als Schriftsteller in München. Erst 1917 schloss er sich der USPD an. Wegen der Beteiligung an einem Rüstungsarbeiterstreik saß er mehrere Monate in Haft. Nach der unblutigen Revolution wurde Eisner provisorischer Ministerpräsident in Bayern.

Die Räteherrschaft in München wird niedergeschlagen

Dieser Mord war Auslöser für schwere **Unruhen in München**. Im April 1919 wurde die Räterepublik ausgerufen. Damit sollte die vom Landtag **demokratisch gewählte Regierung** des SPD-Ministerpräsidenten **Hoffmann gestürzt** werden. Hoffmann musste mit seiner Regierung nach Bamberg fliehen. Außerhalb Münchens hatte die Räterepublik kaum Erfolge zu verzeichnen. In München gelang es den bayerischen Truppen nicht, die Räteherrschaft zu beenden. Daraufhin wurden auch Reichstruppen und Freikorps (Freiwilligenverbände) gegen die bayerische **Rote Armee** eingesetzt. Ende April erschossen Mitglieder der Roten Armee Geiseln, die unter dem Verdacht festgenommen worden waren, für die Bamberger Regierung zu arbeiten. Als am 4. Mai der letzte Widerstand dieser Armee gebrochen war, kam es auch aufseiten der Truppen Hoffmanns zu unzähligen Gräueltaten. Viele Hunderte von Menschen fielen dem Terror zum Opfer. Kaum jemand unterschied damals noch zwischen der unblutigen Revolution Eisners und den **grausamen Kämpfen im April und Mai 1919**. Das Bürgertum verband mit dem Begriff „Revolution" grundsätzlich Negatives.
Der von Eisner geschaffene Begriff „Freistaat Bayern" jedoch wurde in der bayerischen **Verfassung** vom August **1919** festgeschrieben und hat sich bis heute erhalten.

Die Münchner Räterepublik ist beendet. Freikorpstruppen führen Soldaten der Roten Armee ab (Mai 1919).

Erster Weltkrieg und Nachkriegsordnung

9. Die Pariser Friedensverträge beenden den Krieg und belasten den Frieden

M1 In einer Kongressrede am 11. Februar 1918 forderte der amerikanische Präsident Wilson, dass bei einem Friedensschluss vier Punkte zu beachten seien:

„1. Herbeiführung eines Friedens auf Dauer ... (Es geht 2. darum), dass Völker und Provinzen nicht von einer Souveränität zur anderen verschachert werden ... (Es ist darauf zu achten, dass 3.) jede durch den Krieg aufgeworfene territoriale Regelung im Interesse und zugunsten der beteiligten Bevölkerung getroffen werden muss ... (und dass 4.) allen klar umschriebenen nationalen Bestrebungen die weitgehendste Befriedigung gewährt werden muss ..."

1 Notiere die vier Punkte in Stichworten in eine Tabelle! Versuche später, wenn du die Texte im Buch gelesen hast, herauszufinden, ob diese Ziele erreicht wurden! Ergänze dann die Tabelle!

2 Nenne das Hauptziel, das Wilson anstrebte!

3 Worin sah der Autor den Hauptgrund für die Entstehung vergangener Kriege?

M2 Der Versailler Friedensvertrag veränderte die Grenzen des Deutschen Reichs:

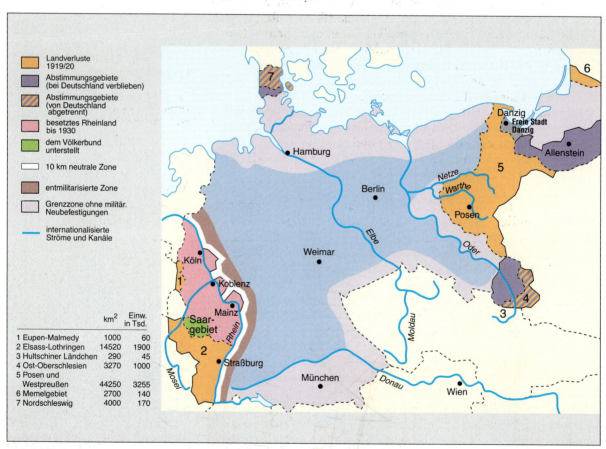

1 Welche Gebiete musste Deutschland abtreten?

2 Welche Gebiete wurden von den Siegermächten besetzt?

3 Wo fanden Volksabstimmungen über die Zuteilung des Landes statt?

4 Welche der bezeichneten Gebiete gehören zur Bundesrepublik Deutschland?

M3 Außer den territorialen enthielt das Vertragswerk auch noch andere Bestimmungen:

1. Abrüstungsverpflichtungen:
   - Das deutsche Heer darf nur 100 000 Mann stark sein.
   - Luftstreitkräfte, schwere Geschütze, Panzer, Schlachtschiffe und U-Boote sind für Deutschland verboten.
   - Die allgemeine Wehrpflicht ist untersagt.
   - Das gesamte Kriegsmaterial muss ausgeliefert werden.
   - Das linke Rheinufer und Zonen um Köln, Koblenz und Mainz bleiben für 5, 10 bzw. 15 Jahre von alliierten Truppen als Faustpfand für die Vertragserfüllung besetzt.
   - Bis zu einer Linie 50 km östlich des Rheins darf Deutschland keine Truppen unterhalten oder üben lassen.

2. Kriegsschuld und Wiedergutmachung:
   „Die alliierten Regierungen erklären und Deutschland erkennt an, dass Deutschland und seine Verbündeten als Urheber für alle Verluste und Schäden verantwortlich sind, die die alliierten Regierungen und ihre Staatsangehörigen infolge des Krieges, der ihnen durch den Angriff Deutschlands und seiner Verbündeten aufgezwungen wurde, erlitten haben … (Art. 231)."
   Deshalb muss Deutschland:
   - seine gesamte Handelsflotte ausliefern,
   - die Kosten der Besatzungsarmee tragen,
   - Kohle, Koks, Lokomotiven, Eisenbahnwagen, Pferde, Kühe und viele andere Sachlieferungen leisten und
   - eine noch zu bestimmende Reparationsschuld bezahlen (1920 auf 269 Mrd. Goldmark festgesetzt).

① Erstelle eine Tabelle und trage die militärischen und wirtschaftlichen Bestimmungen ein!

② Überlege, was die Alliierten mit der „Faustpfandregelung" bezwecken wollten!

③ Wozu war es notwendig, dass Deutschland die Alleinschuld auferlegt wurde?

④ Beurteile den Vorwurf der Alleinschuld, indem du mit S. 58ff. (Kriegsausbruch) vergleichst!

M4 Die Pariser Verträge führten nicht nur zu Gebietsveränderungen im Deutschen Reich, sondern in ganz Europa:

Beschreibe die Veränderungen, die sich in Europa ergaben:

① Welche neuen Staaten entstanden im Osten zwischen dem Deutschen Reich und der Sowjetunion?

② Was geschah mit der österreichisch-ungarischen Monarchie?

③ Notiere die Veränderungen auf dem Balkan!

④ Was wurde aus dem Osmanischen Reich (s. auch S. 52f.)?

Europa 1914

Europa nach dem Ersten Weltkrieg

Erster Weltkrieg und Nachkriegsordnung

> Das **Selbstbestimmungsrecht der Völker** ist das Recht aller Völker und Nationen, über ihre politischen, wirtschaftlichen, sozialen und kulturellen Verhältnisse zu bestimmen. Es beinhaltet das Recht eines Volkes, sich zu einem selbstständigen Staat zusammenzuschließen. Zudem gilt der Grundsatz, dass Veränderungen des Staatsgebietes nur mit Zustimmung der Mehrheit der betroffenen Bevölkerung zulässig sind. Präsident Wilson setzte sich dafür besonders ein. Das Selbstbestimmungsrecht berücksichtigte man aber nach dem Ersten Weltkrieg nicht überall. Das Sudetenland wurde z. B. ohne Abstimmung der neu gegründeten Tschechoslowakei zugeschlagen.

Auf dem Weg zu einem sicheren Frieden?

Nachdem im Herbst 1918 zwischen allen am Ersten Weltkrieg beteiligten Mächten Waffenstillstand geschlossen worden war, galt es 1919, einen Friedensvertrag zu erarbeiten. Die Vertreter von 32 verbündeten Staaten trafen sich zu einer großen internationalen Friedenskonferenz in verschiedenen Vororten von Paris (u. a. Versailles, Trianon, St. Germain). Die **Besiegten und** die **Sowjetunion durften an den Beratungen nicht teilnehmen**. Sie empfanden daher das Ergebnis der Verhandlungen nicht als Vertrag, sondern als ein Diktat der Siegermächte. Hinzu kam, dass **die wesentlichen Entscheidungen von den „Großen Drei"**, Woodrow Wilson (USA), David Lloyd George (Großbritannien) und George Clemenceau (Frankreich), getroffen wurden. Dabei gingen deren Meinungen in wesentlichen Punkten weit auseinander. Nach Ansicht des amerikanischen Präsidenten Wilson konnte ein Frieden auf Dauer nur möglich sein, wenn es keine Besiegten und keine Sieger gäbe. Das Selbstbestimmungsrecht der Völker müsste vorrangig sein. Er befürwortete die Gründung eines Völkerbundes, der künftig alle Streitigkeiten zwischen den Nationen friedlich regeln sollte. Wilson musste allerdings England und Frankreich große Zugeständnisse machen, um die Zustimmung zur Gründung eines solchen **Völkerbundes** zu erhalten. Die Hoffnung auf einen „milden" Frieden rückte jedoch mehr und mehr in den Hintergrund, verstärkt traten die territorialen und wirtschaftlichen Ansprüche in den Vordergrund.

Die territorialen Bestimmungen des Versailler Vertrages

Die europäischen Alliierten nutzten die Gelegenheit der Vertragsverhandlungen, um alte territoriale Streitpunkte zugunsten Frankreichs und anderer an Deutschland grenzender, z. T. neu entstandener Staaten zu regeln. Deutschland musste 13 % seines Gebietes abtreten:

- die Städte Eupen und Malmedy an Belgien
- Elsass-Lothringen zurück an Frankreich
- das Hultschiner Ländchen an die neu gebildete Tschechoslowakei
- Ost-Oberschlesien, Posen und Westpreußen an Polen
- das Memelgebiet, Danzig und das Saarland unter internationale Verwaltung, ebenso die deutschen Kolonien

Im südlichen Ostpreußen und in Nordschleswig sollte die Bevölkerung für oder gegen den Verbleib der Zugehörigkeit zu Deutschland abstimmen. In Oberschlesien wollten 60 % der Bevölkerung zum Deutschen Reich gehören, aber die Siegermächte sprachen große Teile des Industrieviers um Kattowitz (Katowice) dem neuen polnischen Staat zu.
Um die harten Maßnahmen gegen die Besiegten, insbesondere das **Deutsche Reich**, rechtlich abzusichern, mussten die Besiegten die **Alleinschuld** am Ausbruch des Ersten Weltkrieges mit der Unterschrift der dazu beauftragten Delegationen unter den Versailler Vertrag anerkennen (Art. 231).

Die Überschrift der Karikatur lautet „Versailles". In der dazugehörigen Bildunterschrift steht: „Auch Sie haben noch ein Selbstbestimmungsrecht. „Wünschen Sie, dass Ihnen die Taschen vor oder nach dem Tod ausgeleert werden?"
(Karikatur aus dem „Simplicissimus", 1919. Dargestellt sind (von rechts) David Lloyd George, George Clemenceau, Woodrow Wilson und das personifizierte Deutschland.)

Deutschland wird auch militärisch und wirtschaftlich geschwächt

Bei den militärischen Regelungen stand das **Sicherheitsbedürfnis der Siegermächte**, vor allem Frankreichs, im Vordergrund. So wurde Deutschlands Armee auf ein Heer von 100 000 Berufssoldaten beschränkt. Es galt ein Verbot für schwere Waffen, die Flotte musste stark verkleinert werden, die Luftwaffe wurde abgeschafft. Damit war Deutschland weder zu einem Angriff noch zu einer wirksamen Verteidigung fähig.

In den wirtschaftlichen Bestimmungen mussten sich die Besiegten verpflichten, alle Verluste und Schäden der Alliierten zu ersetzen. Die **Reparationssumme** sollte in gesonderten Verhandlungen festgelegt werden. Dazu kamen noch jährlich **Sachleistungen**, so mussten z. B. 25 Millionen Tonnen Kohle, Maschinen, Lastwagen, Telegrafenstangen usw. geliefert werden. Dies fiel insbesondere auch deshalb sehr schwer, weil als Folge der territorialen Verluste Deutschland 28 % seiner Steinkohleförderung, 75 % der Eisenproduktion, 16 % der Getreide- und 17 % der Kartoffelanbauflächen eingebüßt hatte. Auch der größte Teil der **Handelsflotte** musste den Alliierten übergeben werden. Alle diese Maßnahmen zielten darauf ab, Deutschland als mächtigen Wirtschaftskonkurrenten auszuschalten.

Die Menschen in Deutschland empfanden den Versailler Vertrag als ungerecht. In Massendemonstrationen protestierten viele gegen das Diktat der Siegermächte, da die Besiegten an den Verhandlungen nicht hatten teilnehmen dürfen.

Die Friedensverträge mit den übrigen Mittelmächten

Die Friedensverträge, die 1919/20 mit den Kriegsverbündeten Deutschlands geschlossen wurden, brachten diesen ebenfalls große Verluste. **Österreich-Ungarn** wurde als Doppelmonarchie aufgelöst. Auf seinem ehemaligen Territorium entstanden neue Staaten: die Tschechoslowakei, Ungarn und Jugoslawien. Dem neuen deutschsprachigen österreichischen Kleinstaat wurde der Anschluss an Deutschland verboten. An Italien musste Österreich-Ungarn die Gebiete Südtirols bis zum Brenner, Triest, Istrien, Dalmatien sowie Teile von Kärnten und Krain abtreten. Rumänien konnte Gebietsgewinne erzielen (u. a. Siebenbürgen und Banat). Polen erhielt Gebiete, die Russland beherrscht hatte, aber auch Teile von Österreich-Ungarn. Auf ehemals russischem Gebiet entstanden als so genannte „Pufferstaaten" gegen Sowjetrussland die unabhängigen Staaten Litauen, Lettland und Estland.

Zu den Kriegsverlierern zählte auch die **Türkei**. Sie musste auf dem europäischen Festland Thrakien und zahlreiche Inseln an Griechenland abtreten. Vom asiatischen Teil des Osmanischen Reichs kam Syrien an Frankreich und Mesopotamien, Palästina und Arabien an Großbritannien. Die Dardanellen wurden der Kontrolle einer internationalen Meerengenkommission unterstellt.

So waren durch die Pariser Vorortverträge in Ost-, Mittel- und Südeuropa neue Klein- und Mittelstaaten entstanden bzw. kam es zur Vergrößerung vorhandener Staaten. Das **Problem der zahlreichen Nationalitäten**, die in diesen Regionen lebten und noch leben und deren Selbstbestimmungsrecht man missachtete, belastet noch heute viele Länder auf dem Balkan und die Weltpolitik.

„Der Friedenskuss"
(Karikatur von Thomas Th. Heine aus dem „Simplicissimus" vom 8. Juli 1919)

Erster Weltkrieg und Nachkriegsordnung

10. Der Bürgerkrieg in Russland und die Gründung der Sowjetunion

M1 Die bolschewistische Regierung (s. S. 71) erhielt trotz großer Zugeständnisse an die Bauern und Soldaten nicht die Mehrheit bei den Wahlen zu einer verfassungsgebenden Versammlung. Daraufhin setzten sie sich mit Gewalt durch. Auch die Alliierten des Ersten Weltkrieges mischten sich in den Bürgerkrieg ein und kämpften gegen die revolutionäre Regierung:

M2 Infolge der schlechten wirtschaftlichen Lage und des Bürgerkrieges kam es zu einer verheerenden Hungersnot in Russland. Hilfslieferungen aus dem Westen sollten die Not etwas lindern:

Plakat von Käthe Kollwitz (1921)

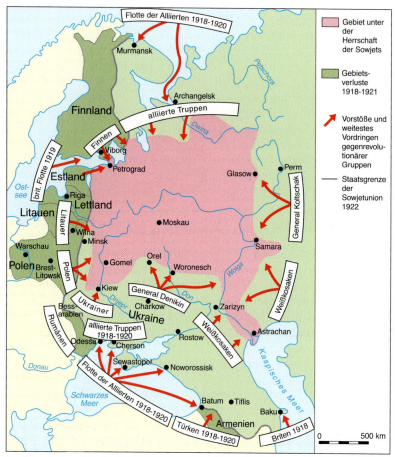

Der Bürgerkrieg in Russland 1918 – 1920
Die Kartenskizze gibt wesentliche Elemente des Bürgerkrieges wieder. Die Generäle Koltschak und Denikin waren die Anführer der stärksten gegenrevolutionären „weißen" Verbände (weiß war die Farbe ihrer Fahnen).

1 Hungerkatastrophen gibt es auch heute noch. Welche Hilfsorganisationen kennst du? Du findest sicherlich im Internet einige Hinweise!

2 Entwirf selbst ein Plakat, das um Hilfe und Spenden für Hungernde aufruft!

1 Ordne anhand der Karte die Bedrohungen für die neue Regierung nach:
a) Gefahr von außen
b) gegenrevolutionäre Bestrebungen
c) Loslösungsversuche (separatistische Bestrebungen)!

2 Weshalb griffen ausländische Mächte in Russland ein?

3 Die Karte und die Legende geben Auskunft über den Ausgang des Bürgerkrieges. Begründe deine Antwort!

Das neue Regime setzt sich rücksichtslos durch

Mit der Enteignung von Grundbesitz und Industriebetrieben, dem Zurückdrängen anderer politischer Gruppen und auch mit dem schmachvollen Friedensschluss von Brest-Litowsk waren viele Menschen in Russland nicht einverstanden. Als Lenin daher im November 1917 Wahlen zu einer verfassungsgebenden Versammlung durchführen ließ, erhielt seine Partei nur etwa 25 % der Stimmen. Die Abgeordneten der anderen Parteien lehnten es auf ihrer ersten Sitzung ab, die Macht der Bolschewisten vorbehaltlos anzuerkennen. Daraufhin setzte Lenin Militär ein und löste die Versammlung mit Gewalt auf. **Die Bolschewisten regierten** von da an **unter der Leitung Lenins allein**. Wer Kritik an der bolschewistischen Herrschaft übte, galt als „Gegenrevolutionär" und wurde verhaftet. Eine Geheimpolizei, die „Tscheka", sollte Andersdenkende aufspüren und vor Gericht bringen. Die Zahl der Erschießungen ging schon im Jahre 1918 in die Tausende. Unter den Opfern befand sich auch die Zarenfamilie.

Die Alleinherrschaft der Bolschewisten führt zum Bürgerkrieg

Die innenpolitischen Widersacher Lenins suchten Hilfe bei Großbritannien, Frankreich und den USA. Mit deren finanzieller und militärischer Unterstützung organisierten sie den bewaffneten Kampf gegen die Sowjetmacht. Einer der wichtigsten Revolutionsführer neben Lenin, Leo Trotzkij (1879 – 1940), stellte angesichts der vielseitigen Bedrohung eine kampfstarke Armee auf, die den Namen „Rote Armee" erhielt. Straff und diszipliniert, ideologisch geschult, durch die Angriffe von außen zur Tapferkeit motiviert, widerstand sie den Gegnern. **Die „Roten" und die „Weißen"**, wie man die antibolschewistische Seite nannte, kämpften mit äußerster Verbissenheit und ohne Rücksicht auf die Bevölkerung. Zerstörungen, Morde, Hunger und Entbehrungen, all die **Leiden des Ersten Weltkrieges fanden** so in Russland **während des Bürgerkrieges von 1918 bis 1920 ihre Fortsetzung**. Im Jahre 1920 gewann die Rote Armee militärisch die Oberhand und die ausländischen Truppen der Briten und Franzosen zogen sich zurück. Die „Weißen" hatten kaum Rückhalt in der Bevölkerung gefunden, da sie die Enteignungen und Landverteilungen an die Bauern rückgängig machen wollten. Außerdem waren die einzelnen Gruppierungen uneins und konnten so leichter besiegt werden. Die Revolution unter Führung der Bolschewisten hatte sich gegen ihre inneren und äußeren Feinde durchgesetzt.

Die grundlegenden Veränderungen in der Landwirtschaft und in der Industrie neben den Folgen des Bürgerkrieges verschärften die Not in weiten Teilen Russlands. Die Wirtschaft kam fast zum Erliegen. Die Unzufriedenheit führte zu mehreren Aufständen, die hart unterdrückt wurden. Lenin erkannte, dass er den Kommunismus nicht gegen den Widerstand der Bevölkerung – insbesondere der Bauern – verwirklichen konnte und lockerte etwas die wirtschaftlichen Vorschriften. Die Hilfe kam jedoch zu spät. Eine beispiellose Hungersnot raffte 1920/21 mehrere Millionen Menschen auf dem Lande und in den Städten hinweg. Heutige Historiker schätzen, dass der Bürgerkrieg insgesamt an die 15 Millionen Menschenopfer gekostet hat.

Friede von Brest-Litowsk

Die Bolschewisten hatten die Verhandlungen verzögert, weil sie hofften, dass in anderen Ländern auch Revolutionen ausbrechen würden und sie so zu einer günstigeren Verhandlungsposition kämen. Stattdessen stellten die Mittelmächte besonders harte Bedingungen: Russland musste auf Polen, Kurland, Livland, Litauen und Estland verzichten, die Ukraine und Finnland als selbstständige Staaten anerkennen. Es verlor damit ein Viertel seiner Bevölkerung, seines Eisenbahnnetzes und seiner landwirtschaftlichen Nutzflächen. Drei Viertel der russischen Eisenindustrie und Kohlebergwerke waren nun in der Hand der Mittelmächte. Trotz der harten Forderungen stimmte die russische Regierung nach langen Beratungen dem Vertrag zu; Russland schied damit aus dem Ersten Weltkrieg aus.

Wappen und Flagge der Sowjetunion
Trotz all der Schwierigkeiten vollzog Lenin 1922 den letzten Schritt zu einem neuen Staat. Die Sowjetrepubliken, die sich auf dem Gebiet des ehemaligen Zarenreiches gebildet hatten, schlossen sich zur „Union der Sozialistischen Sowjetrepubliken" (UdSSR) zusammen. Moskau als neue Hauptstadt und die rote Flagge mit Hammer und Sichel wurden zu Symbolen der neuen Macht. Rot steht für Revolution. Hammer und Sichel symbolisieren die Werktätigen, die Arbeiter und Bauern, die die Basis des neuen Staates sein sollten. Der Stern soll für revolutionäre Bestrebungen weltweit stehen.

Erster Weltkrieg und Nachkriegsordnung

Überprüfe dein Wissen!

① Der Ausbruch des Ersten Weltkrieges
Gedichte aus dem Jahre 1914

aus Deutschland:

Die Russen und die Serben,
Die hau'n wir jetzt in Scherben,
Und einen festen Rippenstoß
Kriegt England und der Herr
Franzos.
Wir werden's euch schon geben,
Jetzt wollt ihr was erleben,
Das große Maul habt ihr allein –
Wir, aber wir, wir pfeffern drein.

aus England:

Nieder die Deutschen!
Nieder sie alle!
O Flotte, o Heer! Zweifle nicht
an ihrem Falle!
Sollt nicht einen verschonen
Von den falschen Spionen!
Ihre Zunge abschneiden!
Ihre Augen auskrallen!
Nieder, nieder mit ihnen!

aus Frankreich:

Vorwärts! Vorwärts!
Damit der Boden Frankreichs,
den sie uns rauben wollen,
einmal ihr Grab wird.
Menschendünger ist gut.
Wir brauchen Dünger.
Tausend Ähren werden sich
erheben über einen Boche[1],
der fällt.

Bildpostkarte aus Russland

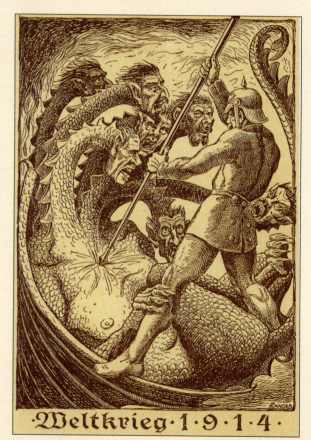

Bildpostkarte aus Deutschland

[1] Schimpfwort für Deutsche

1. Dies sind Texte und Bilder, die zu Anfang des Ersten Weltkrieges entstanden.
   – Welche Stimmung geben sie wieder? Wozu wurden sie gemacht?
   – Wie wird der jeweilige Feind beschrieben bzw. dargestellt?
2. Lies im Buch nach (S. 58ff.) und fasse kurz den Ausbruch des Ersten Weltkrieges zusammen!

② Folgen des Krieges

a) Aus einem Nervenlazarett (1915):

„Josef B. war bei einer Minensprengung verschüttet und erst nach zwei Stunden herausgegraben worden. Er schrickt bei jedem Geräusch lebhaft zusammen, fängt an zu jammern und zu schreien. Im Bett zeigt er wieder Zeichen von Angst, verkriecht sich, als suche er Deckung gegen Geschosse. In der Nacht ist B. sehr erregt, schreit und weint, verkriecht sich und drängt aus dem Saal."

b) Demonstration von Kriegsbeschädigten des Ersten Weltkrieges (um 1920):

1. Vergleiche die Bilder vom Anfang des Krieges (s. S. 61) mit den beiden Quellen a) und b)! Sprich über die grausame Wirklichkeit des Ersten Weltkrieges!
2. Auf welche Art der Kriegsführung lassen sich die beschriebenen Symptome bei dem Patienten in Quelle a) zurückführen?

③ Der Krieg erreicht die Heimat

1. Lebensmittelbezugscheine dieser Art wurden in ganz Deutschland ausgegeben. Worauf deutet das hin?
2. Wie ist es zu erklären, dass eine solche Maßnahme notwendig wurde?
3. Fasse stichpunktartig zusammen, welche Folgen der Krieg für die Heimat insgesamt hatte (s. S. 64f.)!

④ Ein Kriegsgegner scheidet aus

Wer bin ich?

Eigentlich stamme ich aus einem adeligen Elternhaus, aber mein Vater war Schulinspektor. Wir gehörten nicht zu den Ärmsten, sonst hätte ich nicht studieren können, aber ich sah das Elend der großen Masse der Bevölkerung meines Vaterlandes und ich erkannte die große Ungerechtigkeit, die sich aus dem Reichtum weniger und aus der Armut vieler ergab. Ich studierte die Lehren von Karl Marx und Friedrich Engels und entschloss mich, für eine gerechtere Gesellschaft zu kämpfen. Mein Ziel war es, den Kommunismus in meiner Heimat einzuführen, und ich wusste, dass dies nicht ohne Kampf, also nicht ohne Revolution geschehen konnte. Deshalb wurde ich aus dem Land vertrieben, lebte in München und in Zürich, bis mir 1917 die deutsche Regierung ermöglichte, mit dem Zug quer durch Deutschland und Skandinavien bis nach Finnland zu reisen. Von hier war es nicht mehr weit zur Hauptstadt meines Landes. Ich überquerte die Grenze illegal und leitete mit meinen Anhängern die Revolution ein. Nach unserem Sieg führten wir Verhandlungen mit den Mittelmächten um Frieden zu schließen. 1918 ging für uns der Erste Weltkrieg zu Ende.

Erster Weltkrieg und Nachkriegsordnung

⑤ Der Erste Weltkrieg forderte von allen Beteiligten einen hohen Blutzoll

	Gefallene	Verwundete	Gefangene
Deutschland	1,8 Mio.	4,2 Mio.	0,5 Mio.
Österreich-Ungarn	1,2	3,6	2,2
Frankreich	1,4	3,0	0,4
Großbritannien	0,9	2,1	0,2
Italien	0,5	0,9	0,5
Russland	1,7	5,0	2,5
USA	0,1	0,2	–

Kriegerdenkmal in Niederstaufen, Gemeinde Sigmarszell (Lkr. Lindau)

1. Besuche das Kriegerdenkmal in deinem Heimatort und fertige eine Skizze davon an!
2. Wie viele Gefallene und wie viele Vermisste werden dort genannt?
3. Notiere die Orte, an denen die Männer den Tod fanden und trage sie in eine Karte ein! So siehst du, wo die Soldaten aus deiner Heimat im Ersten Weltkrieg vorwiegend eingesetzt waren!

⑥ Der Versailler Friedensvertrag

Aus den Aufzeichnungen eines amerikanischen Delegationsmitgliedes zum Abschluss der Beratungen des Versailler Vertrages vom 8. Mai 1919:

„... enttäuschend, erweckt Bedauern und Niedergeschlagenheit ... Friedensbedingungen (erscheinen mir) unerfüllbar ... Kriege werden früher oder später entstehen ... Es mag Jahre dauern, bis diese unterdrückten Völker imstande sind, ihr Joch abzuschütteln, aber so gewiss wie die Nacht dem Tag folgt, wird die Zeit kommen, da sie den Versuch wagen ..."

1. Wie reagierte der Autor des Textes auf den Vertrag?
2. Was sah er voraus? Wie begründete er seine Voraussicht?

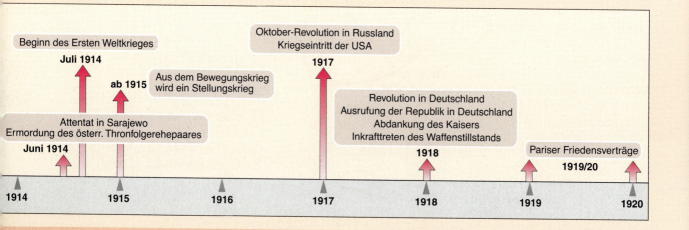

Erfolg und Scheitern der Weimarer Republik

„Großstadt" (Otto Dix, 1927/1928)
Zu sehen sind hier der linke Seitenflügel und das Mittelteil des Triptychons (= dreiteiliges Bild). Das mehr als drei Meter breite und knapp zwei Meter hohe Gemälde zeigt auf dem linken Flügel die Außenseiter der Weimarer Republik: Kriegskrüppel und Prostituierte. Im feinen Salon dagegen hat sich die bürgerliche Gesellschaft versammelt, die das Leben scheinbar in vollen Zügen genießt. Sie stellen in ihrem Aussehen typische Vertreter der so genannten „Goldenen 20er" dar. Dix zeigt diese weltlichen Szenen als typisches Altarbild, das bis dahin ausschließlich geistliche Szenen wiedergab. Zu sehen ist das Bild in der Staatsgalerie Stuttgart.

Erfolg und Scheitern der Weimarer Republik

1. Die Weimarer Republik entsteht

M 1 Zwei Wahlplakate aus der Weimarer Zeit:

1 Welche beiden Parteien machten mit diesen Plakaten Wahlkampf?

2 Das rechte Plakat zeigt den Reichsgründer Bismarck und einige Symbole des Deutschen Reichs. Beide Plakate forderten Freiheit für Deutschland. Die Mittel, die die Parteien jedoch dafür einsetzen wollten, waren sehr unterschiedlich. Erkläre!

3 Welches Plakat findest du gelungener? Begründe deine Wahl!

M 2 Schema der Weimarer Verfassung von 1919:

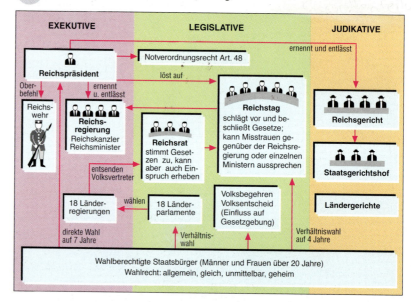

Art. 48:

„... Der Reichspräsident kann, wenn im Deutschen Reich die öffentliche Sicherheit und Ordnung erheblich gefährdet wird, die zur Wiederherstellung der öffentlichen Sicherheit und Ordnung nötigen Maßnahmen treffen, erforderlichenfalls mithilfe der bewaffneten Macht einschreiten. Zu diesem Zweck darf er vorübergehend die Grundrechte ganz oder zum Teil außer Kraft setzen."

1 Welche Staatsform baut auf einer derartigen Verfassung auf?

2 Lies in einem Lexikon alle die in der Grafik genannten Begriffe, die du nicht kennst, nach!

3 Schaue im Internet unter „verfassungen.de" nach und vergleiche! Welche Ähnlichkeiten findest du?

4 Der Reichspräsident wird heute von Historikern auch als „Ersatzkaiser" bezeichnet. Erkläre dies anhand von Art. 48!

Ein unruhiger Neuanfang

Weil der „Rat der Volksbeauftragten" (s. S. 75) nur als Übergangsregierung eingesetzt worden war, sollten möglichst schnell **Wahlen zu einer Nationalversammlung** stattfinden; es waren die **ersten demokratischen in Deutschland**. Erstmals in der deutschen Geschichte erhielten **Frauen** das aktive und passive **Wahlrecht**.

Der Wahlkampf war begleitet von bürgerkriegsähnlichen Auseinandersetzungen. Im Dezember 1918 hatten linksradikale Arbeiter und Soldaten die Errichtung einer **Räterepublik** gefordert. Alle politische Gewalt hätte nach dem Vorbild der UdSSR auf Arbeiter- und Soldatenräte übergehen sollen. Bei gewalttätigen Demonstrationen für diese Forderung ließ Friedrich Ebert Truppen und Freiwilligenverbände, so genannte Freikorps, einsetzen und erteilte ausdrücklich Schießbefehl gegen die Demonstranten. Die USPD verließ deshalb die Übergangsregierung und wurde durch Vertreter der SPD ersetzt. Einige Anhänger der USPD traten daraufhin der Ende Dezember gegründeten Kommunistischen Partei Deutschlands bei. Die KPD beteiligte sich im Januar 1919 an einem **Putschversuch** gegen die Übergangsregierung. Regierungstruppen schlugen diesen am 12. Januar 1919 nieder. Einige Tage später wurden die beiden Führer der KPD, Rosa Luxemburg und Karl Liebknecht, von Mitgliedern der Freikorps misshandelt und ermordet.

Wegen der anhaltenden **Unruhen in Berlin** trat die am 19. Januar neu gewählte **Nationalversammlung** schließlich **in der Stadt Weimar** zusammen. Keine der Parteien hatte 50 % der abgegebenen Stimmen erhalten. Immerhin erreichten aber die Parteien, die eine parlamentarisch-demokratische Republik als Ziel angestrebt hatten, zusammen eine deutliche Mehrheit. Für die Bildung einer handlungsfähigen Regierung ging die SPD eine Koalition mit der liberalen Deutschen Demokratischen Partei (DDP) und dem Zentrum ein. **Reichskanzler** wurde **Philipp Scheidemann, Reichspräsident Friedrich Ebert** (beide SPD).

Die Verfassung der Weimarer Republik

Nach langen Diskussionen konnte am 11. August 1919 die Verfassung in Kraft gesetzt werden. Sie sah folgende Bestimmungen vor:
„Art. 1: Das Deutsche Reich ist eine Republik. Die Staatsgewalt geht vom Volke aus." Alle Deutschen über 20 Jahre konnten nun alle vier Jahre die Abgeordneten des **Reichstags** und alle sieben Jahre den **Reichspräsidenten**, das Staatsoberhaupt, wählen. Es galt das Verhältniswahlrecht, d. h. jede Partei erhielt die Anzahl von Sitzen, die ihrem Stimmenanteil bei der Wahl entsprach. Reichstag und die Vertretung der Länder, der **Reichsrat**, hatten das Recht der Gesetzgebung. Der **Reichskanzler** und seine **Regierung** waren Mitglieder des Reichstags. Sie wurden vom Reichspräsidenten ernannt bzw. entlassen. Der Reichstag konnte die Regierung mit einfacher Mehrheit stürzen. Eine besondere Machtfülle erhielt laut Verfassung der Reichspräsident. Er durfte in Notzeiten Verordnungen mit Gesetzeskraft erlassen (Art. 48). Außerdem konnte er den Reichstag auflösen (Art. 25).

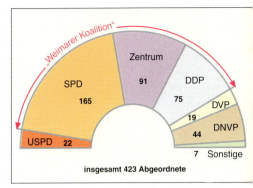

Ergebnis der Wahlen zur Nationalversammlung vom 19. Januar 1919. Die „Weimarer Koalition" konnte sich auf 76 % der abgegebenen Wählerstimmen stützen.

■ **USPD (Unabhängige Sozialdemokratische Partei Deutschlands):** linker Flügel der SPD; geht 1919 in der Kommunistischen Partei Deutschlands (KPD) auf; fordert eine klassenlose Gesellschaft, eine Räterepublik nach sowjetischem Muster und die Abschaffung der Privatwirtschaft

■ **SPD (Sozialdemokratische Partei Deutschlands):** Arbeiterpartei; für eine parlamentarische Demokratie und für eine staatlich kontrollierte Wirtschaft

■ **Zentrum und BVP (Bayerische Volkspartei):** katholische Parteien, für parlamentarische Demokratie, Schutz des Privateigentums, für den Mittelstand

■ **DDP (Deutsche Demokratische Partei):** liberale Partei, für parlamentarische Demokratie; für freie Wirtschaft, Schutz des Kleinhandels und des Handwerks

■ **DVP (Deutsche Volkspartei) und**

■ **DNVP (Deutschnationale Volkspartei):** rechte konservative Parteien; für die konstitutionelle Monarchie; für ein militärisch starkes Deutschland, Förderung von Mittelstand und Industrie

Erfolg und Scheitern der Weimarer Republik

2. Die Republik ist starken Belastungen ausgesetzt

M1 Auszüge aus der Debatte der Nationalversammlung über die Annahme des Versailler Vertrages (22. Juni 1919):

Abgeordneter Bauer (SPD): „... Ein Nein wäre nur eine kurze Hinausschiebung des Ja! Unsere Widerstandskraft ist gebrochen ... Die auferlegten Bedingungen übersteigen das Maß dessen, was Deutschland leisten kann. Wir legen den größten Nachdruck auf die Erklärung, dass wir den Artikel 231 des Friedensvertrages, der von Deutschland fordert, sich als alleinigen Urheber des Krieges zu bekennen, nicht annehmen können und durch die Unterschrift nicht decken ..."

Abgeordneter Löbe (SPD): „... Wir sind uns, wie stets während des Krieges, auch heute, wo der sehnsüchtig erwartete, aber dornenreiche Frieden von uns geschlossen werden soll, der gewaltigen Verantwortung bewusst. Wenn wir dafür sind, dass dieser Friedensvertrag unterfertigt wird, so nur um deswillen, weil wir noch Fürchterlicheres ahnen, falls er von uns abgelehnt wird ..."

Abgeordneter Dr. Graf von Posadowsky-Wehner (DNVP): „Unser Vaterland befindet sich im schwersten Augenblick seiner Geschichte. Vor unseren Toren steht der Feind, und im Innern unseres Landes machen sich bedenkliche Zeichen der Auflösung bemerkbar. Wir haben in unserer Partei die schweren Folgen, welche eine Ablehnung des Friedensvertrages für unser Land herbeiführen, vollkommen klargemacht. Aber die Übel, die daraus entstehen können, können nur vorübergehend sein, während, wenn wir diesen Vertrag annehmen, wir für ungezählte Geschlechter unser Volk dem Elend preisgeben ..."

[1] Suche nach Gemeinsamkeiten bei den drei Redebeiträgen der Abgeordneten!

[2] Gibt es einen Beitrag, der sich trotzdem deutlich von den zwei anderen unterscheidet? Begründe!

[3] Welche Abgeordneten scheinen Regierungsparteien anzugehören, welche der Opposition?

M2 Die Feinde der Weimarer Republik beließen es nicht bei Hetzkampagnen, es gab viele Terror- und Mordanschläge.

a) So urteilten Richter (1918–1922):

Politische Morde begangen von	Linksstehenden	Rechtsstehenden
Gesamtzahl der Morde	22	354
davon ungesühnt	4	326
teilweise gesühnt	1	27
gesühnt	17	1
Zahl der Verurteilungen	38	24
geständige Täter freigesprochen	–	23
Haftdauer pro Mord	15 Jahre	4 Monate
Zahl der Hinrichtungen	10	–
Geldstrafe pro Mord	–	2 Mark

b) „Es wird ohne Ansehen der Person vorgegangen" (zeitgenössische Karikatur):

„Ohne Ansehn der Person
Hat ihn schon!
Nämlich, die wo hinten sehn!
Doch das Mäuslein
An der Wand

Trifft sie prompt
Mit starker Hand!
Rot hat sie noch stets getroffen
Da sind ihre Augen offen!"

[1] Erkläre mithilfe der Karikatur und der Tabelle die folgende Aussage: „Die Justiz der Weimarer Republik war auf dem rechten Auge blind!"

[2] Womit hing diese Einäugigkeit wohl zusammen?

M3 Im Januar 1923 hatten französische Soldaten wegen ausstehender deutscher Reparationsleistungen das Ruhrgebiet besetzt. Die Regierung in Berlin rief die Bevölkerung im Ruhrgebiet daraufhin zum passiven Widerstand auf und unterstützte die Menschen finanziell. Gustav Stresemann (DVP), der im September 1923 neuer Reichskanzler geworden war, begann seine Regierungsarbeit mit folgendem Aufruf:
„An das deutsche Volk! Seit der Besetzung hatten Ruhrgebiet und Rheinland schwerste Bedrückung zu erleiden. Gewalttaten ohne Zahl haben den Weg der Besetzung begleitet. Mehr als hundert Volksgenossen haben ihr Leben dahingeben müssen.
Die Reichsregierung hatte es übernommen, nach ihren Kräften für die leidenden Volksgenossen zu sorgen. In immer steigendem Maße sind dadurch die Mittel des Reiches in Anspruch genommen worden. In der abgelaufenen Woche erreichten die Unterstützungen für Rhein und Ruhr die Summe von 3500 Billionen Mark ... Die einstige Produktion des Rheinlandes und des Ruhrgebietes hat aufgehört. Das Wirtschaftsleben im besetzten und unbesetzten Deutschland ist zerstört.
Um das Leben von Volk und Staat zu erhalten, stehen wir vor der bitteren Notwendigkeit, den Kampf abzubrechen."

1 Warum besetzten die Franzosen das Ruhrgebiet? Welche Bedeutung hat es heute noch? Schaue in einem Geographieatlas nach und berichte!

2 Welche Folgen hatte die Besetzung des Ruhrgebiets und die Unterstützung durch die Reichsregierung?

3 Hätte der neue Reichskanzler anders entscheiden können? Begründe deine Antwort!

M4 Der Staat war hoch verschuldet. Um seinen Zahlungen nachzukommen, wurden immer mehr Banknoten gedruckt. 1923 erreichte die Geldentwertung (Inflation) ihren Höhepunkt.

a) Entwicklung des Brotpreises
1 Pfund Brot (Reichsmark) kostete:

1914	1919	Frühjahr 1923	Sommer 1923	November 1923
0,14	0,25	240	5000	260 000 000 000 000

b) Geldentwertung – Wert eines Guthabens von 100 000 Mark:

1914	1919	Frühjahr 1923	Sommer 1923	November 1923
100 000,00	47 190,00	23,46	1,19	00

1 Für wen stellte eine solche „galoppierende" Inflation eine Katastrophe dar?

2 Wer zählte zu den Gewinnern in den Zeiten einer Inflation?

c) Im Oktober 1923 musste ein Facharbeiter aufwenden für:

1 Ztr. Kartoffeln	Lohn von 1 Woche
1 Pfd. Margarine	Lohn von 9 – 10 Stunden
1 Pfd. Butter	Lohn von 2 Tagen
1 Ztr. Briketts	Lohn von 12 Stunden
1 Paar Schuhe	Lohn von 6 Wochen
1 Anzug	Lohn von 20 Wochen

M5 Adolf Hitler hatte gemeinsam mit rechtsradikalen Kräften versucht, 1923 durch einen Putsch an die Macht zu kommen. Ausschnitt aus der Begründung des Gerichts für das milde Urteil:
„Auch das Gericht ist zu der Überzeugung gelangt, dass die Angeklagten bei ihrem Tun von rein vaterländischem Geiste und dem edelsten selbstlosen Willen geleitet waren. Alle Angeklagten, die in die Verhältnisse genauen Einblick hatten – und die Übrigen ließen sich von den Mitangeklagten als ihren Führern und völkischen Vertrauensmännern leiten –, glaubten nach bestem Wissen und Gewissen, dass sie zur Rettung des Vaterlandes handeln müssten und dass sie dasselbe täten, was kurz zuvor noch die Absicht der leitenden bayerischen Männer gewesen war. Das rechtfertigt ihr Vorhaben nicht, aber es gibt den Schlüssel zum Verständnis ihres Tuns."

1 Die Begründung für das sehr milde Urteil wird gezielt durch die Wahl von bestimmten Wörtern unterstrichen! Lies den Text durch und hebe sie hervor!

Erfolg und Scheitern der Weimarer Republik

„Die Dolchstoßlegende" (Ausschnitt aus dem Wahlplakat der DNVP, 1924): „Wer hat im Weltkrieg dem deutschen Heer den Dolchstoß versetzt? Wer ist schuld daran, dass unser Volk und Vaterland so tief ins Unglück sinken musste?"

Die rechte Presse behauptete, dass der Krieg militärisch zu gewinnen gewesen wäre, wenn die revolutionären Unruhen im November 1918 der kämpfenden Front nicht in den Rücken gefallen wären. Dies wurde noch durch eine Aussage von Generalfeldmarschall Paul von Hindenburg vor einem Untersuchungsausschuss im November 1919 unterstützt. Tatsache jedoch war, dass die damalige Oberste Heeresleitung unter Führung von Hindenburg und Ludendorff bereits Ende September 1918 offen die militärische Niederlage zugegeben und zu einem Waffenstillstand gedrängt hat (s. S. 73). Dies geschah also weit vor der so genannten Novemberrevolution.

Proklamation!

Der Tag der rheinischen Freiheit ist angebrochen!

Die Rheinische Republik ist proklamiert.

Im Rheinland und in der Pfalz kam es zu mehreren Abspaltungsversuchen und 1923 zur Gründung von unabhängigen Republiken. Diese separatistischen Bewegungen blieben erfolglos, weil sie keine Unterstützung in der Bevölkerung fanden.

Verleumdungen und politische Morde belasten die junge Republik

Die Bekanntgabe der Friedensbedingungen der Siegermächte löste in Deutschland einen Sturm der Entrüstung aus. Trotz Protesten war man einsichtig genug zu erkennen, dass man die Bedingungen annehmen musste, weil es auch keine Alternative gab. Am 23. Juni 1919 – einen Tag vor Ablauf des Ultimatums – billigte der Reichstag mit 237 gegen 138 Stimmen bei fünf Enthaltungen die Entscheidung der Reichsregierung. Die demokratischen Parteien wurden als „Handlanger des Schandfriedens", die Unterzeichner des Waffenstillstandsvertrages als „Novemberverbrecher" bezeichnet. Viele Anhänger der Monarchie hielten auch in der Weimarer Republik wichtige Stellen in der Verwaltung, in der Wirtschaft und im Heer inne. Obwohl sie an der Katastrophe des Weltkrieges weitgehend Schuld hatten, lasteten sie alle Kriegsfolgen den Politikern des neu gegründeten demokratischen Staates an. Gerade die Vertreter der Rechtsradikalen schreckten nicht vor **Mord und Terror** zurück. Die Täter waren oftmals junge Reichswehroffiziere, die durch die **Hetzkampagnen** der rechten Presse in ihrem Hass gegen die Vertreter der Republik angestachelt worden waren. Sie wurden zumeist sehr milde bestraft. Die **Justiz** schien **„auf dem rechten Auge blind"** zu sein. Die durch die Kaiserzeit geprägten Richter konnten ihre Abneigung gegen das Weimarer System in ihren Urteilen offen zum Ausdruck bringen, da ihre Unabsetzbarkeit in der Verfassung festgeschrieben worden war. Als wichtigstes Propagandamittel setzten die Rechten die so genannte **Dolchstoßlegende** ein.

Umsturzversuche von rechts- und linksradikalen Gruppen

Neben den Terror- und Mordaktionen gefährdeten auch mehrere Putschversuche den Bestand der Weimarer Republik. Mithilfe von enttäuschten und arbeitslosen ehemaligen Soldaten und Offizieren **versuchte der DNVP-Politiker Wolfgang Kapp die Regierung zu stürzen**. Freikorps marschierten im März 1920 in Berlin ein und riefen Kapp zum Reichskanzler aus. Der Chef des Truppenamtes, General von Seeckt, weigerte sich mit den Worten „Reichswehr schießt nicht auf Reichswehr", gegen die Putschisten mit Reichswehrtruppen vorzugehen und so die Demokratie zu sichern. Reichspräsident Ebert und die Regierung mussten deshalb aus Berlin fliehen. Ein Generalstreik, der von den Gewerkschaften ausgerufen worden war, brachte die Putschisten schließlich zur Aufgabe. Angestellte und Arbeiter legten Betriebe und Verkehr still, die Beamten befolgten keinerlei Anweisungen der Putschisten. Nach wenigen Tagen war Kapp gezwungen, seinen Putschversuch aufzugeben und nach Schweden zu fliehen.
Dem von Rechtsradikalen gesteuerten Kapp-Putsch folgten in den Jahren zwischen 1920 und 1923 **linke Putschversuche**. Sie wurden im Gegensatz zum Kapp-Putsch unter Einsatz von Reichswehr und Freikorps mit großer Härte bekämpft. An die tausend Tote waren zu beklagen, viele Aufständische wurden zu langen Zuchthausstrafen verurteilt.

Der Ruhrkampf und die Inflation

Der Erste Weltkrieg und die im Versailler Vertrag festgelegten Reparationszahlungen hatten die deutsche Wirtschaft sehr geschwächt. Ende 1922 war **Deutschland zahlungsunfähig**. Während Großbritannien zu gewissen Zugeständnissen bereit war, lehnte Frankreich jede Erleichterung ab. Als Anfang 1923 ein Fehlbetrag bei der Kohlelieferung verzeichnet wurde, ließ der französische Ministerpräsident **Truppen ins Ruhrgebiet** einmarschieren.

Regierung und Bevölkerung waren empört. **Die Reichsregierung rief die Menschen im Ruhrgebiet zum passiven Widerstand** auf. Bergwerke, Betriebe und Bahnen wurden stillgelegt. Sabotageaktionen sollten verhindern, dass Frankreich wirtschaftlichen Gewinn aus der Besatzung zog. Die streikenden **Menschen im Ruhrgebiet** wurden **vom Staat unterstützt**. Um die benötigten Geldmengen für den lang andauernden Kampf zu beschaffen, ließ der Staat einfach mehr Geld drucken. Die bereits durch die Kriegsfinanzierung begonnene **Inflation** erreichte plötzlich riesige Ausmaße. Dies führte dazu, dass viel mehr Geld in Umlauf war als Ware. Man nennt eine solche Entwicklung Inflation. Die Geschwindigkeit, mit der Preise und Löhne stiegen, nahm unglaubliche Ausmaße an. Bald wurden wegen der rasanten Geldentwertung die Löhne täglich ausbezahlt und sofort verbraucht. Die deutsche Reichsregierung unter Reichskanzler Gustav Stresemann brach im September 1923 den Ruhrkampf ab, um eine drohende Hungerkatastrophe und den wirtschaftlichen Zusammenbruch zu verhindern.

Französische Soldaten auf dem Gelände eines Werks in Essen schießen auf deutsche Arbeiter. Sie eröffneten das Feuer, weil die Arbeiter wegen des Abtransports von Lieferwagen ihre Arbeitsplätze verlassen hatten. 13 Menschen starben.

Der Hitler-Putsch 1923

In München war es **Adolf Hitler** gelungen, seiner Partei, der NSDAP, durch Aufmärsche, Versammlungen und republikfeindliche Reden zu großer Popularität zu verhelfen. Seine Auftritte radikalisierten die Stimmung in Bayern im Verlauf des Jahres 1923 immer stärker. Er **wollte die Regierung in Berlin stürzen**. Am Abend des 8. November 1923 hielt der von der bayerischen Regierung eingesetzte Generalstaatskommissar Gustav von Kahr im **Bürgerbräukeller** eine Versammlung mit seinen Parteianhängern ab. General von Lossow als Befehlshaber der Reichswehrdivision in Bayern und Oberst von Seisser als Chef der Landespolizei nahmen daran teil. Hitler benutzte diese Versammlung, um die bayerischen Machthaber zu überrumpeln. Mit vorgehaltener Pistole zwang er sie, die von ihm ausgerufene Nationalregierung zu unterstützen. Alle drei Männer galten als putschwillig und als Gegner der Republik. Sie stimmten den Plänen Hitlers zunächst scheinbar zu. Von Kahr konnte jedoch flüchten und Polizei und Reichswehr alarmieren. Der **Demonstrationszug** am nächsten Morgen, an dem sich neben Hitler und seinen Anhängern auch General Ludendorff beteiligte, erreichte nur die Feldherrnhalle am Odeonsplatz. Dort wurde die Demonstration **von der bayerischen Polizei aufgelöst**. Es gab Tote und Verletzte auf beiden Seiten. Hitler wurde bald auf der Flucht gefasst und wegen Hochverrats zu fünf Jahren Festungshaft in Landsberg verurteilt. Bereits nach einem Jahr erfolgte seine Entlassung.

Ein Plakat, das von den Anhängern Adolf Hitlers in der Nacht zum 9. November 1923 in ganz München angebracht wurde.

Geschichte eines Deutschen – Die Erinnerungen 1914 – 1933

Auszug aus einem Buch von Sebastian Haffner

In seinem Buch erzählt der Journalist und Autor Sebastian Haffner (1907 – 1999) von seinen ersten drei Lebensjahrzehnten. Als Kind erlebte er den Ersten Weltkrieg, als Jugendlicher die Inflation im Jahr 1923, bis er schließlich zu Beginn der nationalsozialistischen Herrschaft nach England ins Exil ging. Besonders erstaunlich an den Schilderungen seiner Erlebnisse ist die Weitsicht, die er mit seinem Buch bewies. Haffner schrieb es Anfang 1939 und deutete bereits damals als junger Mann viele negative Entwicklungen an, die für viele seiner Zeitgenossen noch nicht ersichtlich waren. Im folgenden Ausschnitt erinnert sich Sebastian Haffner an die Hyperinflation des Jahres 1923:

„Der Zeitungsleser konnte in jenem Jahr wieder eine Variante des aufregenden Zahlenspiels spielen, wie während des Krieges, als die Gefangenenzahlen und die Beute die Schlagzeilen beherrscht hatten. Diesmal bezogen sich die Ziffern nicht auf kriegerische Ereignisse, obwohl das Jahr so kriegerisch begonnen hatte, sondern auf eine sonst ganz uninteressante alltägliche Börsenangelegenheit, nämlich die Notierung des Dollarkurses. Die Schwankungen des Dollarwertes waren das Barometer, an dem man mit einer Mischung aus Angst und Erregung den Sturz der Mark ablas …

Es war eigentlich nichts Neues an der Abwertung der Mark. Schon 1920 hatte die erste Zigarette, die ich heimlich geraucht habe, fünfzig Pfennig gekostet. Bis Ende 1922 hatten sich die Preise allmählich auf das Zehn- bis Hundertfache des Vorkriegsniveaus erhöht, und der Dollar stand bei etwa 500 Mark. Dies hatte sich jedoch allmählich ereignet; Löhne, Gehälter und Preise – hatten sich im Großen und Ganzen gleichmäßig erhöht. Es war etwas unbequem mit den großen Zahlen zu rechnen, aber sonst nicht außergewöhnlich. Viele Leute redeten noch von ‚Preisanstieg'. Es gab Aufregenderes als das.

Aber nun wurde der Markt verrückt. Schon bald nach dem Ruhrkrieg schoss der Dollar auf 20 000, hielt eine Weile an, kletterte auf 40 000, zögerte kurze Zeit und fing dann an, mit kleinen periodischen Schwankungen stoßweise die Zehntausende und Hunderttausende abzuleiern. Keiner wusste genau, wie es geschah. Wir folgten augenreibend dem Vorgang, als ob es sich um ein bemerkenswertes Naturphänomen handelte. Der Dollar wurde Tagesthema, und dann plötzlich sahen wir uns um und erkannten, dass das Ereignis unser Alltagsleben zerstört hatte.

Wer ein Sparkonto, eine Hypothek (= Grundstück als Pfand für einen Kredit) oder sonst eine Geldanlage besaß, sah es über Nacht verschwinden. Bald machte es nichts aus, ob es sich um einen Spargroschen oder ein Großvermögen handelte …

Die Lebensunterhaltskosten hatten angefangen davonzujagen, denn die Händler folgten dem Dollar dicht auf den Fersen. Ein Pfund Kartoffeln, das am Vortage fünfzigtausend Mark gekostet hatte, kostete heute schon hunderttausend; ein Gehalt von fünfundsechzigtausend Mark, das man am vorigen Freitag nach Hause gebracht hatte, reichte am Dienstag nicht aus, um ein Paket Zigaretten zu kaufen …

Was sollte geschehen? Plötzlich entdeckten die Leute eine Insel der Sicherheit: Aktien. Das war die einzige Form der Geldanlage, die irgendwie der Geschwindigkeit standhielt. Nicht regelmäßig und nicht alle im gleichen Maße, aber sie schafften es ungefähr Schritt zu halten. Jeder kleine Beamte, jeder Angestellte, jeder Schichtarbeiter wurde Aktionär. Man bezahlte seine täglichen Einkäufe, indem man Aktien verkaufte. An Zahltagen gab es einen allgemeinen Ansturm auf die Banken und die Aktienkurse schossen himmelwärts wie Raketen. Die Banken waren von Reichtum aufgeschwemmt …

Den Alten und Weltfremden ging es am schlechtesten. Viele wurden zum Betteln getrieben, viele zum Selbstmord. Den Jungen, Flinken ging es gut. Über Nacht wurden sie frei, reich und unabhängig …

Unter so viel Leid, Verzweiflung und Bettelarmut, gedieh eine fieberhafte, heißblütige Jugendhaftigkeit, Lüsternheit und ein allgemeiner Karnevalsgeist …

Zahllose Bars und Nachtklubs schossen plötzlich aus dem Boden. Junge Paare wirbelten durch die Straßen der Vergnügungsviertel wie in einem Film über die oberen Zehntausend. Überall war jeder mit der Liebe beschäftigt, mit Hast und Lust. Ja die Lie-

be selbst hatte einen inflationären Charakter angenommen. Die Gelegenheit musste ergriffen werden;
...
Es gab eine andere Seite des Bildes. Die Bettler häuften sich mit einem Mal; auch die Berichte der Selbstmorde in den Zeitungen, und die ‚Gesucht wegen Einbruch-Anzeigen' der Polizei auf den Litfasssäulen, denn Raub und Diebstahl fanden überall in großem Maße statt. Einmal sah ich eine alte Frau – vielleicht sollte ich eine alte Dame sagen – seltsam steif auf einer Parkbank sitzen. Eine kleine Menge hatte sich angesammelt. ‚Tot', sagte einer; ‚verhungert', sagte ein anderer. Es hat mich nicht besonders gewundert. Zu Hause hungerten wir auch manchmal.
Ja, mein Vater war einer von denen, die die Zeit nicht verstanden oder nicht verstehen wollten, wie er sich schon geweigert hatte den Krieg zu verstehen. Er begrub sich hinter dem Leitspruch ‚Ein preußischer Beamter spekuliert nicht' und kaufte keine Aktien. Damals hielt ich das für ein außerordentliches Beispiel von Engstirnigkeit, das schlecht zu seinem Charakter passte, denn er war einer der klügsten Männer, die ich gekannt habe. Heute verstehe ich ihn besser. Rückblickend kann ich ein bisschen den Ekel nachempfinden, mit dem er ‚diese Ungeheuerlichkeit' ablehnte ... Wie viel das Gehalt wert war, war schwer abzuschätzen; sein Wert schwankte von Monat zu Monat; einmal konnten hundert Millionen eine beachtliche Summe darstellen, wenig später waren eine halbe Milliarde ein Taschengeld. Auf jeden Fall versuchte mein Vater, eine Monatskarte für die U-Bahn so schnell wie möglich zu kaufen, sodass er wenigstens im nächsten Monat zur Arbeit fahren konnte ... – und am nächsten Tag stand die ganze Familie, auch das Dienstmädchen, nur nicht mein Vater, um vier oder fünf Uhr früh auf, und fuhr mit dem Taxi zum Großmarkt. Dort wurde ein Großeinkauf organisiert und innerhalb einer Stunde wurde das Monatsgehalt eines Oberregierungsrates für unverderbliche Speisen ausgegeben. Riesige Käse, ganze Schinken, Kartoffeln zentnerweise wurden in das Taxi geladen. Wenn der Platz nicht ausreichte, besorgte das Dienstmädchen mit einem von uns noch einen Handkarren. Ungefähr um acht Uhr, noch vor Schulanfang, kehrten wir nach Hause zurück, mehr oder weniger für eine einmonatige Belagerung versorgt. Und das war das Ende. Es gab einen Monat lang kein weiteres Geld. Ein freundlicher Bäcker lieferte Brot auf Kredit. Sonst lebte man von Kartoffeln, Geräuchertem, Büchsen, Suppenwürfeln. Gelegentlich kam eine unerwartete Nachzahlung, aber es war gut möglich, dass man einen Monat so arm war wie der Ärmste der Armen, nicht einmal imstande, eine einfache Straßenbahnfahrt oder eine Zeitung zu bezahlen. Ich weiß nicht, was geschehen wäre, wenn uns etwas zugestoßen wäre, eine schwere Krankheit oder ein anderes Unglück.
Für meine Eltern muss dies eine böse und schwere Zeit gewesen sein. Für mich war sie eher seltsam als unangenehm."

Lohntüte vom Oktober 1923

3. Wirtschaftliche Stabilisierung und außenpolitische Anerkennung der Weimarer Republik

1 Welche verschiedenen Arten von Krediten erhielt das Deutsche Reich von den USA?

2 Wie finanzierte das Deutsche Reich die Reparationszahlungen?

3 Waren alle Beteiligten in diesem Wirtschaftskreislauf gleichberechtigt? Erkläre!

4 Erläutere mögliche Gefahren dieses Kreislaufs!

M1 Der internationale Wirtschaftskreislauf 1924 – 1932:

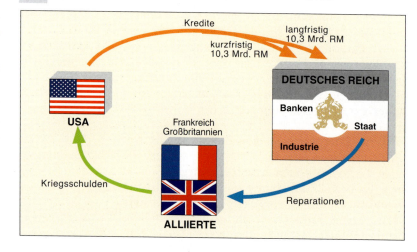

1 Verfasse einen kurzen Zeitungsartikel über die Entwicklung der deutschen Wirtschaft von 1924 – 1929! Überlege dir auch eine aussagekräftige Schlagzeile!

2 Welchen Grund gibt es für die dargestellten Entwicklungen? Vergleiche mit M1!

M2 Daten zur Entwicklung der deutschen Wirtschaft

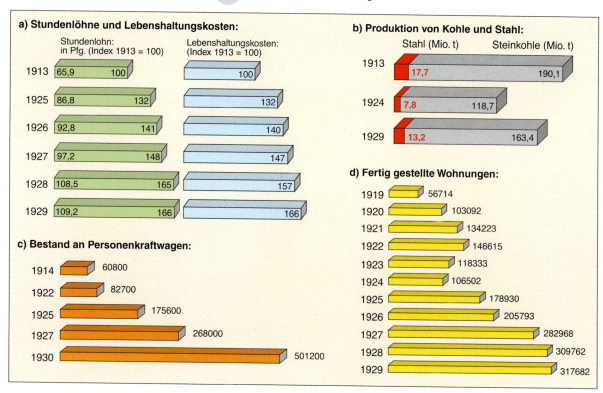

M 3 Kurz vor Beginn europäischer Bündnisverhandlungen in Locarno (Schweiz) formulierte der deutsche Außenminister Gustav Stresemann die Ziele seiner Außenpolitik im September 1925:

„Die deutsche Außenpolitik hat nach meiner Auffassung für die nächste absehbare Zeit drei große Aufgaben: Einmal die Lösung der Reparationsfrage in einem für Deutschland erträglichen Sinne und die Sicherung des Friedens, die die Voraussetzung für eine Wiedererstarkung Deutschlands ist.

Zweitens rechne ich dazu den Schutz der Auslandsdeutschen, jener 10–12 Millionen Stammesgenossen, die jetzt unter fremdem Joch in fremden Ländern leben.

Die dritte große Aufgabe ist die Korrektur der Ostgrenzen: die Wiedergewinnung von Danzig, vom polnischen Korridor und eine Korrektur der Grenze Oberschlesiens …

Wollen wir diese Ziele erreichen, so müssen wir uns auch auf diese Aufgaben konzentrieren. Daher der Sicherheitspakt, der uns einmal den Frieden garantieren und England sowie Italien als Garanten der deutschen Westgrenze festlegen soll. Der Sicherheitspakt birgt andererseits in sich den Verzicht auf eine kriegerische Auseinandersetzung mit Frankreich wegen der Rückgewinnung Elsass-Lothringens, ein deutscher Verzicht, der aber insoweit nur theoretischen Charakter hat, als keine Möglichkeit eines Krieges gegen Frankreich besteht …"

1 Gib die Ziele Gustav Stresemanns stichpunktartig wieder!

2 Welche Zielsetzung hatte Stresemann für die zukünftige Gestalt der Ostgrenze und der Westgrenze Deutschlands?

M 4 Die tatsächlichen Ergebnisse von Locarno:

1 Wie unterscheiden sich die Ergebnisse der Locarno-Konferenz in Bezug auf den westlichen und den östlichen Nachbarn Deutschlands?

2 Vergleiche M 4 mit M 3! Hat Stresemann seine Ziele in Locarno verwirklicht? Begründe!

Grenzgarantien im Westen	**Verzicht auf gewaltsame Grenzveränderungen im Osten**
1. Sicherheits-/Rhein- oder Westpakt mit Frankreich, Belgien, Großbritannien und Italien Aus dem Vertrag zwischen Deutschland, Belgien, Frankreich, Großbritannien und Italien vom 16. Oktober 1925: Art. 1 Die hohen vertragschließenden Teile garantieren … die Aufrechterhaltung des sich aus den Grenzen zwischen Deutschland und Frankreich ergebenden territorialen Status quo (= gegenwärtiger gebietsmäßiger Zustand), die Unverletzlichkeit dieser Grenzen, wie sie durch den in Versailles am 28. Juni 1919 unterzeichneten Friedensvertrag … festgesetzt sind. **2. Schiedsabkommen mit Belgien** **3. Schiedsabkommen mit Frankreich**	**1. Schiedsvertrag mit Polen** Aus dem Schiedsabkommen zwischen Deutschland und Polen vom 16. Oktober 1925: Art. 1 Alle Streitfragen jeglicher Art zwischen Deutschland und Polen, bei denen die Parteien untereinander im Streite sind und die nicht auf dem Wege des gewöhnlichen diplomatischen Verfahrens gütlich geregelt werden können, sollen in der nachstehenden Weise, sei es einem Schiedsgericht, sei es dem Ständigen Internationalen Gerichtshof, zur Entscheidung unterbreitet werden. **2. Schiedsvertrag mit der Tschechoslowakei** Gleich lautend wie das Schiedsabkommen zwischen Deutschland und Polen; nur der Ländername wurde ersetzt.

Erfolg und Scheitern der Weimarer Republik

Die deutsche Wirtschaft scheint sich zu stabilisieren

Gustav Stresemann (DVP) wurde im September **1923 Reichskanzler**. Zu seinen ersten Amtshandlungen gehörte der Abbruch des Ruhrkampfes (s. S. 91 und 93) und die Durchführung einer **Währungsreform**. Eine Billion Reichsmark setzte man mit einer Rentenmark gleich. Um eine weitere inflationäre Entwicklung zu verhindern, wurde der Geldumlauf begrenzt und der Wert der Rentenmark an Sachwerte geknüpft. Durch staatliche Sparmaßnahmen (z. B. Personalabbau in der öffentlichen Verwaltung) und Steuererhöhungen (z. B. zusätzliche Steuern auf Hausbesitz) sollte die neue Währung außerdem stabilisiert werden. Viele Deutsche hatten aufgrund der Inflation jedoch das Vertrauen in die junge Republik verloren.

Im Ausland wurden die deutschen Bemühungen positiv aufgenommen. Die nun offenbar **stabile Währung** war die notwendige Grundlage für neue Verhandlungen über die Reparationen. Im Frühjahr 1924 legte ein Sachverständigenausschuss unter Leitung des amerikanischen Finanzexperten Charles G. Dawes einen Plan (**Dawesplan**) darüber vor, wie Deutschland die Reparationen zahlen sollte, ohne dass es wirtschaftlich überfordert wurde. Eine zeitliche Begrenzung der Reparationszahlungen legte man jedoch noch nicht fest. Gleichzeitig mit der **Neuregelung der Reparationszahlungen** erhielt Deutschland internationale Kredite in Höhe von 800 Millionen Goldmark. Damit sollte die deutsche Wirtschaft angekurbelt werden.

Beleg für den wirtschaftlichen Aufschwung: deutsche Automobil- und Motorradausstellung (Berlin, 1926)

Wirtschaftlicher Aufschwung – auf Kredit

Die **Produktion**, das **Volkseinkommen** und der **Konsum nahmen** in den Jahren von 1924 bis 1929 **stetig zu**. Mit dem geliehenen Geld wurden Fabriken gebaut, das Verkehrswesen modernisiert, in die Forschung investiert und neue Produkte entwickelt. Die Elektroindustrie, die optische und chemische Industrie errangen Spitzenpositionen auf dem Weltmarkt.

Die Regierung beteiligte durch **sozialpolitische Maßnahmen** auch die Arbeitnehmer an dieser Entwicklung. Die Leistungen der von Bismarck geschaffenen Sozialversicherungen (s. S. 17) wurden durch erhöhte Rentensätze verbessert. Um die Lage der Arbeitslosen zu verbessern, verabschiedete der Reichstag 1927 das „Gesetz über Arbeitsvermittlung und Arbeitslosenversicherung". Es garantierte den pflichtversicherten Arbeitern Unterstützung im Falle der Arbeitslosigkeit und bei der Arbeitssuche. Diese Versicherung wurde zu gleichen Teilen durch Arbeitnehmer und Arbeitgeber finanziert und gilt als die größte sozialpolitische Leistung der Weimarer Republik. Die Gewerkschaften wurden als Interessenvertreter der Arbeiter anerkannt. Weitere Gesetze verbesserten die Fürsorge für Mütter, Witwen, Behinderte und Kriegsversehrte.

Siedlung „Rundling" (Leipzig)
Zu den großen sozialen Leistungen der Weimarer Republik gehört der Bau von Millionen Wohnungen. Jede zweite wurde vom Staat finanziert.

Die Grundlage dieser eigentlich positiven Wirtschaftsentwicklung war jedoch bedenklich: Der „Wohlstand" beruhte auf Auslandskrediten und brachte Deutschland verstärkt in Abhängigkeit vom Kreditgeber. Die hohen Zinsen belasteten den Reichshaushalt zusätzlich. Ein plötzlicher Abzug dieses Geldes musste dramatische Folgen haben.

Das Deutsche Reich kehrt in die Weltpolitik zurück

Nachdem die Grundlagen für eine wirtschaftliche Zusammenarbeit geschaffen waren, bot Gustav Stresemann den Westmächten eine endgültige vertragliche Festlegung der deutschen Westgrenzen an. Mit der UdSSR war es bereits 1922 zu einem Vertragsabschluss gekommen, der die Wiederaufnahme diplomatischer Beziehungen und den gegenseitigen Verzicht auf Reparationen vorsah (**Vertrag von Rapallo**/Italien). Auf einer **Konferenz in Locarno** (Schweiz) trafen sich im Oktober 1925 führende europäische Staatsmänner. Im abschließenden Vertrag verzichteten Deutschland, Frankreich und Belgien auf eine gewaltsame Veränderung ihrer im Versailler Vertrag festgelegten gemeinsamen Grenzen. Die Abmachungen, garantiert durch England und Italien, waren Grundlage für eine Aussöhnung Deutschlands mit Frankreich. Deutschland betonte, in Zukunft bemüht zu sein, strittige Fragen friedlich zu lösen. Ein Internationaler Gerichtshof sollte Konflikte schlichten.

Die Ostgrenzen Deutschlands wollte Stresemann nicht in gleicher Weise wie die Westgrenzen anerkennen. Er hielt sich die Möglichkeit der **friedlichen Grenzkorrektur im Osten** ausdrücklich **offen**. Somit kam es mit Polen und der Tschechoslowakei nur zu Verträgen, die von niemand garantiert und damit eigentlich wertlos waren.

Am 8. September **1926** wurde **Deutschland in den Völkerbund** aufgenommen. Damit galt Deutschland wieder als gleichberechtigtes Mitglied innerhalb der Völkergemeinschaft. Dieses Ereignis war der Höhepunkt der „Ära Stresemann". Stresemann, der die deutsche Politik von 1923 bis zu seinem Tod 1929 maßgeblich prägte, wurde in Genf begeistert empfangen. Die internationale Presse feierte seine Rede als Beweis des deutschen Verständigungswillens.

Stresemann spricht im September 1926 vor dem Völkerbund in Genf. Er erhielt gemeinsam mit seinem französischen Amtskollegen Aristide Briand für seine Bemühung um Versöhnung im Dezember 1926 den Friedensnobelpreis.

Die außenpolitischen Erfolge und die Reaktion in Deutschland

Stresemann hatte zwar eine teilweise Revision des Versailler Vertrages erreicht, aber vor allem bei den Locarno-Verträgen hatten rechte, nationale Kreise ihm den Vorwurf gemacht, deutsche Ansprüche leichtfertig aufgegeben zu haben. Die Versöhnungspolitik mit dem Erbfeind Frankreich wurde von vielen gar nicht wahrgenommen. Seine Politik der **„Revision durch Verständigung"** brauchte deshalb sichtbare Erfolge. Die vorzeitige Räumung des besetzten Rheinlands 1930 ging allerdings in den innenpolitischen Streitigkeiten um den so genannten **Young-Plan** unter. 1929 konnte Deutschland seine Reparationen nicht zahlen. Der Plan des amerikanischen Finanzmanagers Owen D. Young sollte deutliche Erleichterung bringen. Die Höhe der Zahlungen und deren Dauer wurden endgültig festgelegt. Die internationale Kontrolle der Reichsbank entfiel. Die rechten Parteien unter Führung der DNVP nutzten jedoch die Empörung der Deutschen über die 59-jährige Dauer der Zahlungsverpflichtungen. Im Zuge eines letztendlich im Dezember 1929 gescheiterten Volksentscheides kam es zu schlimmster Hetze gegen die Politiker, die den Young-Plan befürworteten. Deutschlands Ansehen im Ausland wurde beschädigt. Im März 1930 nahm der Reichstag den Young-Plan an.

Auch nach Annahme des Young-Plans bauten rechte Parteien das Thema in ihre Wahlpropaganda ein.

Erfolg und Scheitern der Weimarer Republik

4. Der Wandel in der Kunst

M 1 Veränderungen im Baustil:

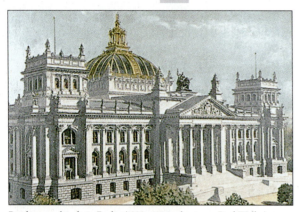

Reichstagsgebäude in Berlin (1883–1894 erbaut von Paul Wallot)

„Bauhaus" in Dessau (erbaut 1926 von Walter Gropius)

1 Welche Stilelemente, die dir bekannt vorkommen, entdeckst du an dem Reichstagsgebäude?

2 Weshalb spricht man beim Baustil des Reichstagsgebäudes von „Historismus"?

3 Im so genannten „Bauhaus" wurde ein Baustil gelehrt und weiter entwickelt. Die dort tätige Gruppe wird ebenfalls „Bauhaus" genannt. Beschreibe das Gebäude!

4 Welches von den beiden Gebäuden gefällt dir besser? Begründe deine Meinung!

M 2 Neue Kunstform in der Malerei:

1 Das Bild gehört zur Kunstrichtung des „Expressionismus" (= Ausdruckskunst). Was an diesem Bild entspricht nicht der Wirklichkeit?

2 Sucht andere Bilder von Franz Marc und stellt eine Ausstellung zusammen! Dabei solltet ihr auch einen Lebenslauf des Künstlers beifügen!

Franz Marcs Ölgemälde „Die kleinen gelben Pferde" (1912)

Neue Formen in Architektur und Malerei

Im Bereich der Kunst zeigte sich gerade in der Architektur ein sehr deutlicher Wandel. Noch bis zum Beginn des 20. Jahrhunderts wurden bei vielen Gebäuden frühere Stile aus der Antike oder Renaissance nachgeahmt. Dieser **„Historismus"** wurde nun nach dem Ersten Weltkrieg vor allem durch die so genannte **„Neue Sachlichkeit"** abgelöst. Bereits vor der Jahrhundertwende hatten Architekten in den USA folgende Forderung aufgestellt: „Form folgt immer der Funktion – und dies ist ein Gesetz." Gebäude sollten hauptsächlich zweckmäßig sein und keine unnötigen Verzierungen aufweisen. Diese Ideen setzten sich schließlich auch in Deutschland durch und wurden vor allem von einer Arbeitsgruppe verfolgt, die nach ihrem Hauptarbeitsgebäude als **„Bauhaus"** bezeichnet wurde. Ihr Leiter, Walter Gropius (1883–1969), hatte dieses Gebäude in der Zeit von 1925 bis 1926 in Dessau errichtet. Im „Bauhaus" wurde der neue, moderne Baustil gelehrt. Dort entwarf man außerdem Möbel und andere Gegenstände des täglichen Bedarfs.

Stahlrohrsessel von Marcel Breuer (1925/26). Breuer war seit 1924 Leiter der Möbelwerkstatt im Bauhaus.

In der Malerei zeigten sich zu Beginn des 20. Jahrhunderts eine **Vielzahl von Stilen**, die nebeneinander existierten. Die so genannten **Expressionisten** (Expression = Ausdruck) schlossen sich teilweise in heute berühmten Künstlergruppen zusammen. Hier sind in Deutschland vor allem die **„Brücke"** in Dresden (gegründet 1906) und der **„Blaue Reiter"** in München zu nennen. Den expressionistischen Künstlern war es wichtig, inneres Erleben intensiv auszudrücken. Dabei gingen sie von der Wirklichkeitsdarstellung ab.

Eine andere Art zu malen entwickelte der Spanier **Pablo Picasso** (1881–1973). Er zerlegte Figuren und Gegenstände in ihre Einzelteile und setzte diese wieder neu zusammen. Dadurch sieht man die dargestellten Figuren gleichzeitig aus verschiedenen Blickwinkeln (Perspektiven). Man nennt diese Stilrichtung **Kubismus** (Kubus = Würfel).

Ausschnitt aus Pablo Picassos Ölbild „Les Demoiselles d'Avignon" (1907)

Insgesamt eine wichtige Entwicklung der Kunst zu Beginn des 20. Jahrhunderts war der Weg in die **abstrakte Kunst**. Gemeinsam war dieser Kunst, dass man auf den Bildern keine Gegenstände mehr erkennt, sondern nur noch vereinfachte Formen. Der Russe **Wassily Kandinsky** (1866–1944) behauptete von sich, 1910 das erste abstrakte Bild überhaupt gemalt zu haben.

Technische Neuerungen bereichern die Kultur

Der Alltag der Menschen veränderte sich zu Beginn des 20. Jahrhunderts vor allem durch Neuerungen in der Technik und der Unterhaltungsbranche (s. S. 174 ff.). Besonders das neue Medium **Film** faszinierte die Menschen. Die Universum-Film-GmbH (Ufa) in Berlin (gegründet 1917) besaß neben den Hollywood-Studios in den USA damals die größten und modernsten Produktionsstätten der Welt. Bedeutende Regisseure wie Fritz Lang, Ernst Lubitsch oder Friedrich W. Murnau arbeiteten dort. Noch heute zählen die in Berlin gedrehten Filme zu den großen Meisterwerken der Filmgeschichte. Titel wie „Metropolis" oder „Nosferatu" sind immer noch in aktuellen Kinoprogrammen zu finden.

Szenenbild aus dem Stummfilm „Nosferatu" (1921), den Friedrich W. Murnau nach den Motiven des Romans „Dracula" drehte.

Erfolg und Scheitern der Weimarer Republik

5. Die Rolle der Frau in der Weimarer Republik

M 1 Die Rechte der Frauen laut Gesetzbüchern

a) Aus dem Bürgerlichen Gesetzbuch von 1900:
„§ 1354: Dem Mann steht die Entscheidung in allen das gemeinschaftliche eheliche Leben betreffenden Angelegenheiten zu; er bestimmt insbesondere Wohnort und Wohnung ...
§ 1056: Die Frau ist berechtigt und verpflichtet, das gemeinschaftliche Hauswesen zu leiten ..."

b) Aus der Weimarer Verfassung von 1919:
„Artikel 109: Alle Deutschen sind vor dem Gesetz gleich. Männer und Frauen haben grundsätzlich die gleichen Rechte und Pflichten ...
Artikel 119: Die Ehe steht als Grundlage des Familienlebens und der Erhaltung und Vermehrung der Nation unter dem besonderen Schutz der Verfassung. Sie beruht auf der Gleichberechtigung der beiden Geschlechter ..."

M 2 Aus einer aktuellen geschichtlichen Darstellung zur Geschichte der Weimarer Republik:
„Frauen blieben trotz Artikel 109 ... und 119 ... vielfach benachteiligt. 1925 waren nur 35,6 Prozent von ihnen berufstätig (Männer: 68 Prozent), davon jede zehnte als Hausgehilfin ohne soziale Sicherung und mit überlangen Arbeitszeiten. Hilfsarbeiterinnen und Facharbeiterinnen erhielten in der Industrie im Durchschnitt nur zwei Drittel der Männerlöhne. Da die geltenden Gesetze nur zum Teil an die Verfassung angepasst wurden – die familienrechtlichen Bestimmungen des Bürgerlichen Gesetzbuches von 1900 beispielsweise blieben weiterhin in Kraft – durften verheiratete Frauen wie schon im Kaiserreich nur mit Genehmigung des Ehemannes berufstätig sein; in Krisenzeiten wurden sie stets als erste entlassen. Weibliche Erwerbstätigkeit galt allgemein als Übergangsstadium bis zur Ehe, in der dann Hausarbeit und Kindererziehung Sache der Frau waren."

M 3 „So hat die Republik die Stellung der Frau verbessert" (Schlagzeile aus einer Zeitung 1930):

M 4 Die Frauen selbst verstanden die Veränderungen damals trotzdem als Chance. Eine Frau erinnert sich an das Jahr 1919, in dem sie ihre Ausbildung zur Kindergärtnerin machte:
„Wir hatten fabelhafte Frauen als Lehrerinnen. Da begriff ich, dass jede Frau schöpferische Kraft hat. Sie muss sie nur finden. Man konnte sich was Neues ausdenken, z. B. beim Werken. Ich wusste ja gar nicht, dass man das durfte. Wir diskutierten nächtelang die Frage: Was ist Demokratie? Wie können wir sie verwirklichen? Wir fühlten uns als neue Generation. Wir wollten den Aufbruch versuchen."

M 5
Bilder aus den 20er Jahren:

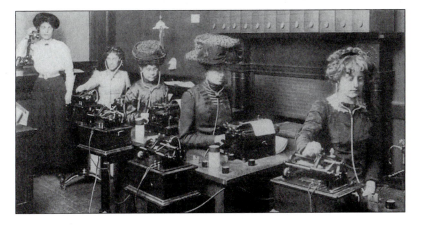

…und inzwischen wäscht der PROTOS

M 6 Eine 48-jährige Arbeiterin berichtet (1928):
„Durch Arbeitslosigkeit meines Mannes bin ich zu der Erwerbstätigkeit gezwungen. Um nicht in allzu große Notlage zu geraten, muss ich zum Haushalt meiner Familie, welche aus meinem Mann, drei Kindern im Alter von 3 bis 13 Jahren und mir besteht, beitragen. Mein Wohnort liegt im Kreise Zeitz, die Arbeitsstelle ist eine Wollkämmerei, in welcher ich Putzerin bin. Da ich fast eine Stunde Bahnfahrt habe, stehe ich früh um 1/2 5 Uhr auf. Der Zug fährt um 5.10 Uhr ab, komme 5.55 Uhr am Arbeitsort an. Da unsere Arbeit um 6 Uhr beginnt, muss ich vom Bahnhof zur Fabrik einen Dauerlauf machen, um zur rechten Zeit zur Stelle zu sein. Dort putze ich bis 14.15 Uhr … Der Zug, mit welchem ich fahren kann, fährt erst um 17.13 Uhr. Ich muss mich so lange am Bahnhof aufhalten. Um 18.00 Uhr bin ich zu Hause. Nun gibt es noch daheim zu schaffen …"

1 Gib in ganzen Sätzen wieder, was sich an der Stellung der Frau verbesserte!

2 Welche Widersprüchlichkeiten entdeckst du, wenn du die angebotenen Materialien durchliest? Denke daran, dass die Frauen in den einzelnen Schichten unterschiedlich von den Änderungen profitierten!

3 Macht eine kleine Umfrage in eurer Klasse oder eurer Schule und versucht herauszufinden, in wie vielen Familien hauptsächlich die Frau den Haushalt („Hauswesen") führt (Angabe in %)!

4 Versucht weitere Bilder und Quellentexte zu finden, die die Stellung der Frau zur Zeit der Weimarer Republik verdeutlichen! Ein Besuch in einer Bibliothek ist dabei sicher hilfreich. Mithilfe von Vergleichsmaterial aus der Kaiserzeit (s. auch S. 13, 15 und 20f.) und den Jahren des Ersten Weltkrieges (s. S. 64f.) könntet ihr eine Präsentation erstellen, die die Veränderung der Frauenrolle deutlich zeigt. Bereits die Entwicklung der Mode ist äußerst aussagekräftig! Achtet dabei jedoch unbedingt darauf, dass es auch bei den Frauen starke schichtspezifische Unterschiede gab!

Erfolg und Scheitern der Weimarer Republik

6. Die Weltwirtschaftskrise und ihre Folgen

M 1 Ende Oktober 1929 kam es in New York zu einem Sturz der Aktienkurse. Dies war der Beginn einer katastrophalen Weltwirtschaftskrise.

a) Industrielle Produktion von 1928–1935, dargestellt an ausgewählten Beispielen:

b) Auswirkungen der Weltwirtschaftskrise in Deutschland:

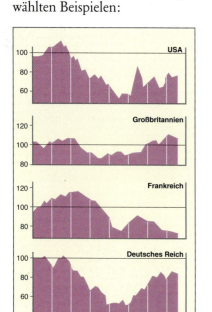

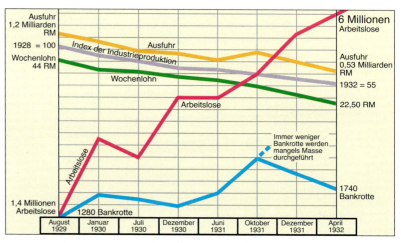

1 Vergleiche die Industrieproduktion von Deutschland mit der der USA, Großbritanniens und Frankreichs!

2 Erkläre mithilfe des Fachs „Wirtschaft und Recht" wie ein Kurssturz von Aktien zustande kommt! Beziehst dazu auch M1/S. 96 mit ein!

3 Informiere dich über den Begriff „Bankrott" und erstelle eine Kurzdefinition!

4 Formuliere unter Einbeziehung der einzelnen Kurven (M1b) einen kurzen Zeitungsartikel, der die wirtschaftliche Entwicklung in Deutschland im April 1932 darstellt!

5 Welche konkreten Folgen für die Menschen verstecken sich hinter diesen Kurven? Beziehe auch M2 mit ein!

M 2 Die Arbeitslosigkeit trifft auch die Kinder.

a) Bericht vom August 1931:
„Die Arbeitslosigkeit der Eltern verursacht bei den Kindern Unterernährung, Häufung von Krankheiten, Gleichgültigkeit gegenüber hygienischen Anforderungen. Die Kinderkrankheiten und Erkältungskrankheiten häufen sich, da der Arzt oft zu spät oder gar nicht aufgesucht wird, weil für Arztschein und Medizin die notwendigen Gebühren nicht aufzubringen sind oder kein Fahrgeld vorhanden ist. Bei Nachforschungen in den Haushalten hat sich herausgestellt, dass die Ernährung völlig unzureichend ist, Vitamine ganz fehlen, weil die Mittel nicht vorhanden sind."

1 Wie wirkte sich die Arbeitslosigkeit des Vaters oder der Eltern auf die Kinder aus?

b) Suppenküche der Heilsarmee (1931):

2 Welche Hilfe konnten Familien damals in einer solch schwierigen Lage erwarten? Vergleiche mit heute!

Eine Wirtschaftskrise erfasst die USA

In den USA war es nach Ende des Ersten Weltkrieges zu einem enormen **Wirtschaftsaufschwung** (Boom) gekommen. Die Gründe hierfür lagen vor allem in der Massenproduktion, die durch die Fließbandfertigung und die Elektrifizierung möglich gemacht worden war. Die produzierten Konsumgüter, wie beispielsweise Kühlschränke, Radios oder Autos wurden billiger und damit für die breite Masse erschwinglicher. Der allgemeine Wohlstand stieg sprunghaft an. Da der Markt jedoch mit der Zeit gesättigt war, musste ab 1929 die Warenproduktion gedrosselt werden. Das Vertrauen in ein stetes Wachstum der Wirtschaft ging verloren. Dies führte dazu, dass Menschen, die bis dahin ihr Geld in **Aktien** der boomenden Industrie angelegt hatten, nun um ihre Anlagen fürchteten und ihre Aktien panikartig verkauften. Als Folge davon kam es zu einem **Kurseinbruch** an der New Yorker Börse von bis dahin ungekannten Ausmaßen. Der **25. Oktober 1929** ging schließlich als „Schwarzer Freitag" in die Geschichte ein. Die Aktien stürzten ins Bodenlose und wurden praktisch wertlos. Die Aktionäre mussten in kürzester Zeit Verluste in Höhe von 30 Milliarden Dollar hinnehmen. Viele Betriebe in den USA stellten ihre Produktion ein, Millionen von Arbeitern und Angestellten verloren ihren Arbeitsplatz, Banken brachen zusammen und deren Kunden verloren ihre gesamten Ersparnisse.

Nach dem Börsenkrach in New York mussten vorher wohlhabende Menschen ihre Luxusartikel verkaufen.

Die US-Krise wird zur Weltwirtschaftskrise

Um weitere Bankenzusammenbrüche abzuwenden, forderten die US-Geldinstitute nun alle kurzfristig gewährten Kredite, die sie in den Jahren des Wachstums ausländischen Staaten gewährt hatten, zurück (s. S. 96ff.). Die Kreditnehmerländer hatten jedoch diese Gelder langfristig angelegt und konnten sie nicht sofort zurückzahlen. Dadurch wuchs sich die amerikanische Krise zu einer Weltwirtschaftskrise aus. In allen Industrienationen wurden Not und Arbeitslosigkeit zu brennenden Problemen. Das **Deutsche Reich** war, nachdem es besonders viel finanzielle Unterstützung von den USA bekommen hatte, am stärksten von dieser Krise betroffen. In Deutschland kam es ebenfalls zu Firmenzusammenbrüchen und zur Schließung von zahlreichen Banken. Die Arbeitslosenzahlen stiegen sprunghaft an. Im September 1929 waren im Deutschen Reich 1,6 Millionen Menschen arbeitslos. Anfang 1933 wurde die 6 Millionengrenze überschritten. Damit war jeder dritte Arbeitnehmer arbeitslos. Im Vergleich dazu war es in den USA jeder vierte, in Großbritannien jeder fünfte und in Frankreich jeder siebente.
Die **Arbeitslosigkeit** führte bei allen Betroffenen zu großer Not. Trotz der sozialen Fortschritte der Weimarer Republik war das Deutsche Reich noch kein moderner Sozialstaat, wie man ihn heute kennt.
Eine derartige Krise war ein guter **Nährboden für** die Propaganda radikaler politischer Strömungen und Parteien. Die NSDAP und KPD versprachen den Menschen die Beseitigung der Arbeitslosigkeit. Einig waren sich die **radikalen Parteien** gleichzeitig in ihrer Ablehnung der Demokratie, die sie offen bekämpften.

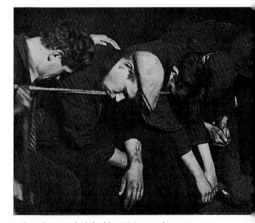

Arbeitslose und obdachlose Männer konnten sich, wie hier in Hamburg, einen Schlafplatz „an der Leine" kaufen.
Die seit 1927 existierende Arbeitslosenunterstützung war im Ernstfall so gering, dass sie kaum das Existenzminimum einer damaligen Familie sichern konnte. Vor allem Kinder litten unter der Mangelversorgung. Mit Speisungen in so genannten „Volksküchen" versuchte man das schlimmste Elend zu lindern. Neben den körperlichen Folgen des Elends gab es außerdem noch weitere Konsequenzen. Der soziale Abstieg breiter Bevölkerungsschichten brachte auch einen Anstieg der Jugendkriminalität und der Selbstmordrate mit sich.

Erfolg und Scheitern der Weimarer Republik

7. Das Scheitern der Weimarer Republik

M1 Wahlergebnisse aus der Weimarer Republik:

	KPD	SPD	Sonst.	BVP	Zentr.	DDP	DVP	DNVP	NSDAP
Abgeordnete: 491 20.05.1928 4. Reichstag	54	153		51	16	62	25	45	73	12
Abgeordnete: 577 14.09.1930 5. Reichstag	77	143		78	19	68	14	30	41	107
Abgeordnete: 608 31.07.1932 6. Reichstag	89	133	9	22	76	4	7	38		230
Abgeordnete: 584 06.11.1932 7. Reichstag	100	121	11	20	71	2	11	52		196
Abgeordnete: 647 05.03.1933 8. Reichstag	81	120	6	19	73	5	2	53		288

1 Welche Parteien hatten Stimmenzuwächse, welche Stimmenverluste zu verzeichnen?

2 Vergleiche die Wahlergebnisse mit der Entwicklung der Arbeitslosenzahl (M1b/S 104?)! Erkennst du einen Zusammenhang?

M2 Drei Wahlplakate aus der Endzeit der Weimarer Republik:

1 Stelle dir vor, du bist Auftraggeber dieser drei Plakate. Schreibe für jedes der Plakate eine genaue Anweisung für dessen Herstellung!

2 Die Plakate entstanden alle gegen Ende der Weimarer Republik. Die damalige Krise sollte laut den Plakataussagen auf verschiedene Art und Weise bewältigt werden. Erkläre!

M 3 Der Reichspräsident als Totengräber der Demokratie

a) Präsidialregierungen (1930–1933)
Der Reichspräsident regierte mithilfe von Notverordnungen:

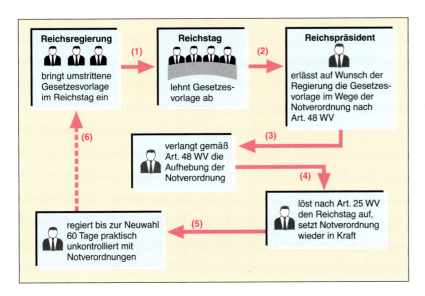

b) Plakat der DNVP zur Reichstagswahl von 1928:

M 4 Ein 24-Jähriger rechtfertigte 1932 in einem Brief seinen Eintritt in die SPD und seinen Kampf gegen Hitler, der 1932 versuchte zum Reichspräsident gewählt zu werden:

„In den Gefühlen überschwänglicher Romantik findet diese Jugend hin zu Hitler, und er hat es verstanden, diese Kräfte vor seinen Wagen zu spannen ... Von einem grenzenlosen Größenwahn gepeitscht, redet er in Gefühlen und in seinem Willen zur Macht, der auch über Leichen, vielleicht auch über ein zerschlagenes Volk führt ... Dieser Mann, mit dessen Geschichte ich mich sehr befasse und dessen Reden ich bis zum Übelwerden anhörte, wird nie der Befreier der deutschen Arbeiterschaft und des deutschen Volkes sein. Er wird eher sein Totengräber. Ich sah, wie frech und überheblich Hitlers Garde auftrat, ich hörte die blutrünstigen Reden, von der Nacht der langen Messer, von der Massenerschießung, vom Aufhängen aller Gegner, die grenzenlose Verherrlichung der Barbarei und des Mordes ... Ich sah den Terror gegen Andersdenkende, diese Unduldsamkeit, den Triumph von ehemaligen Verbrechern, die zu Führern berufen wurden ... Ich (sehe Hitler) vor mir, der in seinem Buche „Mein Kampf" schrieb, dass alles, was nicht reine Rasse ist, Spreu ist, (sehe) ihn mit seinem hysterischen Gesicht, das einen Einschlag ins Mongolische und doch gar nichts Arisches (Nordisches = Germanisches) hat ... Seine Kriegshetze, sein Blutgesang, seine höhnische Verachtung für persönliche Freiheit ... Und dieser Prahler und Emporkömmling sollte Präsident in Deutschland werden?"

1 Lies die Artikel 25 und 48 der Verfassung der Weimarer Republik nach!

2 Gib das Schema zu den Präsidialregierungen in ganzen Sätzen wieder! Erkläre, weshalb von 1930–1933 im Deutschen Reich eigentlich keine parlamentarische Demokratie mehr bestand!

3 Welche Widersprüchlichkeiten sind in den Aussagen des Plakats der Deutschnationalen Volkspartei (DNVP) enthalten?

1 Welchen Grund nannte der junge Mann für die Erfolge Hitlers im Wahlkampf?

2 Notiere in Schlagworten alle negativen Eigenschaften, die der Verfasser Hitler bereits 1932 zuschrieb!

Erfolg und Scheitern der Weimarer Republik

Friedrich Ebert (1871–1925) lernte ursprünglich das Sattlerhandwerk und kam bereits während seiner Wanderzeit zur SPD. Seit 1912 gehörte er dem Reichstag an. Ab 1915 war er Vorsitzender der SPD. Am 2. November 1919 wurde er von der Nationalversammlung zum vorläufigen Reichspräsidenten gewählt. Er starb am 28. Februar 1925 an den Folgen einer verschleppten Blinddarmentzündung. Er hatte sich in diesen Wochen vor Gericht gegen die Beleidigungen eines nationalistischen Redakteurs zur Wehr gesetzt. Die einseitige Parteinahme der Richter gegen ihn trafen Ebert schwer. Er ließ sich aufgrund des Prozesses zu spät operieren.

Paul von Hindenburg wird Reichspräsident

Reichspräsident Ebert war im Februar 1925 gestorben. Nach einem heftigen Wahlkampf erhielt der einstige Generalfeldmarschall und Vertreter der „Dolchstoßlegende" Paul von Hindenburg die Mehrheit der Stimmen. Gewählt wurde er von den zum „Reichsblock" zusammengeschlossenen Rechtsparteien.

Besonders bedeutsam wurde die Rolle des Reichspräsidenten, als 1930 der **Reichstag nicht mehr in der Lage war, mit Stimmenmehrheit einen Kanzler zu wählen**. Schuld daran war die **wirtschaftliche Krise**, in der die Weimarer Republik steckte. Die Massenarbeitslosigkeit aufgrund der Weltwirtschaftskrise 1929 überstieg bei weitem die finanziellen Möglichkeiten der Arbeitslosenversicherung. Der Staat, der aufgrund der Wirtschaftskrise geringere Einnahmen hatte, stand nun vor den Alternativen, die Beiträge zu erhöhen oder die Leistungen zu kürzen. Eine höhere Staatsverschuldung schien kaum möglich zu sein, da dies die Gefahr einer Inflation mit sich gebracht hätte. Über diesem Problem zerbrach schließlich die seit 1928 regierende Koalition aus SPD, DDP, Zentrum/BVP, DDP und DVP.

Bereits drei Tage nach dem Bruch der Koalition ernannte Reichspräsident Hindenburg am 28. März 1930 **Heinrich Brüning**, den Vorsitzenden der Zentrumsfraktion, zum neuen Reichskanzler. Dies geschah, ohne überhaupt einen Versuch der parlamentarischen Regierungsbildung unternommen zu haben. Damit hatte Hindenburg das erste **„Präsidialkabinett"** oder die erste „Hindenburg-Regierung" eingesetzt. Die Regierung war nicht mehr von den Parteien bestimmt worden und konnte sich somit auch auf keine Reichstagsmehrheit verlassen. Gesetze wurden nun mit Hilfe des Notstandsartikels 48 der Weimarer Verfassung erlassen. Der Reichspräsident war zu so genannten **Notverordnungen** ermächtigt und konnte damit die Politik einer Minderheitenregierung stützen. Zwar bestand die Möglichkeit, dass der Reichstag gegen die Notverordnungen Einspruch erhob. Dann jedoch konnte der Präsident aufgrund von Artikel 25 der Verfassung diesen Reichstag auflösen. Die Präsidialkabinette unter Hindenburg waren somit nicht mehr auf das Vertrauen des Reichstags, sondern nur noch auf das Vertrauen des Reichspräsidenten angewiesen.

Brüning gelang es zwar, dass die Reparationszahlungen ausgesetzt und schließlich auf drei Milliarden herabgesetzt wurden (s. S. 97ff.), innenpolitisch erreichte er seine Ziele jedoch nicht. Mithilfe rigoroser Sparmaßnahmen hatte er versucht die Wirtschaftskrise zu bewältigen (Gehaltskürzungen bei Beamten, Lohnkürzungen, Senkung der Arbeitslosenhilfe, Erhöhung der Steuern und der Beiträge zur Arbeitslosenversicherung). Alle diese Maßnahmen minderten die Kaufkraft, vermehrten die Arbeitslosigkeit und machten Brüning in der Bevölkerung unbeliebt.

Als er die Kampfverbände der NSDAP verbieten ließ und die Arbeitslosigkeit der Landbevölkerung durch Landabgaben der Großgrundbesitzer eindämmen wollte, verlor er das Vertrauen des Reichspräsidenten und musste im Jahre 1932 zurücktreten.

Paul von Hindenburg 1925 nach der Vereidigung als Reichspräsident

Radikale Parteien im Aufwind

Als es aufgrund einer Reichstagsauflösung durch Hindenburg im September 1930 zu Wahlen kam, brachten diese keine Basis für eine Mehrheitsregierung. Brüning regierte deshalb zwei Jahre mit Hilfe der Notverordnungen. Eines jedoch zeigte diese Wahl deutlich. Die **radikalen Parteien** hatten ihre Stimmenanteile seit der letzten Wahl 1928 deutlich gesteigert. Im Reichstag saßen nun 107 statt 12 Abgeordnete der NSDAP. Auch der KPD gelang ein Zuwachs von 54 auf 77 Sitze. Stärkste Partei blieb 1930 trotz geringer Verluste die SPD mit 143 Abgeordneten. Die Wahlsieger NSDAP und KPD hatten in ihrem Wahlkampf den Eindruck vermitteln können, dass die soziale Krise eine direkte Folge des „Weimarer Systems" war. Beide Parteien waren sich in ihrer **Ablehnung der Weimarer Demokratie** einig.

Ansonsten jedoch bekämpften sich Nationalsozialisten und Kommunisten in blutigen **Straßen- und Saalschlachten**. Hierfür setzten sie ihre Kampfverbände ein. Bereits 1921 hatte die Nationalsozialistische Partei Deutschlands (NSDAP) die „Sturmabteilung" (SA) und 1925 die Schutzstaffel (SS) als Kampfverbände gegründet. Seit 1924 gab es den „Roten Frontkämpferbund" der KPD. Der „Reichsbanner Schwarz-Rot-Gold-Bund der republikanischen Frontsoldaten" (davon 90 % Sozialdemokraten) war 1924 als Reaktion auf den Hitlerputsch (s. S. 91 ff.) von den republiktreuen Parteien gegründet worden.

NS-Studenten, nach einer gewalttätigen Auseinandersetzung mit kommunistischen Studenten (1932)

Hindenburg ernennt Adolf Hitler zum Reichskanzler

Reichskanzler Brüning wurde im Mai 1932 von Hindenburg aufgrund persönlicher Differenzen entlassen. Dazu beigetragen hatten Intrigen aus dem Umfeld des damals bereits 84-jährigen Hindenburgs. Als Nachfolger bestimmte der Reichspräsident **Franz von Papen**. Die wirtschaftliche Situation im Deutschen Reich besserte sich jedoch nicht. Bei den Reichstagswahlen im Juli 1932 wurde die NSDAP schließlich mit 230 Abgeordneten stärkste Partei im Reichstag. **Adolf Hitler** forderte nun die Kanzlerschaft für sich. Hindenburg jedoch verweigerte ihm dieses Amt. Er wollte nicht den Politiker zum Reichskanzler ernennen, der die Weimarer Verfassung am heftigsten bekämpfte. Zudem verachtete der Generalfeldmarschall Hitler auch persönlich. Eine regierungsfähige Mehrheit brachte auch eine weitere Wahl im November 1932 nicht. Die KPD konnte ihre Stimmenanteile nochmals erhöhen, die NSDAP hatte ihren Höhepunkt jedoch scheinbar überschritten und verlor 34 Abgeordnete.

Im Dezember 1932 ernannte Hindenburg **General Kurt von Schleicher** zum Reichskanzler. Dieser wollte die NSDAP in seiner Regierung integrieren und damit „zähmen". Als die NSDAP den Posten des Vizekanzlers ablehnte, war auch Schleicher gescheitert. Nach 57 Tagen trat er bereits wieder zurück. Nun konnten **Franz von Papen** und andere Ratgeber Hindenburg davon überzeugen Hitler als Kanzler einzusetzen. Der neue Vizekanzler Papen glaubte, Hitler und die zwei NSDAP-Minister innerhalb der Regierung ausschalten zu können. Hitler hingegen war entschlossen, die Macht nicht wieder abzugeben.

1933 zeigt John Heartfield in einer Fotomontage das Parlament, das durch den Paragraph 48 entmachtet ist. Die NSDAP sitzt als Stahlhelm bereits auf der Regierungsbank. In dem Untertitel spielt Heartfield auf die Revolution von 1848 an, die bereits eine demokratische Verfassung hervorgebracht hatte.

Erfolg und Scheitern der Weimarer Republik

Überprüfe dein Wissen!

① Silbenrätsel zu Namen und Begriffen der Weimarer Republik

Schreibe die folgenden Silben in dein Heft und versuche die richtigen Begriffe zu finden!

bert – bund – burg – car – De – de – den – Dolch – E – e – Ex – fe – fla – Frei – Fried – gen – Gus – Hin – In – keit – ker – kra – la – le – lich – Lo – mann – men – mo – mus – Neu – nis – no – Nos – par – Paul – pres – ra – ri – rich – Sach – sche – Schwar – se – sio – stoß – Stre – ta – tag – tav – tie – tion – tu – Völ – von – zer

1. Erster Reichspräsident der Weimarer Republik (Vor- und Nachname)
2. Staatsform der Weimarer Republik (zweiteiliger Begriff)
3. Begriff für die Behauptung, dass Deutschland den Ersten Weltkrieg nur verloren habe, weil das deutsche Heer angeblich von hinten durch revolutionäre Bewegungen in der Heimat erdolcht worden sei
4. Anderer Begriff für Geldentwertung (z. B. in Deutschland 1923)
5. Bedeutender Reichskanzler (1923) und Außenminister (1923 – 1929) der Weimarer Republik (Vor- und Nachname)
6. Ort, in dem 1925 deutsch-französische Verträge über die Anerkennung der gemeinsamen Grenzen unterzeichnet wurden
7. Vorläufer der heutigen UNO
8. Bezeichnung für den Börsencrash in New York am 25. Oktober 1929
9. Letzter normal gewählter Reichspräsident der Weimarer Republik (vollständiger Name)
10. Zweckmäßiger Baustil zu Beginn des 20. Jahrhunderts
11. Kunstrichtung, die als „Ausdruckskunst" bezeichnet wird
12. Filmtitel eines Klassikers der Filmgeschichte (berühmter Vampirfilm)

② Persönlichkeiten aus Politik und Kultur – Wer ist's gewesen?

1878 kam ich als Sohn eines Gastwirts in Berlin zur Welt. Mit 28 wurde ich Abgeordneter der Nationalliberalen Partei. Ich blieb bis 1918 überzeugter Monarchist, war aber auch für eine Stärkung des Parlaments. Ab 1923 versuchte ich, zunächst als Reichskanzler, später als Außenminister, im Ausland um Vertrauen zu werben und Deutschland eine gleichberechtigte Verhandlungsposition zu sichern.

Ich war Rechtsanwalt und Journalist, bevor ich in die Politik einstieg. Nach dem Ersten Weltkrieg lag mir die deutsch-französische Aussöhnung sehr am Herzen, weil endlich in Europa nach den vielen Kriegsjahren Ruhe einkehren sollte. Höhepunkt dieser Politik des Ausgleichs war die Konferenz in Locarno 1925. Für diese Bemühungen erhielt ich gemeinsam mit dem deutschen Außenminister den Friedensnobelpreis.

Geboren wurde ich in Russland (1866). Zeit meines Lebens bin ich viel gereist. Ich war auch oft in Bayern. Die Neue Künstlervereinigung München, später wurde daraus die Gruppe „Der Blaue Reiter", habe ich mitbegründet. Man behauptet, ich hätte das erste abstrakte Bild gemalt.

Ich war bereits im Ersten Weltkrieg als führender Militär aktiv. 1925 wurde ich Reichspräsident. Das Recht, das mir Artikel 48 laut Weimarer Verfassung zubilligte, habe ich oft umgesetzt. Ich habe leider auf meine Berater gehört und dann einen Herrn Hitler zum Reichskanzler ernannt. Das war keine gute Entscheidung!

③ Bildquellen aus der Zeit der Weimarer Republik

Versuche die verschiedenen Abbildungen wichtigen Ereignissen bzw. Phasen der Geschichte der Weimarer Republik zwischen 1919 und 1930 zuzuordnen! Die Zeitleiste auf der nächsten Seite kann dir dabei helfen!

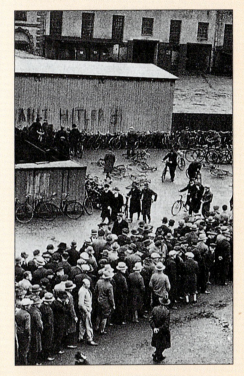

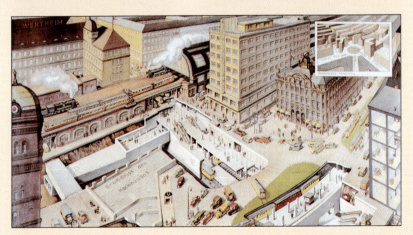

Erfolg und Scheitern der Weimarer Republik

④ Das Ende der Weimarer Republik

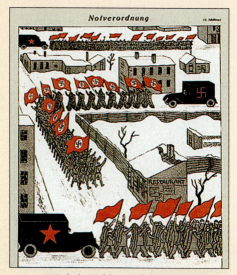

„Nach der Erfahrung der letzten Wochen ist verfügt worden, dass jeder Demonstrationszug seinen eigenen Leichenwagen mitzuführen hat." (Zeichnung von E. Schilling aus dem „Simplicissimus" vom 16. Februar 1931)

„Sie tragen den Buchstaben der Firma – aber wer trägt den Geist?"
(Karikatur von Th. Th. Heine)

„Die Mängel in der Verfassung waren einfach zu groß!"

„Die Weimarer Republik scheiterte an der Weltwirtschaftskrise!"

„Die demokratischen Parteien haben versagt!"

„Die radikalen Parteien, wie NSDAP und KPD, bekämpften die Weimarer Demokratie so lange, bis sie keine Chance mehr hatte!"

„Die Weimarer Republik war eine Demokratie ohne Demokraten!"

1. Was wollen diese Schlagzeilen ausdrücken? Erkläre mit eigenen Worten!
2. Was hältst du von diesen Behauptungen? Welche erscheinen dir wichtig bzw. unwichtig? Gibt es Aussagen, die deiner Meinung nach falsch sind? Beziehe in deine Argumentation die Plakate auf dieser Seite mit ein!

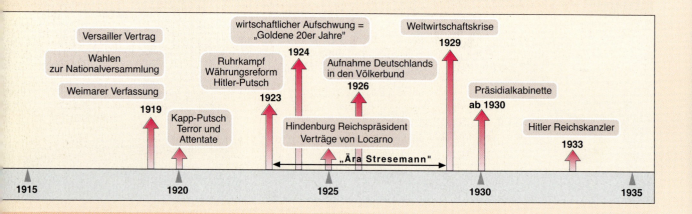

Totalitäre Herrschaft und Zweiter Weltkrieg

Schon im Jahre 1932 wurde diese Karikatur mit dem Titel „Das Verhängnis" (17×31 cm) in Ernst Niekischs Schrift „Hitler, ein deutsches Verhängnis" veröffentlicht. Der Karikaturist und Zeichner Andreas Paul Weber (1893–1980) prophezeit das Schicksal, das viele Deutsche nach einer Machtübernahme Hitlers erwarten wird. Dargestellt als kontur- und willenlose Masse folgen sie der Hakenkreuzfahne, dem Symbol des Nationalsozialismus. Ihr Marsch, der zunächst steil bergauf führt, endet nach einem jähen Absturz in einem riesigen Massengrab.

Totalitäre Herrschaft und Zweiter Weltkrieg

1. Die Sowjetunion unter der Gewaltherrschaft Stalins

M1 „Der Sieg des Sozialismus in unserem Land ist garantiert":

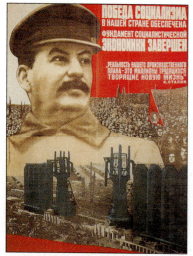

Plakat aus dem Jahr 1932

1 Warum ist Stalin so übergroß dargestellt? Was lässt sich daraus über seine Stellung im Staat und sein Selbstverständnis ableiten?

1 Warum konnte Stalin keinen privaten Grundbesitz dulden?

2 Stalin war nicht nur schuld am Hungertod unzähliger Menschen, er ließ Tausende seiner Gegner in Schauprozessen verurteilen und hinrichten oder in Straflager (sog. GULAGs = Lager der Geheimpolizei GPU) verschleppen. Der Nobelpreisträger Alexander Solschenizyn schreibt in seinem Roman „Archipel GULAG" über die damaligen Zustände. Leihe dir das Buch in der Bibliothek aus und lies einige Stellen daraus vor!

3 Begründe, warum Stalins Politik gegen grundlegende Menschenrechte verstößt!

M2 Josef Stalin, der als Nachfolger Lenins 1924 an die Macht kam, versuchte mit staatlichen Zwangsmaßnahmen die sowjetische Industrie und Landwirtschaft zu modernisieren:

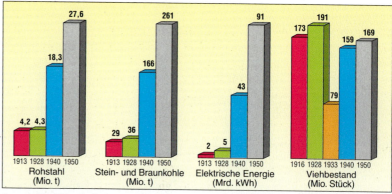

Ausgewählte Wirtschaftsdaten der UdSSR

1 Überprüfe anhand der Zahlen, in welchen Bereichen Stalins Politik Erfolge brachte und wo nicht! Überlege, welche Auswirkungen die Entwicklung der Landwirtschaft auf die Bevölkerung hatte!

M3 Industrialisierung auf Kosten der Bevölkerung

Stalin förderte gezielt die Schwerindustrie und drosselte die Konsumgüterproduktion. Außerdem enteignete er Millionen Bauern, verschleppte sie und ihre Familien in Lager oder ließ sie umbringen. Das Land sollte nicht durch Privatpersonen, sondern durch Genossenschaften bebaut werden. Da diese schlecht wirtschafteten, kam es zu einer großen Hungersnot. Insgesamt fielen Ende der 20er/Anfang der 30er Jahre etwa 20 Millionen Menschen Stalins Politik zum Opfer:

Bauern im Wolgagebiet 1928

114

Rücksichtslose Industrialisierung und Kollektivierung

Nach dem Tod Lenins 1924 setzte sich Josef W. Dschugaschwili (1879 – 1953), genannt Stalin (= der Stählerne), gegen seine innerparteilichen Gegner durch. Im Gegensatz zu ihnen wollte er keine kommunistische Weltrevolution mehr, sondern zuerst den **Sozialismus in einem Lande**, d. h. in der Sowjetunion, durchsetzen (**Stalinismus**). Zu diesem Zweck schuf er **ab 1928 Fünfjahrespläne für die Wirtschaft**. Darin waren die Menge der zu produzierenden Güter ebenso festgelegt wie die Preise und die Löhne. Im Vordergrund standen dabei die Förderung der Energie- und Rohstoffgewinnung sowie die Schwer- und Rüstungsindustrie (z. B. Eisen- und Stahlproduktion). Konsumgüter für den privaten Gebrauch mussten dagegen zurückstehen. Stalins Ziel war es, die Überlegenheit einer zentral gelenkten, sozialistischen Wirtschaftspolitik gegenüber der freien Marktwirtschaft der kapitalistischen Staaten in Europa und in Amerika zu demonstrieren.

Dem gleichen Ziel diente auch die **Zwangskollektivierung der Landwirtschaft**. Stalin verstand darunter die Enteignung der privaten Bauerngüter und deren Umwandlung in „Kolchosen" (Genossenschaften) und „Sowchosen" (Staatsgüter). Hierbei ging Stalin mit brutaler Gewalt vor: Millionen Bauern verloren ihren Besitz und wurden zwangsumgesiedelt. Stalin sprach dabei offen von der „Liquidierung der Kulaken (= Großbauern) als Klasse". Die Erwartung, dass große Genossenschafts- oder Staatsgüter effektiver zu bewirtschaften seien als private, erfüllte sich jedoch nicht. Die landwirtschaftliche Produktion sank trotz des Einsatzes von modernem Gerät dramatisch. Hungersnöte mit vielen Millionen Opfern waren die Folge. Verschärft wurde die Not noch dadurch, dass landwirtschaftliche Erzeugnisse exportiert wurden, um Geld für ausländische Maschinen und Fachleute zu erwirtschaften.

Stalin regiert unumschränkt – die großen „Säuberungen"

Stalin herrschte als **Generalsekretär der KPdSU** (Kommunistische Partei der Sowjetunion) ohne Kontrolle unabhängiger Gerichte oder eines Parlaments. Politische Gegner wurden durch die **Geheimpolizei** (NKWD) ausfindig gemacht. In großen **Schauprozessen** beseitigte Stalin seine Konkurrenten in der Partei und fast die gesamte Generalität in der Armee, da er deren Macht fürchtete. Alle Angeklagten hatten dabei nichts verbrochen. Sie wurden durch zermürbende, lang andauernde Verhöre und durch Folter dazu gezwungen, Verbrechen wie Hochverrat zu „gestehen", die mit der Todesstrafe geahndet wurden. Es erfolgte die Hinrichtung oder die Deportation in eines der vielen **Straflager in Sibirien** (sog. GULAGs), wo die Verurteilten meist elendiglich umkamen. Die „Säuberungen" erfassten später alle Schichten des Volkes, niemand war vor Verhaftung, Verhör und Deportation sicher.

Kritik an Stalin und seiner Politik war lebensgefährlich und durch die staatliche Kontrolle der Medien praktisch unmöglich. In der Presse und auf Plakaten ließ sich Stalin als Retter der Sowjetunion feiern. Ein **Personenkult** ohnegleichen fand statt: Plakate, Filme, Gemälde zeigten Stalins idealisiertes Porträt. Städte, Straßen, Fabriken wurden nach ihm benannt, Hymnen und Gedichte priesen ihn.

Sozialistische Einheitskultur

Wenngleich von der Propaganda immer betont wurde, dass alle Nationalitäten gemeinsam unter Stalins Führung den Sozialismus aufbauten, sah die Wirklichkeit anders aus. In den Schulen wurde Russisch gesprochen, die Sitten und Bräuche anderer Völker wurden verdrängt. Stets erhielten Russen Führungspositionen, andere Nationalitäten und Volksgruppen, von denen es in der Sowjetunion über 120 gab, waren benachteiligt.

Stalin und seine Mitarbeiter. Die Karikatur entlarvt Stalin als rücksichtslosen Gewaltherrscher, der jeden politischen Gegner erbarmungslos vernichtete.

Aus einem Schreiben des Geheimpolizeichefs Jeschow:

„An Genossen Stalin. Ich schicke zur Bestätigung vier Listen mit Personen, die vor Gericht gestellt werden sollten: 313, 208, 15 Ehefrauen der Volksfeinde und 200 Militärangehörige. Ich bitte um Erlaubnis, alle zum Tode zu verurteilen. 20.8.38 Jeschow."

Stalins Notiz dazu: „Dafür. J. St., W. Molotow 20.8.38."

Jeschow fiel kurz darauf ebenfalls den Säuberungen zum Opfer.

2. Was wollen die Nationalsozialisten und wer sind ihre Anhänger?

1 Wen betrachteten die Nationalsozialisten als ihren größten Feind? Welche Gründe werden dafür angeführt? Versucht den für diese Haltung üblichen Begriff „Antisemitismus" zu erklären und setzt euch kritisch damit auseinander!

M 2 Antisemitismus (= gegen die jüdische Bevölkerung gerichteter Rassismus) in einem Kinderbuch aus dem Jahr 1925:

Die Schrift auf dem Wegweiser lautet: „Einbahnstraße. Tempo, Tempo. Die Juden sind unser Unglück."

1 Betrachtet die Abbildung: Wie sind die Juden dargestellt? Was heißt in diesem Zusammenhang „Einbahnstraße"?

2 Weist nach, dass sowohl die Wortwahl in Text M1) als auch die Darstellung in M2) bereits das schreckliche Schicksal, das die Nationalsozialisten diesen Menschen bereiteten, andeuten!

1 Nenne die Staaten, die Hitler als Lebensraum für das deutsche Volk vorgesehen hatte!

2 Wie will er dies erreichen (zitiere die passende Stelle)? Welche Maßnahmen wird er daher ergreifen, wenn er an die Macht kommt?

1 Was musste Hitlers Wählern in der Zeit der Weimarer Republik klar sein, wenn sie diese Zeilen lasen?

M 1 In seinem Buch „Mein Kampf", das er während der Zeit im Landsberger Gefängnis geschrieben hatte und 1925 veröffentlichte, legte Hitler seine „nationalsozialistische" Weltanschauung (Ideologie) dar. Die folgenden Auszüge geben einige Grundgedanken wieder, die sich auch aus nationalsozialistischen Werken anderer Verfasser herauslesen lassen:

„Sie (die NS-Weltanschauung) glaubt somit keineswegs an eine Gleichheit der Rassen, sondern erkennt mit ihrer Verschiedenheit auch ihren höheren oder niederen Wert und fühlt sich durch Erkenntnis verpflichtet, den Sieg des Besseren, Stärkeren zu fordern, die Unterordnung des Schlechteren und Schwächeren zu verlangen."

„Den wichtigsten Gegensatz zum Arier (= Angehöriger der wertvollsten Rasse) bildet der Jude. Er ist und bleibt der ewige Parasit, ein Schmarotzer, der wie ein schädlicher Bazillus sich immer mehr ausbreitet, sowie nur ein günstiger Nährboden dazu einlädt. Die Wirkung seines Daseins aber gleicht ebenfalls der von Schmarotzern: Wo er auftritt, stirbt das Wirtsvolk nach kürzerer oder längerer Zeit ab. Wo immer wir in der Welt über Angriffe gegen Deutschland lesen, sind Juden ihre Fabrikanten. Sie sehen die europäischen Staaten als willenlose Werkzeuge in ihrer Faust, sei es auf dem Umweg einer so genannten weltlichen Demokratie oder in der Form der direkten Beherrschung durch russischen Bolschewismus. Aber nicht nur die alte Welt hält er so umgarnt, sondern auch der neuen droht das gleiche Schicksal. Juden sind die Regenten der Börsenkräfte der amerikanischen Union."

M 3 Lebensraum im Osten:

„Wir Nationalsozialisten müssen unverrückbar an unserem außenpolitischen Ziel festhalten, nämlich dem deutschen Volk den ihm gebührenden Grund und Boden auf dieser Erde zu sichern. Und diese Aktion ist die einzige, die vor Gott und der deutschen Nachwelt einen Bluteinsatz gerechtfertigt erscheinen lässt. Wenn wir aber in Europa von neuem Grund und Boden reden, können wir in erster Linie nur an Russland und die ihm untertanen Randstaaten denken. Das Riesenreich im Osten ist reif für den Zusammenbruch."

M 4 Antiparlamentarismus und Führerprinzip:

„Die junge Bewegung (= der Nationalsozialismus) ist in ihrem Wesen und ihrer inneren Organisation nach antiparlamentarisch, d. h. sie lehnt ein Prinzip der Mehrheitsentscheidung ab. Die Bewegung vertritt im Kleinsten wie im Größten den Grundsatz der unbedingten Führerautorität, gepaart mit höchster Verantwortung ... Es ist eine der obersten Aufgaben der Bewegung, dieses Prinzip zum bestimmenden nicht nur innerhalb ihrer eigenen Reihen, sondern auch für den gesamten Staat zu machen."

Die nationalsozialistische Weltanschauung

Die Grundgedanken des Nationalsozialismus gehen ganz eindeutig auf Adolf Hitler zurück. In seinem Buch „Mein Kampf" und in unzähligen politischen Reden hatte er immer wieder die Grundelemente seines Welt- und Geschichtsbildes hervorgehoben, die man als Weltanschauung oder Ideologie des Nationalsozialismus bezeichnen kann. **Grundlage aller Überlegungen war Hitlers ausgeprägter Rassismus**: Nach Hitlers Überzeugung bestand die Menschheitsgeschichte aus einem Überlebenskampf verschiedener Rassen. Dabei unterschied er die Arier, zu der die germanischen Rassen gehörten und unter denen wiederum dem deutschen Volk die Führungsrolle zufiel. Weiter gab es seiner Ansicht nach minderwertige Rassen, wie die slawischen Völker Osteuropas, deren Lebensrecht nur darin bestünde, untergeordnete Dienste für die Arier zu verrichten. Besonderen **Hass** entwickelte Hitler **gegen die Juden („Antisemitismus")**. Die „semitische Rasse" war in Hitlers Augen eine Gefahr für die gesamte Menschheit. Die Angehörigen dieser Rasse bezeichnete er als Schädlinge und forderte deren Ausrottung. Hitler sah dabei in der Demokratie, dem Kommunismus und dem Kapitalismus jeweils Werkzeuge des Judentums, um die Welt zu kontrollieren und um gleichzeitig zu verhindern, dass die Arier die ihnen zustehende Führungsrolle einnehmen können.

Nach Hitlers Überzeugung befanden sich die Rassen in einem ständigen Kampf ums Überleben. Er leitete daher aus dem Führungsanspruch des eigenen Volkes auch die Berechtigung ab, Kriege zu führen und andere Rassen zu unterjochen. Geeigneten **„Lebensraum" für das deutsche Volk** sah er dabei **im Osten**, der auf Kosten der slawischen Völker erobert werden müsse. Zugleich konnte auch der Bolschewismus durch einen solchen Krieg ausgerottet werden.

Die angemessene Form, um politische Entscheidungen zu fällen, bestand nach Hitlers Meinung im **Führerprinzip**. Statt parlamentarischer Mehrheitsbeschlüsse sollten alle wichtigen Entscheidungen durch eigens ausgebildete Führerpersönlichkeiten getroffen werden. Der unbedingte Gehorsam der Untergebenen war Pflicht. An der Spitze des Staates sollte Hitler selbst als der „von der Vorsehung zum Führer des deutschen Volkes berufene Anführer" stehen.

Warum begeisterten sich viele für den Nationalsozialismus?

Alle diese Gedanken widersprechen unseren Vorstellungen von Menschenrechten und einer freiheitlich-demokratischen Grundordnung als Garantie für ein friedliches und tolerantes Miteinander aller Menschen. Die Nationalsozialistische Partei faszinierte damals jedoch viele Menschen, da sie **für die schwierigsten Probleme** jener Zeit, wie Wirtschaftskrise und damit verbundene Arbeitslosigkeit sowie für die Zerstrittenheit der Parteien und häufig wechselnde Regierungen **überzeugende Lösungen** bot. Hitlers „Nationalsozialistische Deutsche Arbeiterpartei (NSDAP)" fand so **Wähler und Anhänger in allen Schichten** der Bevölkerung. Der „Führer" selbst konnte durch seine mitreißende Art und seine profihaft einstudierten Reden und Auftritte die Massen für sich gewinnen.

Adolf Hitler (1889–1945) als Führer mit Hakenkreuzfahne. Das Propagandabild aus dem Jahr 1930 zeigt Hitler als Anführer seiner uniformierten Anhänger.
Die Sonnenstrahlen und der stilisierte Vogel sollen Hitler als den von der Vorsehung berufenen Retter Deutschlands darstellen.

Adolf Hitler wurde als Sohn eines Zollbeamten in der österreichischen Stadt Braunau am Inn geboren. Nachdem er am Realgymnasium gescheitert war, wollte er in Wien Kunst studieren, wurde aber abgewiesen. In dieser Zeit las er philosophische, geschichtliche sowie biologisch-rassekundliche Bücher. Aus dieser Lektüre und den Erfahrungen in der Großstadt entwickelte er sein nationalsozialistisches Weltbild. Eine weitere einschneidende Erfahrung war für Hitler der Erste Weltkrieg, den er als Meldegänger an der Front erlebte. Das militärische Prinzip von Befehl und Gehorsam sowie die Kameradschaft unter den Soldaten faszinierten den ohne Arbeit und soziale Bindungen lebenden Hitler. Nach dem Krieg schloss er sich in München rechtsradikalen Gruppen an und wurde bald als begabter Redner in Wirtshäusern und auf Kundgebungen bekannt. Ein erster Putschversuch in München im Jahr 1923 scheiterte aber (s. S. 91 und 93).

3. Adolf Hitler wird Reichskanzler und beseitigt die Demokratie

M1 Erste Maßnahmen der Regierung: Die Reichstagsbrandverordnung vom 28. Februar 1933

Adolf Hitler war am 30. Januar 1933 vom Reichspräsidenten von Hindenburg zum Reichskanzler ernannt worden. Seine Anhänger feierten diesen „Tag der Machtergreifung" im ganzen Reich mit Fackelzügen. Der wahre Charakter der nationalsozialistischen Herrschaft sollte sich zeigen, nachdem am 27. Februar der Reichstag in Brand gesteckt worden war. Die Nationalsozialisten beschuldigten die Kommunisten der Tat. Hitler brachte den Reichspräsidenten dazu, eine „Notverordnung zum Schutz von Volk und Staat" zu erlassen.

a) Aus dem Gesetzestext:

> Verordnung des Reichspräsidenten zum Schutz von Volk und Staat. Vom 28. Februar 1933.
>
> Aufgrund des Artikels 48 Abs. 2 der Reichsverfassung wird zur Abwehr kommunistischer staatsgefährdender Gewaltakte Folgendes verordnet:
>
> § 1
> Die Artikel 114, 115, 117, 118, 123, 124 und 153 der Verfassung des Deutschen Reichs werden bis auf weiteres außer Kraft gesetzt. Es sind daher Beschränkungen der persönlichen Freiheit, des Rechts der freien Meinungsäußerung, einschließlich der Pressefreiheit, des Vereins- und Versammlungsrechts, Eingriffe in das Brief-, Post-, Telegraphen- und Fernsprechgeheimnis, Anordnungen von Haussuchungen und von Beschlagnahme sowie Beschränkungen des Eigentums auch außerhalb der sonst hierfür bestimmten gesetzlichen Grenzen zulässig.
>
> § 2
> Werden in einem Lande die zur Wiederherstellung der öffentlichen Sicherheit und Ordnung nötigen Maßnahmen nicht getroffen, so kann die Reichsregierung insoweit die Befugnisse der obersten Landesbehörde vorübergehend wahrnehmen.

b) So wurden die Maßnahmen in der Presse verkündet (1. März 1933):

1 Erkläre anhand je eines Beispiels, was alles verboten werden konnte bzw. welche Rechte die Polizei hatte!

2 Die Notverordnung wurde während des Wahlkampfs für die Reichstagswahl am 5. März 1933 erlassen. Welchen Vorteil brachte sie der Regierung?

3 Wie wurde die Nachricht im „Völkischen Beobachter" aufgemacht? Welche konkreten Maßnahmen wurden dort bereits angesprochen?

M2 Das „Ermächtigungsgesetz" vom 23. März 1933

Trotz der durch die Reichstagsbrandverordnung gedeckten Verfolgung der politischen Gegner erreichte die NSDAP bei den Wahlen vom 5. März 1933 nicht die absolute Mehrheit. Deshalb legte Hitler dem Reichstag folgenden Gesetzentwurf vor:

„Gesetz zur Behebung der Not von Volk und Reich:
Artikel 1. Reichsgesetze können außer in dem in der Reichsverfassung vorgesehenen Verfahren auch durch die Reichsregierung beschlossen werden.
Artikel 2. Die von der Reichsregierung beschlossenen Reichsgesetze können von der Reichsverfassung abweichen ... Die Rechte des Reichspräsidenten bleiben unberührt."

1 Das Gesetz wurde „Ermächtigungsgesetz" genannt: Wozu ermächtigte es?

2 Warum ist Artikel 1 undemokratisch?

3 Erklärt, welche Folgen sich aus Artikel 2 für die Bürger ergeben können!

Hitler hebt die Grundrechte auf

Am 30. Januar 1933 hatte Reichspräsident von Hindenburg nach langem Zögern und auf Drängen seiner Berater **Adolf Hitler zum Reichskanzler ernannt**. Da die NSDAP im Reichstag nicht über die absolute Mehrheit verfügte, musste Hitler wie seine Vorgänger im Amt mithilfe von Notverordnungen nach Art. 48 der Weimarer Verfassung regieren. Hitler war jedoch von Anfang an darauf aus, eine Diktatur zu errichten und die Demokratie zu beseitigen. Einen willkommenen Anlass bot der Brand des Reichstagsgebäudes in Berlin in der Nacht vom 27. auf den 28. Februar 1933. Die Nationalsozialisten bezichtigten die Kommunisten der Tat und hatten damit einen Vorwand gefunden, um gegen ihre politischen Gegner vorzugehen. Schon am 28. Februar erreichte Hitler von Hindenburg die Zustimmung zur **„Notverordnung zum Schutz von Volk und Staat"**. Damit waren die Grundrechte der Weimarer Republik außer Kraft gesetzt. Nun konnten Zeitungen verboten, Briefe geöffnet und Telefone abgehört werden. Streiks und Demonstrationen durften jederzeit verboten oder aufgelöst und die Teilnehmer verhaftet werden. Die Polizei, die den nationalsozialistischen Ministern Frick und Göring unterstand, machte im Wahlkampf zur Reichstagswahl am 5. März 1933 in unzähligen Fällen von den neuen Rechten Gebrauch: Zusammen mit Schlägertrupps der nationalsozialistischen **SA** („Sturmabteilung") und **SS** („Schutzstaffel") behinderten und sprengten sie Versammlungen der anderen Parteien, besonders die der SPD und KPD. Missliebige Politiker wurden verprügelt, verhaftet oder umgebracht. Dazu hatte man eigens „schwarze Listen" mit Namen und Adressen vorbereitet.

Eine weitsichtige Karikatur aus dem Berliner Blatt „Der wahre Jakob" vom 27. Februar 1932: Hitler kommt zwar „legal" (= gemäß der Verfassung) an die Macht, seine Schlägertrupps stehen jedoch schon bereit, um die politischen Gegner zu überfallen und die Republik zu beseitigen.

Hitler errichtet die nationalsozialistische Diktatur

Trotz der Verfolgungsmaßnahmen erreichte die NSDAP am 5. März nicht die absolute Mehrheit der Stimmen. Hitler hatte sein Ziel, unumschränkt und allein zu regieren, verfehlt. Er musste nun zu anderen Mitteln greifen. Dazu legte er dem Reichstag einen Gesetzentwurf vor, der kurz darauf **„Ermächtigungsgesetz"** genannt wurde. Er sah vor, dass die gesetzgebende Gewalt vom Reichstag auf die Reichsregierung überging. Danach sollte der Reichstag seine Zustimmung dazu geben, dass Hitler in Zukunft Gesetze ohne das Parlament erlassen könne und dass diese Gesetze nicht im Einklang mit der Verfassung stehen müssten. Das war gleichbedeutend mit dem **Ende der Demokratie und der verfassungsgemäßen Ordnung**. Dennoch stimmten am 23. März zwei Drittel der anwesenden Abgeordneten zu. Dies war nur möglich geworden, weil die kommunistischen Abgeordneten bereits verhaftet und alle anderen durch SA- und SS-Einheiten vor der Abstimmung so eingeschüchtert worden waren, dass sie es – bis auf die Abgeordneten der SPD – nicht wagten, gegen ihre eigene Entmachtung und für das Ende der Demokratie zu stimmen.

Zwei Monate nach seiner Ernennung zum Reichskanzler war Hitler am Ziel. Die demokratische Ordnung war beseitigt, die Grundrechte waren außer Kraft gesetzt. Lediglich auf die Person des Reichspräsidenten von Hindenburg musste Hitler noch Rücksicht nehmen. Er allein hätte es noch in der Hand gehabt, Hitler zu entlassen.

Hitler in Zivil bei der Eröffnung des Reichstags am 21. März 1933. Er spielte für die Öffentlichkeit den braven Staatsmann, der sich der Autorität des Reichspräsidenten von Hindenburg beugt. Hinter Hitler mit Stahlhelm der spätere Reichsmarschall Hermann Göring.

4. „Gleichschaltung" und Propaganda im nationalsozialistischen Deutschland

M1 In der nationalsozialistischen Diktatur sollte der Wille des Führers uneingeschränkt gelten. Um dies zu erreichen, wurden alle politischen und gesellschaftlichen Einrichtungen „gleichgeschaltet". Wer sich dem widersetzte, wurde in „Schutzhaft" genommen.

Beispiele hierfür:

April 1933 Gesetz zur Gleichschaltung der Länder: „In den deutschen Ländern ernennt der Reichspräsident auf Vorschlag des Reichskanzlers Reichsstatthalter ... Dem Reichsstatthalter stehen folgende Befugnisse zu: 1. Ernennung und Entlassung des Vorsitzenden der Landesregierung ... 2. Auflösung des Landtags und Anordnung der Neuwahl."

April 1933 aus dem Tagebuch von Joseph Goebbels (Propagandaminister): „Im Reichskabinett ist die Autorität des Führers nun ganz durchgesetzt. Abgestimmt wird nicht mehr. Der Führer entscheidet."

Am 2. Mai werden die Gewerkschaftshäuser besetzt. Gleichschaltung auch auf diesem Gebiet. „In Schutzhaft genommen werden alle Verbandsvorsitzenden, die Bezirkssekretäre ..."

Juni/Juli 1933 „Versammlungen der SPD werden nicht mehr erlaubt. Das Vermögen der SPD wird beschlagnahmt. In Deutschland besteht als einzige Partei die Nationalsozialistische Deutsche Arbeiterpartei. Wahlen werden durch Volksabstimmungen ersetzt."

August 1934 Diensteid der Soldaten der Wehrmacht: „Ich schwöre bei Gott diesen heiligen Eid, dass ich dem Führer des Deutschen Reichs und Volkes Adolf Hitler, dem Obersten Befehlshaber der Wehrmacht, unbedingten Gehorsam leisten und als tapferer Soldat bereit sein will, jederzeit für diesen Eid mein Leben einzusetzen."

1 In welchen Bereichen sollte der uneingeschränkte Wille des Führers gelten bzw. war die NSDAP die einzige Macht?

2 Sucht nach Gründen, warum nur wenige Deutsche gegen diese Maßnahmen protestierten oder Widerstand leisteten!

M2 Propagandaplakat aus dem Jahr 1936:

Der „Volksempfänger" war ein Radiogerät, das extra zu günstigen Preisen angeboten wurde, um möglichst viele Menschen mit Propagandasendungen erreichen zu können.

M3 Durch die Kontrolle über die Medien und die gezielte Beeinflussung der Bevölkerung (= Propaganda) hoffte Hitler, das ganze deutsche Volk für den Nationalsozialismus gewinnen zu können. Er schuf dazu eigens ein „Ministerium für Volksaufklärung und Propaganda". Der Leiter des Ministeriums, Joseph Goebbels, äußerte sich 1933 zu seinen Aufgaben: „Es genügt nicht, die Menschen mit unserem Regiment mehr oder weniger auszusöhnen, sondern wir wollen die Menschen so lange bearbeiten, bis sie uns verfallen sind.
Im Laufe der Zeit haben wir auf allen Gebieten, namentlich der Technik, revolutionäre Umwälzungen vollzogen. Wir leben heute im Zeitalter des Rundfunks, der großen Massendemonstrationen; Massenaufmärsche von hundert-, zweihundert- oder dreihunderttausend Menschen sind für uns nichts Unerreichbares mehr."

1 Welches Ziel hatte Goebbels vor Augen (M2 und M3)?

2 Welches Medium schien ihm dafür besonders geeignet? Wie sollte es nutzbar gemacht werden?

3 Welche weiteren Maßnahmen hielt er für geeignet?

4 Informiert euch, was der Begriff „Propaganda" bedeutet! Schreibt eine Definition in euer Heft! Ist die Kombination mit dem Begriff „Aufklärung" zutreffend?

Der „Wille des Führers" soll alle Lebensbereiche durchdringen

Nach dem Tod des Reichspräsidenten von Hindenburg im Jahr 1934 vereinte Hitler die Ämter des Kanzlers und Reichspräsidenten und gab sich den Titel **„Führer und Reichskanzler".** Er übernahm den Oberbefehl über die Wehrmacht, die er persönlich auf seine Person vereidigte. Hitler war entschlossen, alle staatlichen und gesellschaftlichen Einrichtungen den Zielen der nationalsozialistischen Bewegung unterzuordnen. Wo dies nicht möglich war, schaffte er die Einrichtungen ab. Hitler nannte dies **„Gleichschaltung"**. Damit sollte zum Ausdruck kommen, dass alle untergeordneten Stellen bedingungslos den Willen des Führers und Reichskanzlers auszuführen hätten.

So wurden 1933 und 1934 zunächst alle politischen Parteien bis auf die NSDAP abgeschafft. In den Parlamenten saßen nur noch Nationalsozialisten, die die Gesetze und Maßnahmen Hitlers beklatschten. Kritik war nicht mehr erlaubt. Die Länderparlamente wurden aufgelöst, an der Spitze der Länder standen nun von Hitler eingesetzte „Reichsstatthalter", die dem Innenministerium direkt untergeordnet waren. **Neben den staatlichen Einrichtungen** gab es im Reich auch den **Verwaltungsapparat der NSDAP.** So wurde das Reich in Gaue eingeteilt, mit „Gauleitern" an der Spitze. Ihnen unterstanden die Kreisleiter und unter diesen standen wiederum die Ortsgruppenleiter. Wahlen wurden durch Volksabstimmungen ersetzt.

Auch Streiks für mehr Arbeiterrechte oder höhere Löhne gehörten der Vergangenheit an. Gewerkschaften und Arbeiterorganisationen waren verboten und durch nationalsozialistische Organisationen wie **„Kraft durch Freude"** und **„Deutsche Arbeitsfront"** ersetzt worden.

Allen Bürgern, die sich diesen Maßnahmen widersetzen, drohte die **„Schutzhaft".** Das heißt, sie wurden ohne Haftbefehl festgenommen und auf unbestimmte Zeit in eigens errichtete „Konzentrationslager" gesperrt (s. S. 126ff.).

Das „Reichsministerium für Volksaufklärung und Propaganda"

Im März 1933 geschaffen, sollte dieses Ministerium unter der Führung von Joseph Goebbels die öffentliche Meinung so steuern, dass die Maßnahmen der Nationalsozialisten nicht nur akzeptiert, sondern begeistert unterstützt wurden. Alle Meldungen in **Presse und Rundfunk unterlagen** deshalb **einer strengen Zensur.** Nur über Erfolge des neuen Regimes durfte berichtet werden. Gleichzeitig wurde der Hass auf politische Gegner geschürt. Allen Anhängern sollte durch groß aufgezogene **Massenveranstaltungen**, wie etwa die seit 1934 in Nürnberg stattfindenden Reichsparteitage, das Gefühl vermittelt werden, Geborgenheit in einer neuen „Volksgemeinschaft" zu finden. Diese sollte bedingungslos dem Führer vertrauen und seinen Befehlen gehorchen.

Schon bald nach der Ernennung Hitlers zum Reichskanzler begann das Propagandaministerium Künstler zu überwachen und ihre Werke zu zensieren. In der **Reichskulturkammer** waren bildende Künstler, Wissenschaftler, Schriftsteller, Schauspieler und Musiker, die in Deutschland arbeiteten, zusammengeschlossen, um sie nach nationalsozialistischen Vorstellungen „auszurichten".

Begeisterte Anhänger jubeln dem Führer zu. Solche Propagandafotos wurden ständig verbreitet, um die Beliebtheit des Führers zu zeigen.

Öffentliche Bücherverbrennungen fanden in vielen deutschen Städten statt. Seit 1933 herrschte in Deutschland eine strenge Zensur: Missliebige Künstler und Schriftsteller erhielten Berufsverbot; ihre Bücher und Bilder wurden aus den Bibliotheken und Galerien verbannt. Betroffen waren u. a. die Schriftsteller Thomas und Heinrich Mann, Bertolt Brecht und Erich Maria Remarque sowie die Maler Otto Dix und Max Beckmann. Viele dieser Künstler wanderten daraufhin aus, um im Exil ihre Tätigkeit fortsetzen zu können (= äußere Emigration), einige blieben und lebten zurückgezogen, von der Gesellschaft isoliert (= innere Emigration). Es gab aber auch Künstler, wie Kurt Tucholsky oder Stefan Zweig, die in ihrer Ausweglosigkeit Selbstmord verübten.

5. Die Nationalsozialisten versuchen Kinder und Jugendliche in ihrem Sinn zu prägen

M1 Hitlers Vorstellungen von einer „nationalsozialistischen Jugend" (Auszüge aus einer Rede, gehalten 1938):

„Die Knaben kommen vom Jungvolk in die Hitlerjugend, und dort behalten wir sie wieder vier Jahre ... dann nehmen wir sie sofort in die Partei oder in die Arbeitsfront. Und wenn sie dort noch nicht ganz Nationalsozialisten geworden sein sollten, dann kommen sie in den Arbeitsdienst und werden dort wieder sechs oder sieben Monate geschliffen. Und dann nehmen wir sie, damit sie auf keinen Fall rückfällig werden, sofort wieder in die SA, SS und so weiter, und sie werden nicht mehr frei, ihr ganzes Leben, und sie sind glücklich dabei."

Auszüge aus Hitlers Buch „Mein Kampf":
„Analog der Erziehung des Knaben kann der völkische Staat auch die Erziehung des Mädchens leiten. Auch dort ist das Hauptgewicht vor allem auf die körperliche Ausbildung zu legen, erst dann auf die Förderung der seelischen und zuletzt geistigen Werte. Das Ziel der weiblichen Erziehung hat unverrückbar die kommende Mutter zu sein."

„Meine Pädagogik ist hart. Das Schwache muss weggehämmert werden. (Es) wird eine Jugend heranwachsen, vor der sich die Welt erschrecken wird. Eine gewalttätige, herrische, unerschrockene, grausame Jugend will ich. Es darf nichts Schwaches und Zärtliches an ihr sein."

1 Welche Ziele verfolgte der Nationalsozialismus bei der Erziehung? Gibt es Unterschiede zwischen Mädchen und Jungen? Zitiere die entsprechenden Stellen!

2 Mit welchen Mitteln wollte man diese Ziele erreichen?

3 Schlagt in der Bayerischen Verfassung nach, welche Erziehungsziele der Freistaat Bayern heute vorsieht!

1 Woran erinnern Kleidung und Übungen?

2 Was konnte Jugendliche an dieser Art staatlicher Erziehung faszinieren, was abgestoßen haben? Versetzt euch in die Lage eines Mädchens oder Jungen der damaligen Zeit! Bezieht auch den darstellenden Text auf der nächsten Seite mit ein!

3 Diskutiert darüber, warum sich besonders Jugendliche oft von radikalen Weltanschauungen und Ideen begeistern lassen! Sucht dazu Beispiele aus der Gegenwart (z.B. in Zeitungen)!

M2 Bilder aus dem Alltag der „Hitlerjugend" bzw. des „Bundes Deutscher Mädels" (BDM):

Schießübung

Wer nicht sauber putzte, wurde bestraft.

Eine Gruppe „Bund Deutscher Mädel" (BDM)

Jugendliche sollen willige Werkzeuge des Nationalsozialismus werden

Hitler wollte aus den Kindern und Jugendlichen begeisterte Nationalsozialisten machen. So sollten alle Mädchen und Jungen im Alter von 10 Jahren ins **„Jungvolk"** oder zu den **„Jungmädel"**. Ab 14 Jahren kamen sie dann zur **„Hitlerjugend" (HJ)** bzw. zum **„Bund Deutscher Mädel" (BDM)**. Die Eltern wurden unter Druck gesetzt, ihre Kinder in den NS-Organisationen anzumelden. Gleichzeitig verbot man alle anderen Jugendorganisationen (z. B. die Pfadfinder). In der HJ oder beim BDM hatten Jungen wie Mädchen Uniformen zu tragen. Auf den regelmäßig stattfindenden Schulungsabenden und Zeltlagern wurden die Kinder und Jugendlichen im Sinn des Nationalsozialismus erzogen. Neben der Schulung der nationalsozialistischen Weltanschauung legte man großen Wert auf Disziplin, Befehl und Gehorsam sowie körperliche Ertüchtigung. Bei den Jungen standen zudem Geländemärsche, Werfen mit (Übungs-)Handgranaten und Schießen auf dem Stundenplan. Für die Mädchen gab es Kurse im Kochen, Handarbeiten und in der Kinderpflege. So wurden die **Jungen auf ihre künftige Rolle als Soldaten, die Mädchen auf ihre Aufgabe als Hausfrau und Mutter** vorbereitet. Viele Jugendliche waren von dem Gemeinschaftsgeist und dem vielfältigen Sport- und Freizeitprogramm tatsächlich begeistert. Andere dagegen wurden von dem militärischen Drill und den als öde empfundenen Schulungsabenden abgestoßen. Wegen des großen Drucks, der in der Schule und auch in der Öffentlichkeit auf die Kinder/Jugendlichen und deren Eltern erzeugt wurde, traten jedoch die meisten diesen Organisationen bei.

Werbeplakat für die HJ aus dem Jahr 1938. Die künftige Bestimmung der Jungen wird nur zu deutlich.

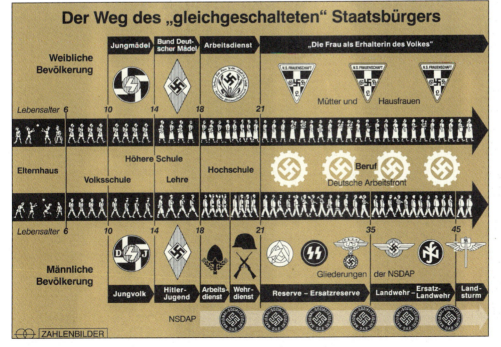

Der von der NSDAP vorgezeichnete Weg der Menschen im NS-Staat. Sie wurden tatsächlich nicht mehr „frei". Durch die ständige Ein- und Unterordnung sollte den Menschen bewusst werden, dass nicht das Individuum, sondern der nationalsozialistische Staat im Mittelpunkt steht, gemäß dem Motto: „Du bist nichts, dein Volk ist alles!"

6. Die nationalsozialistische Wirtschaftspolitik bereitet den Krieg vor

M1 Die Ziele der Wirtschaftspolitik Hitlers

Im September 1936 verkündete Hitler den zweiten „Vierjahresplan" für die deutsche Wirtschaft:
„In vier Jahren muss Deutschland in all jenen Stoffen vom Ausland völlig unabhängig sein, die irgendwie durch die deutsche Fähigkeit, durch unsere Chemie und Maschinenindustrie sowie durch unseren Bergbau beschafft werden können."
In einer geheimen Denkschrift zu diesem Vierjahresplan ergänzte Hitler:
„Wir sind übervölkert und können uns auf der eigenen Grundlage nicht ernähren. Die endgültige Lösung liegt in einer Erweiterung des Lebensraumes bzw. der Rohstoff- und Ernährungsbasis unseres Volkes ... Und ich stelle daher folgendes Programm auf: Ich halte es für notwendig, dass nunmehr mit eiserner Entschlossenheit auf allen Gebieten eine 100-prozentige Selbstversorgung eintritt, auf denen dies möglich ist. Ich stelle folgende Aufgabe:
1. Die deutsche Armee muss in vier Jahren einsatzbereit sein.
2. Die deutsche Wirtschaft muss in vier Jahren kriegsfähig sein."

1 Welche dir bereits bekannte Propagandalüge dient hier der Begründung für die wirtschaftlichen Ziele Hitlers?

2 Fasse diese Ziele mit eigenen Worten zusammen!

3 Warum wird hier der verbrecherische Charakter der Politik Hitlers erneut deutlich?

M2 1933 gab es in Deutschland 6 Millionen Arbeitslose. Innerhalb weniger Jahre gelang es Hitler, in Deutschland Vollbeschäftigung zu erreichen. Die statistischen Daten zeigen, wie dies möglich war und welche Folgen dies hatte.

1 In welche Bereiche investierte der Staat vor allem? Wozu führte dies?

2 Weise nach, dass der Lebensstandard in den 30er Jahren sank!

3 Warum waren trotzdem so viele Menschen mit dem NS-Regime zufrieden?

a) Öffentliche Investitionen in Milliarden Reichsmark:

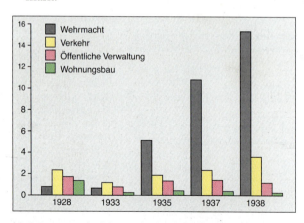

b) Staatsverschuldung des Deutschen Reichs in Milliarden:

1945	380
1939	30
1932	11,4

c) Durchschnittlicher Jahresverbrauch in einem Vier-Personen-Arbeiterhaushalt:

	1928	1937
Fleisch (kg)	146,5	118,5
Eier (Stück)	472	258
Milch (l)	481	358
Fette (kg)	55,4	37,3
Kartoffeln (kg)	507,8	530,3
Gemüse (kg)	127,3	117,8
Obst (kg)	96,2	64,9

d) Entwicklung der Tarifstundenlöhne (in Pfennig):

	1929	1932	1936	1939
Facharbeiter	101,1	81,6	78,3	79,1
Hilfsarbeiter	79,4	64,4	62,3	62,8
Facharbeiterin	63,4	53,1	51,6	51,5
Hilfsarbeiterin	52,7	43,9	43,4	44,0

Wirtschaftspolitik im Dienst der Kriegsvorbereitung

Hitler verfolgte mit seiner Wirtschaftspolitik ein Hauptziel: Die deutsche Wirtschaft sollte ebenso wie die Wehrmacht und der Staat als Ganzes bis spätestens 1940 kriegsfähig sein. Dazu kam es ihm vor allem darauf an, dass das Deutsche Reich möglichst autark sein sollte. Das heißt, das Deutsche Reich sollte sich in möglichst vielen Bereichen (Nahrung, Rohstoffe) selbst versorgen können. Dazu erließ er das **Reichserbhofgesetz**, das verbot, landwirtschaftlichen Besitz im Todesfall auf verschiedene Erben zu verteilen. Damit wollte man verhindern, dass der Besitz zersplittert und somit unproduktiv wurde und Bauern in die Industrie abwandern. Zusammen mit einem Programm zur „Entschuldung" der teils hoch verschuldeten Bauerngüter sollte die landwirtschaftliche Produktion und damit die Eigenversorgungsquote des Reichs mit Nahrungsmitteln gesteigert werden. Auch **bei der industriellen Produktion** strebte Hitler eine **größere Autarkie** an. So wurde die Erzeugung kriegswichtiger Rohstoffe wie Benzin aus heimischer Steinkohle oder Stahl aus deutschen Erzvorkommen gefördert. Die Produktion in staatlichen Betrieben war zwar teurer als die Einfuhr der entsprechenden Rohstoffe, Hitler ging es jedoch darum die Versorgung im Kriegsfall zu sichern, wenn z.B. der Feind die Zufuhr von außen blockieren sollte.

Hitler beseitigt die Arbeitslosigkeit durch staatliche Investitionen

Hitler hatte versprochen die Wirtschaftskrise zu bewältigen und die Arbeitslosigkeit (6 Millionen Menschen im Jahr 1933) zu beseitigen. Dies gelang ihm tatsächlich: Im Jahr 1938 herrschte im Deutschen Reich praktisch Vollbeschäftigung. Wie kam dieser Erfolg zustande und welchen Preis forderten seine Maßnahmen?

Nachdem die Gewerkschaften beseitigt waren, konnten die Löhne staatlicherseits festgesetzt werden. Das **Arbeitsordnungsgesetz** vom Januar 1934 brachte für die meisten Arbeiter und Angestellten **niedrigere Löhne**. Gleichzeitig wurde die Arbeitszeit von rund 40 auf 44 Stunden heraufgesetzt. Damit sanken die Lohnkosten für die Industrie. Für die meisten Arbeiter und Angestellten bedeutete dies zwar einen geringeren Lebensstandard, im Vordergrund stand aber für viele überhaupt wieder Arbeit zu haben. Auch die **Einführung der allgemeinen Wehrpflicht** und die Schaffung des „Reichsarbeitsdienstes" (1/2 Jahr Arbeitsdienst für Männer und Frauen zwischen 18 und 21 Jahren) entlasteten den Arbeitsmarkt.

Außerdem wurden die **staatlichen Investitionen stark ausgeweitet**. Im Gegensatz zur nationalsozialistischen Propaganda geschah dies jedoch weniger im Straßenbau (Reichsautobahnen als „Straßen des Führers") oder im sozialen Wohnungsbau, sondern vor allem in der **Rüstung**. Hier stiegen die Ausgaben kontinuierlich an. Im Jahr 1938 betrugen sie 74% der öffentlichen Gesamtausgaben. Die Staatsverschuldung nahm bis 1939 bedrohliche Ausmaße an. Hitler nahm dies bedenkenlos in Kauf. Nach dem siegreich beendeten Krieg, so kalkulierte er, sollten die Kriegsgegner alle Schulden begleichen.

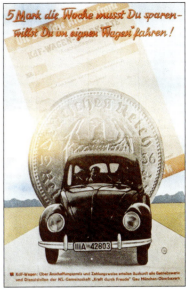

„Kraft durch Freude" (KdF). Anstelle der verbotenen Gewerkschaften sollte diese Organisation die Arbeiter durch Reisen und andere Freizeitangebote zufrieden stellen. Für den KdF-Wagen (später als „Käfer" bekannt geworden) sollten die Deutschen 4 Jahre lang 5 Mark in der Woche ansparen. Tatsächlich fertigte man jedoch Kübelwagen für die Wehrmacht.

Panzer werden in Großserie gefertigt.

7. Verfolgung und Widerstand bis 1939

1 Welche Aufgabe hatte die Gestapo? Warum war sie besonders gefürchtet?

2 Welche „Vergehen" hatten sich die Festgenommenen zuschulden kommen lassen? Wie interpretierst du den Begriff „Schutzhaft"?

3 Gebt stichpunktartig eine Geschichte des Konzentrationslagers Dachau wieder (Bibliothek, Internet)!

M1 Die Verfolgung politischer Gegner

Politische Gegner wurden durch die Gestapo (Geheime Staatspolizei), eine Unterorganisation der SS, deren Führer Heinrich Himmler war, verfolgt. Die Beamten der Gestapo konnten Menschen ohne richterlichen Haftbefehl für unbestimmte Zeit in „Schutzhaft" nehmen und einsperren lassen. Sie waren nur der NSDAP-Führung verantwortlich. Gestapoleute waren in der Bevölkerung sehr gefürchtet.

a) Konzentrationslager Dachau:

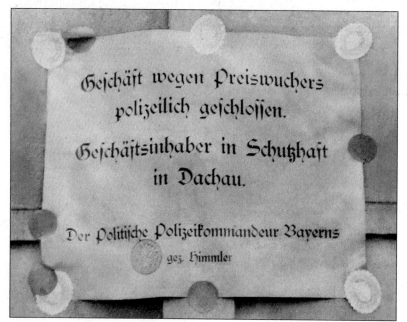

b) Der Jurist Dr. Best zur Aufgabe der Gestapo:
„Jeder Versuch, eine andere politische Auffassung durchzusetzen oder auch nur aufrechtzuerhalten, wird als Krankheitserscheinung ausgemerzt."

c) Aus geheimen Berichten der Gestapo:
„September 1935: Verschiedene Personen mussten in Schutzhaft genommen werden wegen Beleidigung des Herrn Reichskanzlers und der nationalen Regierung."
„Februar 1937: Auf einer Baustelle der Reichsautobahnstrecke Nürnberg-München haben die Maschinisten und Heizer die Arbeit niedergelegt, um höhere Löhne zu erzwingen. Sie wurden in Schutzhaft genommen und durch andere Arbeiter ersetzt."

Die Einweisung ins KZ Dachau wurde nicht verschwiegen. Die Warnung „Halt's Maul, sonst kommst nach Dachau!", verdeutlicht, dass sich die Bevölkerung auch der besonderen Gefahr bewusst war, die den „Schutzhäftling" erwartete.

1 Hitler bezeichnete sein Vorgehen als „Staatsnotwehr"; welche Gefahr sah er dagegen wirklich?

2 Begründe, dass die Tat und ihre Begründung unseren heutigen Vorstellungen von einem Rechtsstaat widersprechen!

M2 Beseitigung innerparteilicher Gegner

Auch in seiner Partei herrschte Hitler unumschränkt. Als ihm sein langjähriger Gefährte Ernst Röhm, der Chef der SA (= Schutzabteilung), eine Art uniformierter Parteiarmee, die 1934 ca. 3 Millionen Mitglieder hatte, zu mächtig wurde, ließ Hitler ihn und die gesamte SA-Führung am 30. Juni 1934 festnehmen. Röhm wurde einen Tag später erschossen. Dies war Auftakt zu einer dreitägigen Mordaktion im ganzen Reich (offizielle Angaben sprechen von 87 Ermordeten, die tatsächliche Zahl dürfte weit höher liegen). Hitler erließ im Nachhinein folgendes Sondergesetz:
„Die Reichsregierung hat das folgende Gesetz beschlossen: Die am 30. Juni, 1. und 2. Juli 1934 vollzogenen Maßnahmen sind als Staatsnotwehr rechtens."

M3 Die jüdischen Bürger wurden verfolgt und ausgegrenzt.

In den Juden sah Hitler die Hauptfeinde des Nationalsozialismus (s. S. 116f.); daher schikanierten die Nazis sie in vielfacher Weise.

a) Im Jahr 1935 erließ die NS-Regierung während eines Parteitags in Nürnberg das „Gesetz zum Schutz des deutschen Blutes und der deutschen Ehre":

§ 1 Eheschließungen zwischen Juden und Staatsangehörigen deutschen oder artverwandten Blutes sind verboten. Trotzdem geschlossene Ehen sind nichtig, auch wenn sie zur Umgehung dieses Gesetzes im Ausland geschlossen sind …

§ 2 Außerehelicher Verkehr zwischen Juden und Staatsangehörigen deutschen oder artverwandten Blutes ist verboten.

§ 3 Juden dürfen weibliche Staatsangehörige deutschen oder artverwandten Blutes unter 45 Jahren nicht in ihrem Haushalt beschäftigen.

§ 4 Juden ist das Hissen der Reichs- und Nationalflagge und das Zeigen der Reichsfarben verboten …

b) Alltag in der Schule:

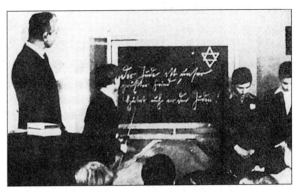

Die jüdischen Klassenkameraden müssen vor ihren Mitschülern antreten. Ein anderer Schüler liest von der Tafel ab: „Der Jude ist unser größter Feind! Hütet euch vor den Juden!"

1 Welches Schicksal drohte Menschen, die gegen die „Nürnberger Gesetze" verstießen?

2 Wie konnte der Staat Kenntnis von diesen Fällen erlangen?

3 Versetzt euch in die Szene im Klassenzimmer: Was werden die jüdischen Schüler empfunden haben, was ihre Mitschüler?

M4 Gewerkschaftlicher und kirchlicher Widerstand

Nicht alle Deutschen waren Nazis, aber nur wenige Organisationen hatten den Mut zu offener Kritik.

a) Aufruf an die deutschen Eisenbahner:

b) Aus einer Denkschrift der Leitung der Deutschen Evangelischen Kirche 1936:

„Wenn hier Blut, Rasse, Volkstum und Ehre den Rang von Ewigkeitswerten erhalten, so wird der evangelische Christ durch das erste Gebot gezwungen, diese Bewertung abzulehnen. Wenn den Christen ein Antisemitismus aufgedrängt wird, der zum Judenhass verpflichtet, so steht für ihn dagegen das christliche Gebot der Nächstenliebe."

1 Wer übt hier jeweils Kritik am Nationalsozialismus?

2 Was wird dabei besonders kritisiert?

3 Warum blieb der Widerstand gegen Hitler praktisch wirkungslos?

Illegales Flugblatt aus dem Jahr 1936

Totalitäre Herrschaft und Zweiter Weltkrieg

Frühjahr 1933: Politische Gegner werden von Polizei und „Hilfspolizisten" aus der SA und SS gefangen genommen, misshandelt, oft auch umgebracht.

Der Rechtsstaat hatte aufgehört zu existieren. Wer sich über gesetzwidrige Aktionen von Polizei oder Parteimitgliedern beschwerte, musste damit rechnen, wie dieser Bürger, verhöhnt und gedemütigt zu werden.

Hitlers Willkürherrschaft

Rechtssicherheit gab es im Dritten Reich keine mehr. Zwar existierten die „normale" Polizei und die ordentlichen Gerichte weiter, es konnte aber jederzeit vorkommen, dass ein dort Freigesprochener von der Gestapo noch aus dem Gerichtssaal heraus in „Schutzhaft" genommen wurde. Andererseits durften die Justizbehörden bei Gesetzesverstößen von Parteimitgliedern, besonders bei Angehörigen der SA oder SS, oft auf Druck von oben nicht ermitteln. Dies geschah zum Beispiel, als die Staatsanwaltschaft München wegen der zahlreichen ungeklärten Todesfälle im Konzentrationslager Dachau Nachforschungen anstellen wollte. Der Chef der SS, Heinrich Himmler, ließ sofort alle Untersuchungen stoppen. **Hitler selbst fühlte sich an keinerlei Recht gebunden.** Als sein langjähriger Freund und Gefährte Ernst Röhm ihm gefährlich zu werden drohte, ließ er ihn und viele andere echte oder vermeintliche Gegner in einer dreitägigen, im ganzen Reich durchgeführten Mordaktion umbringen. Die „Genehmigung" dazu erteilte er sich im Nachhinein selbst, indem er ein entsprechendes Gesetz erließ, das den staatlich angeordneten Mord für rechtmäßig erklärte.

Gestapo und Konzentrationslager

Millionen Deutsche waren begeisterte Anhänger Hitlers, es fehlte jedoch nicht an politischen Gegnern. Um gegen diese effektiv vorgehen zu können, wurde die Gestapo geschaffen. Als Unterorganisation der SS hatte sie weit reichende Vollmachten. Verdächtige konnten ohne einen richterlichen Haftbefehl festgenommen und auf unbestimmte Zeit in „Schutzhaft" genommen werden. Dieser Begriff sollte zum Ausdruck bringen – so die höhnische Begründung –, dass die Betroffenen vor dem Volkszorn geschützt werden müssten. Schon in den ersten Wochen der nationalsozialistischen Herrschaft wurden **Tausende verhaftet.** Vorbereitete „schwarze Listen" mit den Adressen von **Gewerkschaftsmitgliedern, Mitgliedern der SPD oder KPD** und anderen Regimegegnern erleichterten der Gestapo die Arbeit. Später trug ein dichtes Netz von Agenten und Spitzeln dazu bei, Gegner oder Kritiker des Regimes einzusperren. Eine unvorsichtige Äußerung im Kreise der Familie, das Hören eines ausländischen Radiosenders oder das Erzählen von Witzen über Hitler, Göring oder Goebbels konnte schon zu einer „Schutzhaft" führen. Die Opfer wurden zunächst in improvisierte Lager gebracht oder aber in den Kellern der Gestapo-Hauptquartiere gefangen gehalten, gefoltert und auch umgebracht. Schon bald aber gab es dafür eigens errichtete „Konzentrationslager". Das erste wurde im **März 1933** in **Dachau** eröffnet. Es war zunächst für 5000 Gefangene ausgelegt, später wurde es weiter ausgebaut. In den Konzentrationslagern zwang man die Häftlinge bei unzureichender Ernährung zu unmenschlich harten Arbeiten. SS-Wachmannschaften schikanierten und quälten die Häftlinge. Während der zwölf Jahre seines Bestehens überlebten im Konzentrationslager Dachau über 30000 Häftlinge diese Behandlung nicht.

Die jüdischen Mitbürger werden ausgegrenzt und verfolgt

In „den Juden" sah Hitler den Hauptfeind der „arischen" Deutschen (s. S. 116f.). Um festzustellen, welcher Deutsche jüdische Vorfahren hatte, führte er den **„Ariernachweis"** ein. Mit diesem Dokument hatten alle Deutschen ihre „arische", also nicht-jüdische, Herkunft nachzuweisen. Die staatliche Überprüfung geschah durch Nachforschungen bei den Einwohnerämtern und den Pfarrgemeinden. Wer jüdische Vorfahren hatte, verlor nach und nach wichtige Rechte: Jüdische Beamte wurden zwangspensioniert, jüdische Ärzte und Rechtsanwälte verloren ihre Berufszulassung. Juden durften nicht mehr Mitglieder in deutschen Sportvereinen sein, keine Theater, Schwimmbäder oder sonstige öffentliche Einrichtungen betreten. Die **„Nürnberger Gesetze"** (u. a. das „Gesetz zum Schutz des deutschen Blutes und der deutschen Ehre" 1935) verboten fast jeden privaten Kontakt zwischen Juden und Deutschen. So wurden die Deutschen jüdischer Abstammung mehr und mehr isoliert. Ab 1939 wurden die Pässe von Juden mit einem „J" gekennzeichnet (s. S. 144). Als Geschäftsinhabern drohte man den Juden mit Boykott ihrer Waren oder Zerstörung der Geschäfte. In den Schulen und auf der Straße waren sie dem Hohn und dem Spott ihrer Mitbürger ausgesetzt. Einen **ersten Höhepunkt** erreichte die **Judenhetze in der „Reichspogromnacht"** vom 9. zum 10. November 1938 (Pogrom = Hetze, Ausschreitungen gegen Minderheiten). In einer landesweit vorbereiteten Aktion wurden dabei 267 Synagogen (jüdische Gotteshäuser) und über 7500 jüdische Geschäfte zerstört und geplündert. Der Sachschaden betrug mehrere hundert Millionen Reichsmark. 91 Menschen kamen ums Leben, über 26000 Juden wurden in Konzentrationslager gesperrt. Während die Nationalsozialisten höhnisch-beschönigend von der „Reichskristallnacht" sprachen (wegen des hohen Glasschadens), bezeichnen wir heute diese Aktion als „Reichspogromnacht". Viele Juden kehrten nach diesem Ereignis ihrer Heimat den Rücken und wanderten aus. Bis Ende 1938 hatten von den 562000 Juden, die 1933 im Deutschen Reich lebten, 220000 ihre Heimat aufgegeben.

Solche Schilder wurden damals auch in vielen Ortschaften Bayerns aufgestellt.

Widerstand gegen Hitler

In Deutschland herrschten **Terror** und **Willkür**. Durch die Gleichschaltung waren sämtliche wichtigen Bereiche unter der Kontrolle der Nationalsozialisten. Viele Menschen hatten Angst, versuchten sich so weit wie möglich anzupassen und nicht aufzufallen. Da Hitler innen- und außenpolitisch Erfolge erzielte (s. S. 124f. und 130ff.), schwenkten auch viele Deutsche, die anfangs den Nationalsozialisten kritisch oder gleichgültig gegenüberstanden, nun um. Widerstand leisteten meist nur diejenigen, die zuvor schon politisch aktiv waren; in erster Linie Gewerkschafter, Mitglieder der SPD und KPD und weit blickende Christen beider Konfessionen. Sie verteilten kritische – oft im Ausland hergestellte – Flugblätter und Aufrufe, vereinzelt wurden Parolen an Häuserwände gemalt. Angesichts der immer größer werdenden Zustimmung zu Hitlers Politik in der Bevölkerung blieben ihre Aktionen aber ohne Bedeutung.

Der zerstörte Bürgerbräukeller in München. Der Schreiner Georg Elser verübte dort am 8. November 1939 ein Bombenattentat auf Hitler. Es scheiterte nur knapp, da Hitler die Veranstaltung kurz zuvor verlassen hatte. Elser wurde verhaftet und im April 1945 im KZ Dachau hingerichtet.

Totalitäre Herrschaft und Zweiter Weltkrieg

8. Hitlers Außenpolitik 1933–1936: Aufrüstung und Friedensbekundungen

M1 Hitlers Doppelspiel

a) „Der Mann mit dem Doppelgesicht":

Amerikanische Karikatur zu Hitlers Rede am 17. Mai 1933

b) Auszüge aus dem Gedächtnisprotokoll einer geheimen Besprechung Hitlers mit Generälen der Reichswehr vom 3. Februar 1933:
„Nach außen: Kampf gegen Versailles. Aufbau der Wehrmacht wichtigste Voraussetzung für das Erreichen des Ziels: Wiedererringung der politischen Macht. Allgemeine Wehrpflicht muss wieder kommen ... Einstellung des ganzen Volkes auf den Gedanken, dass nur der Kampf uns retten kann. Wie soll die politische Macht, wenn sie gewonnen ist, gebraucht werden? Jetzt noch nicht zu sagen. Vielleicht Erkämpfung neuer Exportmöglichkeiten, vielleicht und wohl besser – Eroberung neuen Lebensraumes im Osten und dessen rücksichtslose Germanisierung."

c) Ausschnitte aus einer Rede, die Hitler am 17. Mai 1933 vor dem Reichstag hielt:
„... Wir haben keinen sehnlicheren Wunsch als den, beizutragen, dass die Wunden des Versailler Vertrages endgültig geheilt werden. Deutschland will dabei keinen anderen Weg gehen, als den, der durch die Verträge selbst als berechtigt anerkannt wird ... Die deutsche Regierung wünscht, sich über alle schwierigen Fragen politischer und wirtschaftlicher Natur mit anderen Nationen friedlich und vertraglich auseinander zu setzen. Sie weiß, dass jeder militärische Akt in Europa auch im Falle seines vollständigen Gelingens, gemessen an seinen Opfern, in keinem Verhältnis steht zum möglichen endgültigen Gewinn."

1 Welcher der Programmpunkte Hitlers verstieß eindeutig gegen den Versailler Vertrag (s. S. 78f.)?

2 Sprecht darüber, was „Eroberung neuen Lebensraumes" und dessen rücksichtslose „Germanisierung" bedeuten!

3 Erklärt die Karikatur, indem ihr die Ausführungen Hitlers vergleicht!

4 Warum hatte Hitler sich so unterschiedlich geäußert?

M2 Die deutsche Wehrmacht

a) Aus dem Gesetz zum Aufbau der Wehrmacht (16. März 1935):
„§ 1 Der Dienst in der Wehrmacht erfolgt auf der Grundlage der allgemeinen Wehrpflicht.
§ 2 Das deutsche Friedensheer einschließlich der überführten Truppenpolizei gliedert sich in 12 Korpskommandos und 6 Divisionen ..."

b) Deutsche Truppen marschieren am 7. März 1936 in das entmilitarisierte Rheinland ein:

1 In welchem Zusammenhang stehen die Quellen M2a) und b)? Wiederholt, was ihr über das entmilitarisierte Rheinland und den Vertrag von Locarno (vgl. S. 97 und 99) wisst!

2 Welche Möglichkeiten hatten Staaten wie Frankreich, Belgien oder Großbritannien, auf dieses Vorgehen Hitlers zu reagieren? Diskutiert die Folgen verschiedener Alternativen!

Ziele und Methoden der nationalsozialistischen Außenpolitik

Seine außenpolitischen Ziele hatte Hitler schon in seinem Buch „Mein Kampf" dargelegt: So ging es ihm in erster Linie um die **Revision der Versailler Verträge** und um die **Schaffung von neuem Lebensraum im Osten**. Da Deutschland aber militärisch zu schwach war, musste Hitler seine kriegerischen Ziele so lange hintanstellen, bis eine schlagkräftige Armee existierte und sich auch geeignete Bündnispartner gefunden hatten. Dies bestimmte seine Außenpolitik in den ersten Regierungsjahren: **Nach außen** beteuerte er immer wieder den **Friedenswillen** des Deutschen Reichs, **in Wirklichkeit** betrieb er von Anfang an eine gezielte Politik der **Aufrüstung und Kriegsvorbereitung**. Dass er dabei die Bestimmungen des Versailler Vertrages brach, nahm er in Kauf.

Erste außenpolitische Erfolge

Seinen ersten außenpolitischen Erfolg konnte Hitler im Juli 1933 verbuchen. Er schloss **mit dem Vatikan ein Konkordat**, das der katholischen Kirche im Reich u. a. das Recht auf einen eigenständigen katholischen Religionsunterricht garantierte. Hitler wollte damit die deutschen Katholiken gewinnen, die bisher den Nationalsozialisten sehr zurückhaltend gegenüberstanden. Auch war das Konkordat ein Prestigeerfolg Hitlers, da er damit als Staatsmann international anerkannt wurde.

Als Hitlers Forderungen hinsichtlich einer militärischen Gleichberechtigung Deutschlands international auf Ablehnung stießen, **trat das Reich im Oktober 1933 aus dem Völkerbund aus**. Um die Weltöffentlichkeit zu beruhigen, schloss Hitler jedoch schon **1934** einen **Nichtangriffspakt mit Polen**. Dieser Schachzug sollte dazu dienen, die traditionell engen Bindungen Frankreichs mit Polen zu lockern; echte Friedensabsichten gegenüber Polen hegte Hitler keineswegs.

Als im Jahr **1935** gemäß den Bestimmungen des Versailler Vertrages die Bevölkerung des **Saarlandes** über die Zugehörigkeit zu Deutschland abstimmen durfte, erlebte Hitler seinen nächsten Erfolg. **91% der Saarländer stimmten für die Zugehörigkeit zum Deutschen Reich**.

Hitlers Politik der vollendeten Tatsachen

Dieser politische Erfolg bestärkte Hitler, **1935** die **allgemeine Wehrpflicht** einzuführen. Die einstigen Siegermächte protestierten lediglich heftig gegen den Bruch des Versailler Vertrages. Großbritannien schloss außerdem kurz danach ein Flottenabkommen mit dem Deutschen Reich, das der deutschen Marine eine genau festgelegte Aufrüstung zugestand. Schließlich ließ Hitler am 7. März 1936 **deutsche Truppen** – entgegen den Bestimmungen des Locarno-Vertrages – **in die entmilitarisierte Zone des Rheinlandes** einmarschieren. Der Großteil der deutschen Bevölkerung war begeistert von diesem Erfolg. Hitler hatte hoch gepokert, denn seine Truppen waren zu diesem Zeitpunkt noch schwach. Erneut blieb es lediglich bei Protesten vonseiten der westlichen Regierungen. Diese passive Haltung ermutigte Hitler zu einem immer aggressiveren Vorgehen.

Hitlers Verbündete

1935/36 ließ der italienische Diktator Benito Mussolini das Kaiserreich Äthiopien erobern, um den Kolonialbesitz seines Landes in Ostafrika zu erweitern. Hitler unterstützte dabei Mussolini. Aus dem zuvor noch lockeren Band hatte sich zwischen Mussolini und Hitler dadurch ein freundschaftliches Verhältnis gebildet. Die „Achse Rom – Berlin" war seit Oktober 1936 durch einen Freundschaftsvertrag besiegelt worden.

Im gleichen Jahr schloss Hitler ein gegen die Sowjetunion gerichtetes Bündnis mit Japan, den **Antikomiternpakt**, dem Italien 1937 ebenfalls beitrat. Gemeinsam kämpften Hitler und Mussolini aufseiten des spanischen Diktators General Franco im Spanischen Bürgerkrieg (1936–1939). Dank dieser Hilfe konnte Franco 1939 als Sieger in Madrid einziehen. Während des Zweiten Weltkrieges verhielt sich Spanien neutral.

Hitler und Mussolini 1937 in München

Totalitäre Herrschaft und Zweiter Weltkrieg

9. Die deutsche Außenpolitik 1936 bis 1939: Offene Kriegsvorbereitungen

1 Was meinte Hitler mit der „Lösung der deutschen Frage"? Denke an die nationalsozialistische Ideologie (s. S. 116 f.)!

2 Mit welchen Mitteln wollte er dies erreichen? Gegen welche Staaten sollte vorgegangen werden?

1 Wer verhandelte hier? Was wurde beschlossen?

2 Welche Rolle spielte dabei die tschechoslowakische Regierung?

3 Der britische Premier Chamberlain verließ, in England angekommen, das Flugzeug, schwenkte das Vertragspapier und rief „Peace in our times". Welches Ziel hatte er vor Augen; welche Alternative hätte es gegeben?

4 Mit „appeasement" (appease = beschwichtigen) wurde die Haltung der Westmächte Großbritanniens und Frankreichs gegenüber der aggressiven Außenpolitik Hitlers bezeichnet. Nimm Stellung zu der Aussage, die Westmächte hätten durch ihre Zurückhaltung die deutschen Kriegsvorbereitungen unterstützt!

5 Versetze dich in die Lage eines Zuschauers in der Abbildung M2b), der den Einmarsch der deutschen Truppen miterlebte! Formuliere, was in ihm vorgeht!

M 1 Hitler in einer Rede an die Generäle der Wehrmacht am 5. November 1937 über seine Pläne:

„Zur Lösung der deutschen Frage könne es nur den Weg der Gewalt geben ... bliebe nur noch die Beantwortung der Fragen ‚wann' und ‚wie'. Hier seien drei Fälle zu entscheiden:
Fall 1: Zeitpunkt 1943 – 1945
Nach dieser Zeit sei nur noch eine Veränderung zu unseren Ungunsten zu erwarten ... Zur Verbesserung unserer militärpolitischen Lage müsse unser erstes Ziel sein, die Tschechei und gleichzeitig Österreich niederzuwerfen."

M 2 Die Zerschlagung der Tschechoslowakei 1938

Nachdem Hitler im Februar 1938 der österreichischen Regierung ein Ultimatum gestellt und unverhohlen mit dem Einsatz der Wehrmacht gedroht hatte, stimmte die österreichische Regierung dem „Anschluss" zu. Österreich gehörte nun als „Ostmark" zum Deutschen Reich. Danach galt Hitlers Interesse der Tschechoslowakei. Sudetendeutsche besiedelten die westlichen und nördlichen Grenzgebiete dieses Landes. Die versprochene Gleichberechtigung und größere Selbstständigkeit wurden ihnen von den Tschechen verweigert. Hitler verlangte in agressiver Weise die Abtretung des Sudetenlandes an Deutschland und drohte mit Krieg. Großbritannien und Frankreich wollten nicht mehr tatenlos zusehen, aber auch keinen Krieg riskieren. Auf ihr Drängen verzichtete die Prager Regierung auf das Sudetenland, erhielt aber die Zusicherung, dass die Unabhängigkeit des restlichen Landes von ihnen garantiert werde. Hitler stimmte dieser Regelung im Münchner Abkommen zu.

a) Das Münchener Abkommen:
Am 29./30. September traf Hitler sich mit dem italienischen Diktator Mussolini, dem britischen Premierminister Chamberlain und dem französischen Außenminister Daladier in München zu einer Konferenz. Auszüge aus dem Abkommen:
„Deutschland, das Vereinigte Königreich, Frankreich und Italien sind hinsichtlich der Abtretung des sudetendeutschen Gebiets übereingekommen:
Die Räumung beginnt am 1. Oktober.
Das Vereinigte Königreich, Frankreich und Italien vereinbaren, dass die Räumung des Gebiets bis zum 10. Oktober vollzogen wird und dass die tschechoslowakische Regierung die Verantwortung dafür trägt, dass die Räumung ohne Beschädigung der bezeichneten Einrichtungen durchgeführt wird."

b) Hitler gab sich nicht mit dem Münchener Abkommen zufrieden. Er wollte die Tschechoslowakei vollends zerschlagen. So kam es im März 1939 zum Einmarsch deutscher Truppen in Prag:

Der „Anschluss" Österreichs und die Zerschlagung der Tschechoslowakei

1937 hatte Hitler vor seinen Wehrmachtsgenerälen den Beginn des kommenden Krieges für die Jahre 1943–45 angekündigt; gleichzeitig sollten bis dahin Österreich und die Tschechoslowakei bereits annektiert sein. Hitlers Hauptaugenmerk galt anfangs Österreich. Der österreichische Kanzler Schuschnigg stimmte im März 1938 der Angliederung erst zu, nachdem er brutal unter Druck gesetzt worden war und Hitler ihm offen gedroht hatte. Da die Mehrheit der österreichischen Bevölkerung diesen „Anschluss" begrüßte, beließen es die Westmächte, Frankreich und Großbritannien, bei Protestschreiben. Kurz danach forderte Hitler die Eingliederung der Gebiete der Sudetendeutschen in der Tschechoslowakei. Frankreich und Großbritannien hatten angesichts der unmittelbaren Kriegsgefahr die Prager Regierung dazu gedrängt, das Sudetenland abzutreten. Sie garantierten jedoch gleichzeitig die Unabhängigkeit der „Rest-Tschechei". Auf der **Münchener Konferenz** im September **1938** wurde dies auch festgelegt. Hitler gab sich jedoch damit nicht zufrieden. So forderte er die Loslösung der Slowakei von der Tschechoslowakei und erpresste vom tschechischen Staatspräsidenten Hacha die Erklärung, dass jener sein Land „vertrauensvoll in die Hände des Führers des Deutschen Reichs" lege. Im März **1939** besetzten deutsche Truppen die „Rest-Tschechei". Dieses Gebiet wurde als **„Protektorat** (= Schutzgebiet) **Böhmen und Mähren"** dem Reich eingegliedert.

Der Krieg gegen Polen wird vorbereitet

Bis zur Zerschlagung der Tschechoslowakei konnten die Westmächte Hitlers Politik noch als Revision des Versailler Vertrages hinnehmen. Jetzt aber wurde das Selbstbestimmungsrecht eines Volkes mit Füßen getreten. Hitler hatte jedoch mit Polen schon sein nächstes Ziel vor Augen. Frankreich und England endeten nun ihre Politik der Nachgiebigkeit. Am 31. März 1939 gab Großbritannien eine Garantieerklärung für den Bestand Polens ab, der sich auch Frankreich anschloss. Als Antwort darauf kündigte Hitler das deutsch-englische Flottenabkommen und den Nichtangriffspakt mit Polen. Er hatte bereits befohlen, den Feldzug gegen Polen vorzubereiten. Er musste wissen, dass er damit den Krieg sowohl mit Russland als auch mit den Westmächten riskierte. Um die Sowjetunion als Gegner auszuschließen, schloss das Deutsche Reich – für alle Welt überraschend – am 23. August 1939 einen Nichtangriffspakt mit der Sowjetunion, den so genannten **Hitler-Stalin-Pakt**. In einem geheimen Zusatzprotokoll dieses Vertrages hatten sich beide Länder über eine Aufteilung der polnischen Gebiete im Falle eines Krieges verständigt. Damit waren die Weichen für den Krieg gestellt.

Hitlers Expansionspolitik 1938/39

Britische Karikatur zum Hitler-Stalin-Pakt. Obwohl beide Diktatoren völlig gegensätzliche Weltanschauungen vertreten, haben sie sich aus machtpolitischen Gründen (die gemeinsame östliche Grenze bedeutet das Ende des Staates Polen) zusammengeschlossen. Die gezückten Pistolen zeigen aber, wie brüchig ein Bündnis zwischen zwei solch skrupellosen Diktatoren bleiben wird.

Totalitäre Herrschaft und Zweiter Weltkrieg

10. Mit dem Angriff Hitlers auf Polen beginnt der Zweite Weltkrieg

M 1 Am 1. September 1939 erklärte Hitler vor dem Reichstag:

„… Polen hat nun heute Nacht zum ersten Mal auch auf unserem eigenen Territorium durch reguläre Truppen geschossen. Seit 5.45 Uhr[1]) wird jetzt zurückgeschossen und von jetzt ab wird Bombe mit Bombe vergolten …!"

[1]) Hitler, dessen Rede via Rundfunk übertragen wurde, hatte sich dabei um eine Stunde in der Zeitangabe (4.45 Uhr) geirrt.

Hitler am Rednerpult stehend vor dem Reichstag

1 Welche Begründung gab Hitler für den Angriff auf Polen? Informiere dich, mit welcher Propagandalüge der deutsche Angriff gerechtfertigt wurde (s. S. 136)!

2 Überlege, warum Hitler das Wort „Krieg" in seiner Rede nicht verwendete!

1 Wiederhole, auf welche Weise sich das Deutsche Reich bis Kriegsbeginn im September 1939 benachbarte Länder einverleibt hat (s. S. 130ff.)!

2 Erstelle anhand der Daten in der Karte eine Tabelle! Trage in diese die schrittweisen Ausdehnungen Deutschlands und seiner Verbündeten bis zur Jahreswende 1942/43 ein!

3 Überlege, wie der rasche Vormarsch der deutschen Truppen erklärt werden könnte! Denke dabei vor allem an die Kriegsvorbereitungen Hitlers und die seiner Gegner vor 1939 (s. S. 124f. und 130f.)!

4 Der Verlauf der Fronten 1942/43 täuscht über die wahre Stärke der Krieg führenden Mächte. Erkläre! Beachte, welche Mächte insgesamt zu diesem Zeitpunkt gegen das Deutsche Reich Krieg führten!

M 2 Die deutsche Wehrmacht und die Armeen der mit dem Deutschen Reich verbündeten Staaten eroberten von 1939 bis zur Jahreswende 1942/43 große Teile Europas:

Die deutsche Expansionspolitik

M 3 Großbritanniens Premierminister Winston Churchill in einer Regierungserklärung im Mai 1940:

„Ich habe nichts zu bieten als Blut, Mühsal, Tränen und Schweiß. Uns steht eine Prüfung von allerschwerster Art bevor … Unsere Politik ist Krieg zu führen gegen eine ungeheuerliche Tyrannei, die in dem finsteren, trübseligen Katalog des menschlichen Verbrechens unübertroffen bleibt … Unser Ziel ist Sieg, wie lang und beschwerlich der Weg dahin auch sein mag; denn ohne Sieg gibt es kein Weiterleben …"

M 4 Auf dem Höhepunkt seines Erfolges beschloss Hitler die Sowjetunion anzugreifen. Vor dem Angriff erhielten die deutschen Generäle genaue Anweisungen über die Kriegsführung.

a) Aus einem Geheimbefehl:
„Der Krieg gegen Russland ist ein wesentlicher Abschnitt im Daseinskampf des deutschen Volkes. Es ist der alte Kampf der Germanen gegen das Slawentum, die Verteidigung europäischer Kultur gegen moskowitisch-asiatische Überschwemmung, die Abwehr des jüdischen Bolschewismus. Dieser Kampf muss die Zertrümmerung des heutigen Russlands zum Ziele haben und deshalb mit unerhörter Härte geführt werden …"

b) Auszug aus Aufzeichnungen des Chefs des Generalstabs des Heeres Franz Halder vom 8. Juli 1941:
„… Feststehender Entschluss des Führers ist es, Moskau und Leningrad dem Erdboden gleichzumachen, um zu verhindern, dass Menschen darin bleiben, die wir dann im Winter ernähren müssten. Die Städte sollen durch die Luftwaffe vernichtet werden …"

M 5 Schauplatz Ostasien/Pazifik (1941/42):

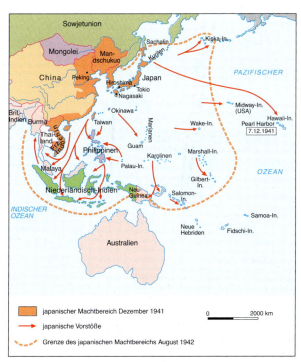

1 Erarbeite mithilfe der Karte M 2, warum die militärische Lage für Großbritannien im Mai 1940 bedrohlich war!

2 a) Was meinte Churchill mit dem Ausdruck „ungeheuerliche Tyrannei"?
b) Versuche diese Beschreibung aus britischer Sicht zu begründen! Welches politische System hatten die Briten zu verteidigen?

1 Welche konkreten Ziele verfolgten Hitler und führende Nationalsozialisten im Kampf gegen die Sowjetunion?

2 Zitiere die Stellen im Text, die verdeutlichen, dass der Krieg gegen die Sowjetunion sich von der bisherigen Kriegsführung in verbrecherischer Weise unterscheiden sollte!

3 Die Anweisungen waren ein Verstoß gegen das Kriegsvölkerrecht:
a) Welche Reaktionen hätten von den deutschen Heerführern erwartet werden können?
b) Was forderte die NS-Führung vom deutschen Soldaten?

1 Welche Staaten hatten die Japaner vor 1941 ganz oder zum Teil militärisch besetzt?

2 Nenne die Gebiete, die sie bis zum Sommer 1942 hinzueroberten!

Japan, der asiatische Bündnispartner Deutschlands, war durch den Ersten Weltkrieg zu einer Weltmacht geworden und setzte seine Eroberungspolitik auch in den folgenden Jahrzehnten weiter fort.

Totalitäre Herrschaft und Zweiter Weltkrieg

Erfolgreiche „Blitzkriege" und die Niederlage gegen England

Am **1. September 1939** entfesselte Hitler mit seinem Angriffsbefehl gegen **Polen** den Zweiten Weltkrieg. Obwohl kurz darauf, am 3. September 1939, Frankreich und Großbritannien dem Deutschen Reich den Krieg erklärten, griffen die beiden Mächte zunächst nicht ein. Den deutschen Truppen gelang es, aufgrund ihrer waffentechnischen Überlegenheit die polnischen Streitkräfte in wenigen Wochen zur Kapitulation zu zwingen. Die deutsche Blitzstrategie hatte sich auf schnelle Panzerangriffe und massierte Eingriffe der Luftwaffe in Bodenkämpfe konzentriert. Nachdem sowjetische Truppen in Ostpolen einmarschiert waren, wurde Polen zwischen Deutschland und der Sowjetunion aufgeteilt.

Hitler wollte den Krieg gegen Polen. Den propagandistischen Vorwand für Hitler, um den Angriff rechtfertigen zu können, lieferte ein offener Völkerrechtsbruch. SS-Männer in polnischen Uniformen überfielen zum Schein den deutschen Rundfunksender Gleiwitz in Oberschlesien und täuschten damit eine Aggression Polens vor.

Auf den Sieg über Polen folgte im April 1940 die kampflose Besetzung **Dänemarks** und die Eroberung **Norwegens**. Hitler wollte damit verhindern, dass Großbritannien die Ausfuhr des kriegswichtigen schwedischen Eisenerzes über den norwegischen Hafen Kiruna versperrte.

Am 10. Mai **1940** begann der „**Westfeldzug**". Nachdem zuerst die neutralen Staaten Belgien und die Niederlande Hitlers Aggression zum Opfer gefallen waren, drangen deutsche Panzerverbände rasch nach **Frankreich** vor und besetzten binnen weniger Wochen große Teile dieses Landes. Frankreich musste um einen Waffenstillstand bitten. Der nördliche Teil Frankreichs kam unter deutsche Militärverwaltung, der Süden wurde einer vom Reich abhängigen Regierung unterstellt.

Die erste empfindliche **Niederlage** musste Hitler **im Kampf gegen Großbritannien** einstecken, das unter Premierminister Winston Churchill entschlossen Widerstand leistete. Die Angriffe der deutschen Luftwaffe, die Hitler im Juli 1940 befohlen hatte, richteten zwar vor allem in London und in der Industriestadt Coventry erhebliche Schäden an, doch die deutschen Verluste in der „Luftschlacht über England" waren so hoch, dass das Ziel einer Landung in England nicht erreicht wurde und Hitler den Luftkrieg im Frühjahr 1941 abbrach.

Deutsche Soldaten marschierten nach dem Sieg gegen Frankreich durch Paris. Eine Kapelle an der Spitze spielte deutsche Soldatenmärsche. Vom Schock der Niederlage konnten sich die Franzosen lange nicht erholen.

Der Krieg weitet sich aus

Zur Stärkung ihrer Position verpflichteten sich die Regierungen in Berlin, Rom und Tokio 1940 in einem **Dreimächtepakt** zur engen Zusammenarbeit und steckten ihre Ausdehnungsziele weltweit ab.

Bevor Hitler seine Pläne zur Eroberung von „Lebensraum im Osten" verwirklichen konnte, musste er Italien zu Hilfe kommen, das seinen Machtbereich im Mittelmeer ausdehnen wollte. Der italienische Diktator Mussolini hatte Großbritannien und Frankreich den Krieg erklärt. Nach anfänglichen Erfolgen scheiterten jedoch die italienischen Eroberungspläne in **Nordafrika**. Hitler stellte seinem Verbündeten eine deutsche Armee zur Seite. Als 1941 ein italienischer Feldzug gegen Griechenland fehlschlug, entschloss sich Hitler auch dort zum Eingreifen. Der deutsche **Balkanfeldzug** richtete sich aber nicht nur gegen Griechenland, sondern auch gegen Jugoslawien. Wieder gelang ein „Blitzsieg" der überlegenen deutschen Streitkräfte: Am 17. April kapitulierte Jugoslawien, am 21. April Griechenland. Damit hatte Hitler sowohl die Ölzufuhr aus dem verbündeten Rumänien gesichert als auch die gesamte Südostflanke des deutschen Machtbereichs.

Die englische Stadt Coventry nach den deutschen Luftangriffen vom November 1940. Dabei wurde das Stadtzentrum größtenteils zerstört. Diese Zerstörungen waren Teil des als „Operation Seelöwe" bezeichneten Angriffs gegen England.
Vergleiche dazu die völlig sinnlose Zerstörung Dresdens am 14. Februar 1945 (s. S. 140), als Deutschland bereits in den letzten Zügen lag. Auf beiden Seiten waren die Opfer fast ausschließlich Zivilpersonen.

Der nationalsozialistische Vernichtungskrieg im Osten

Am 22. **Juni 1941** begann der **Russlandfeldzug** mit dem Ziel den sowjetischen Staat zu zerschlagen, die kommunistische Partei zu beseitigen, kommunistische Funktionäre und Juden auszurotten und Raum für die deutschen Siedler im Osten zu gewinnen. Auf einer Frontlänge von über 1000 km waren die deutschen und die mit ihnen verbündeten Truppen zunächst sehr erfolgreich. Bis zum Herbst drangen sie bis nach Leningrad vor, kamen bis kurz vor Moskau und eroberten die Ukraine. Die Sowjetunion konnte jedoch, nachdem Stalin den Abwehrwillen der Roten Armee und der Bevölkerung gestärkt hatte, ihrer Front neue Kräfte zuführen und zum Gegenangriff übergehen. Ein harter Winter erschwerte den Vormarsch. Panzer wurden bewegungsunfähig, der Nachschub kam zum Erliegen. Viele Soldaten waren unzureichend gegen die Kälte ausgerüstet und erfroren

Dass die sowjetischen Truppen so zähen Widerstand leisteten, lag insbesondere auch an der von Hitler angeordneten **besonders grausamen Kriegsführung** gegen die Sowjetbevölkerung, die auch von den meisten Generälen und Offizieren der Wehrmacht akzeptiert wurde. So kam es zur Zerstörung von Städten und Dörfern, Verkehrs- und Industrieanlagen, zur Ermordung von über 500 000 Juden und Kommunisten. Bis März 1942 erlitten über zwei Millionen Kriegsgefangene den Hungertod ebenso wie Hunderttausende von Bewohnern sowjetischer Großstädte. An den Gräueln hatten sich Angehörige der Wehrmacht beteiligt, insbesondere aber auch Einsatzgruppen, bestehend aus Sonderkommandos der SS, der Gestapo und der Polizei.

Militärisch war Deutschland damit einem **Zweifrontenkrieg** ausgesetzt, da die Sowjetunion im Juni 1941 mit Großbritannien ein Bündnis geschlossen hatte.

Als die Bewohner Leningrads nach über drei Jahren Belagerung befreit wurden, waren mehr als 800 000 Menschen an Hunger und Entkräftung gestorben. Insgesamt zwei Millionen Menschen zählte die Gesamtbevölkerung vor Kriegsbeginn.

In einem Massengrab erschießt ein Mitglied einer deutschen Einsatzgruppe sowjetische Juden.

Kriegsschauplatz Asien

Japanische Truppen hatten seit 1937 Nordchina besetzt. Um sie an einer Eroberung ganz Chinas zu hindern, verhängten die USA und Großbritannien einen **Wirtschaftsboykott gegen Japan**. Die japanische Führung reagierte am 7. Dezember **1941** mit einem Luftangriff auf die US-Pazifikflotte im Hafen von **Pearl Harbor**/Hawaii, die schwer getroffen wurde. Einen Tag später erklärte US-Präsident Franklin D. Roosevelt Japan den Krieg. In völliger Überschätzung seiner Kräfte folgte Hitlers Kriegserklärung an die USA. Das Deutsche Reich **führte** somit ab 1941 **Krieg gegen die drei Großmächte der Alliierten**, gegen die USA, die Sowjetunion und das britische Commonwealth.

In der ersten Hälfte des Jahres 1942 begannen Deutschland, Italien und Japan noch einmal mit neuen Angriffen. Den Japanern gelang es, bevor die amerikanische Rüstung auf Hochtouren lief, weite Teile Südostasiens und der pazifischen Inselwelt für sich zu gewinnen. In Russland erreichte die deutsche Offensive im Herbst das Rüstungs- und Verkehrszentrum Stalingrad und die Ölfelder im Kaukasusgebiet. In Nordafrika gelangte das deutsche Heer bis 100 Kilometer westlich von Alexandria in Ägypten. Mit diesen Erfolgen hatten die Angreiferstaaten ihre größte Machtausdehnung erzielt.

Zerstörte US-Kriegsschiffe in Pearl Harbor/Hawaii nach dem japanischen Luftangriff

Totalitäre Herrschaft und Zweiter Weltkrieg

11. Millionen von Menschen werden Opfer der nationalsozialistischen Gewaltherrschaft

M1 Die Einstellung der Nationalsozialisten gegenüber den osteuropäischen Völkern

a) Russische Frauen werden zu Straßenarbeiten für die deutsche Wehrmacht herangezogen (Juni 1942):

b) Heinrich Himmler, „Reichsführer SS und Chef der deutschen Polizei", verdeutlichte 1943 in einer Rede vor SS-Offizieren, wie die NS-Machthaber mit den Völkern Osteuropas umzugehen gedachten:

„ ... Wie es den Russen geht, wie es den Tschechen geht, ist mir total gleichgültig. Das, was in den Völkern an gutem Blut unserer Art vorhanden ist, werden wir uns holen, indem wir ihnen, wenn notwendig, die Kinder rauben und sie bei uns großziehen. Ob die anderen Völker in Wohlstand leben oder ob sie verrecken vor Hunger, das interessiert mich nur so weit, als wir sie als Sklaven für unsere Kultur brauchen ... Ob bei dem Bau eines Panzergrabens 10 000 russische Weiber an Entkräftung umfallen oder nicht, interessiert mich nur insoweit, als der Panzergraben für Deutschland fertig wird ... Wir Deutsche, die wir als Einzige auf der Welt eine anständige Einstellung zum Tier haben, werden ja auch zu diesen Menschentieren eine anständige Einstellung einnehmen ..."

1 Zitiere aus dem Text, welche Begriffe Himmler für die slawischen Völker gebrauchte!

2 Wie sollten die deutschen Besatzer gegenüber diesen Völkern auftreten?

3 Nenne Beispiele aus der Rede und der Abbildung für die menschenverachtende, verbrecherische Politik der Nationalsozialisten!

4 Überlege,
a) was der deutsche Soldat im Bild vorn
b) was eine der russischen Frauen in dieser Situation gefühlt haben mochte?

5 Welche Reaktionen waren von den Völkern Osteuropas zu erwarten? Welche Möglichkeiten hatten sie angesichts der Besetzung?

M2 Im Verlauf des Krieges wurden Hunderttausende aus den besetzten Gebieten Europas, vor allem Gegner des NS-Regimes und Kriegsgefangene aus Osteuropa, in deutsche Konzentrationslager eingeliefert. Die SS „verlieh" die KZ-Häftlinge gegen eine Gebühr an deutsche Industriefirmen und stellte folgende Rechnung auf:

täglicher Verleihlohn (durchschnittlich) RM 6,–
abzüglich Ernährung und Kleidung RM 0,70
durchschnittliche Lebensdauer 9 Monate
= 270 × RM 5,30 = RM 1431,–

Erlös aus rationeller Verwertung der Leiche:
1. Zahngold 2. Kleidung 3. Wertsachen 4. Geld

abzüglich Verbrennungskosten RM 2,–

durchschnittlicher Nettogewinn RM 200,–
Gesamtgewinn nach 9 Monaten RM 1631,–

zuzüglich Erlös aus Knochen und Aschenverwertung

1 Zu welchem Zweck benutzte die SS die Häftlinge?

2 Wer hat zudem von diesem Verfahren profitiert?

3 Wie erklärst du dir die geringe Lebensdauer der Häftlinge?

4 Was erscheint dir an diesem Dokument besonders verabscheuungswürdig?

5 Noch heute ist die Frage der Entschädigungszahlungen an Zwangsarbeiter nicht gelöst. Viele der ehemaligen Zwangsarbeiter sind bereits verstorben. Informiere dich in den Medien (Presse, Internet) über den aktuellen Stand zu diesem Thema und nimm Stellung dazu!

Vertreibungen und Zwangsumsiedlungen

Als die deutsche Wehrmacht ab 1939 von Sieg zu Sieg eilte, sah die NS-Führung die Zeit als reif für eine **Neuordnung Europas** an. Auf der Grundlage der NS-Rassenlehre (s. S. 116 f.) sollte ein „Großgermanisches Reich deutscher Nation" Europa beherrschen. Um einen einheitlichen deutschen Siedlungskern in Mitteleuropa zu bilden, entschloss sich die Reichsleitung nach der Teilung Polens, rücksichtslos **Hunderttausende** sogenannter „**Volksdeutscher**" aus dem Baltikum, aus Polen, der Ukraine und aus Weißrussland **in die neuen Reichsgaue** Danzig-Westpreußen und Wartheland **umzusiedeln**. Zuvor waren an die 1,2 Millionen Polen gewaltsam **vertrieben** worden. Diese mussten nach Restpolen, in das „Generalgouvernement", das von den Deutschen als eine Art „Kolonie" betrachtet wurde, übersiedeln. Die „Volksdeutschen" übernahmen die von den Polen verlassenen Bauernhöfe, Geschäfte und Handwerksbetriebe.

Die Zerstückelung des polnischen Staates nach der deutschen und sowjetischen Besetzung 1939. Millionen Menschen wurden vertrieben oder umgesiedelt.

Unzählige Menschen in Osteuropa werden versklavt, ermordet oder zum Arbeitseinsatz verschleppt

Hitler und die NS-Machthaber sahen in ihrem **mörderischen Rassenwahn** die slawischen Völker als „minderwertige" Menschen an. Grundsätzlich wollten die deutschen Besatzer die slawische Bevölkerung durch Zwangsarbeit (z. B. im Straßenbau), Aushungerung und äußerst hartes Vorgehen (z. B. Massenerschießungen) gezielt verringern.
Diese **verbrecherische Herrschaftspolitik in Osteuropa** hatte nicht erst mit dem Überfall auf die Sowjetunion begonnen. Unmittelbar nach dem Sieg über Polen liquidierten Sonderkommandos der SS und der Polizei ohne Gerichtsverfahren Angehörige der Führungsschichten. In Polen waren dies Zehntausende von hohen Beamten, Ärzten, Intellektuellen und katholischen Priestern.
Mit Kriegsbeginn hatte die SS zudem politische und religiöse Gegner, Frauen und Männer, die offen oder verdeckt Widerstand leisteten, aus allen besetzten Ländern in die deutschen **Konzentrationslager** (KZ) einliefern lassen. Hinzu kamen seit 1942 die russischen Kriegsgefangenen. Den Lagern waren oft Betriebe deutscher Rüstungsfirmen angeschlossen, an die die SS die KZ-Häftlinge „verlieh". Bei **mangelhafter Ernährung** mussten die Häftlinge täglich **schwerste Arbeit** verrichten. Aus nichtigstem Anlass wurden die **Häftlinge gequält, gefoltert und ermordet**. Mit vielen führte die SS grauenvolle medizinische Experimente durch. Allein dieser Art von Terror (s. S. 129) in den Konzentrationslagern fielen während des Zweiten Weltkrieges mindestens 500 000 Menschen zum Opfer.
Je höher die deutschen Verluste während des Krieges wurden, desto rücksichtsloser ging die NS-Regierung dazu über, Arbeitskräfte aus den besetzten Ländern in deutschen Rüstungsbetrieben und in der Landwirtschaft einzusetzen. Bis 1944 waren **über sieben Millionen Zwangsarbeiter und Kriegsgefangene** nach Deutschland verschleppt worden. Der größte Teil stammte aus Polen und der Sowjetunion.

Völlig ermattete sowjetische Zwangsarbeiter im Bergbau während einer Arbeitspause (Beuthen/Oberschlesien, 1943)

Totalitäre Herrschaft und Zweiter Weltkrieg

12. Einsatz aller Kräfte im „totalen Krieg"

1 Wie erklärst du dir die Reaktionen der Zuhörer?

2 Was verstand Goebbels unter „totalen und radikalen" Kriegsmaßnahmen?

3 Wer war von einer solchen Art der Kriegsführung am stärksten betroffen?

4 Die Veranstaltung im Berliner Sportpalast war ein typisches Beispiel nationalsozialistischer Propaganda. Begründe dies, indem du auf den Zweck und die Sprache der Goebbels-Rede eingehst!

1 Beschreibe die angerichteten Schäden und die Leiden der Bevölkerung, die in Text und Bild dargestellt sind!

2 Überlege, welchen Zweck über die Zerstörung hinaus die Luftangriffe verfolgten! Denke an die Moral der deutschen Bevölkerung!

3 Informiere dich mithilfe von Sachbüchern oder dem Internet über das ganze Ausmaß des Luftkrieges und seiner Folgen! Erstellt als Klasse dazu eine Dokumentation! Im Stadt- oder Zeitungsarchiv könnt ihr euch auch über etwaige Schäden des Luftkriegs in eurem Heimatraum informieren und diese Materialien in die Ausstellung mit einbeziehen!

M1 Nach der verheerenden Niederlage von Stalingrad organisierte Reichspropagandaminister Goebbels am 18. Februar 1943 vor ausgewählten NSDAP-Anhängern eine Massenkundgebung im Berliner Sportpalast. Auszüge aus seiner Rede:
„Ihr, meine Zuhörer, repräsentiert in diesem Augenblick die Nation. Und an euch möchte ich zehn Fragen richten, die ihr mir mit dem deutschen Volk vor der ganzen Welt, insbesondere aber vor unseren Feinden, die uns auch an ihrem Rundfunk zuhören, beantworten sollt: …
Die Engländer behaupten, das deutsche Volk hat keine Lust mehr, sich der überhandnehmenden Kriegsarbeit, die die Regierung von ihm fordert, zu unterziehen. Ich frage euch: Seid ihr und ist das deutsche Volk entschlossen, wenn der Führer es befiehlt, zehn, zwölf und wenn nötig vierzehn Stunden täglich zu arbeiten und das Letzte herzugeben für den Sieg? (*Lautstarke Zustimmung der Menge!*) … Die Engländer behaupten, das deutsche Volk wehrt sich gegen die totalen Kriegsmaßnahmen der Regierung (*Rufe: ‚Nein!'*). Es will nicht den totalen Krieg, sondern die Kapitulation (*stürmische Rufe, u. a. ‚Nein!', ‚Pfui!'*). Ich frage euch: Wollt ihr den totalen Krieg? (*stürmische Rufe, ‚Ja!', starker Beifall*). Wollt ihr ihn, wenn nötig, totaler und radikaler, als wir ihn uns heute überhaupt noch vorstellen können? (*stürmische Rufe: ‚Ja!', Beifall*)."

M2 Angriffe der deutschen Luftwaffe auf militärische und zivile Ziele in Polen und Westeuropa hatten erhebliche Schäden angerichtet und große Opfer unter der Bevölkerung gefordert. Seit 1942 gingen die nun überlegenen Bomberverbände der Briten und Amerikaner dazu über nicht nur militärische Anlagen, sondern auch die Großstädte in Deutschland systematisch zu zerstören.

a) Den Luftangriffen der Alliierten am 13./14. Februar 1945 auf Dresden fielen etwa 35 000 bis 70 000 Menschen zum Opfer:

b) Eine Augenzeugin berichtete vom Luftangriff auf Hamburg am 29. Juli 1943:
„In der Nacht vom Dienstag auf Mittwoch war wieder ein ganz schwerer Terrorangriff. Nach dem Alarm wurde erst nur wenig geschossen und dann war Ruhe, so dass wir im Keller meinten, es sei schon alles vorüber, und dann ging es los, als ob die Welt unterginge. Das Licht ging sofort aus. Wir saßen erst im Dunkeln, dann bei einem flackernden Lichtchen, alle mit nassen Tüchern um Nase und Mund, und das Getöse war derartig, die Einschläge so unausgesetzt, dass das ganze Haus wackelte und Mörtel herunterrieselte und Scheiben klirrten … Ich habe noch nie solche richtige Todesangst empfunden, solche Todesnähe. Bei jedem schweren Krach dachte man, nun stürzt das Haus über uns zusammen, nun kommt das Ende: Schwerer Brandgeruch drang ein und Feuerschein erhellte die ganze Straße."

Die Wende zum totalen Krieg in Deutschland

Zu Beginn des Jahres **1943** gewannen die **alliierten** (verbündeten) **Streitkräfte** Großbritanniens, der USA und der Sowjetunion an mehreren Kriegsschauplätzen in Europa **endgültig die Oberhand**:

- In **Stalingrad** wurde die 6. deutsche Armee im Winter 1942/43 von starken sowjetischen Truppen eingekesselt und musste Anfang Februar 1943 nach aussichtslosem Kampf kapitulieren. Von den 250 000 Soldaten waren 160 000 gefallen, 90 000 mussten den Weg in die sowjetische Gefangenschaft antreten. Davon kehrten nur 8000 in die Heimat zurück. Die Sowjetunion hatte bei diesen Kämpfen 750 000 Tote und Verwundete zu beklagen.
- Nachdem Ende November britische und amerikanische Truppen in Marokko und Algerien gelandet waren, musste das unterlegene deutsch-italienische **Afrika-Korps** (insgesamt über 250 000 Mann) im Mai 1943 kapitulieren.
- Die verbesserte Ortungstechnik der Alliierten durch Radar führte 1943 zu immer höheren Verlusten deutscher U-Boote im **Seekrieg**. Die gut geschützten Geleitzüge brachten verstärkt amerikanische Rüstungsgüter zu den Verbündeten.

Als sich die deutsche Niederlage in Stalingrad abzeichnete, vereinbarten US-Präsident Roosevelt und der britische Premierminister Churchill im Januar 1943 in Casablanca (Marokko) den Krieg bis zur **bedingungslosen Kapitulation** des Deutschen Reichs, Italiens und Japans fortzuführen. Daraufhin verkündete Reichspropagandaminister Goebbels am 18. Februar 1943 in Berlin auf einer Massenveranstaltung den „**totalen Krieg**". Alle wirtschaftlichen Mittel und Rohstoffreserven Deutschlands stellte man nun ganz in den Dienst des Krieges. Männer vom 16. bis 60. und Frauen vom 17. bis zum 45. Lebensjahr wurden von den Arbeitsämtern erfasst. 15- und 16-jährige Jungen verpflichtete die NS-Regierung zum gefährlichen Dienst an den Flugzeugabwehrkanonen. Insgesamt wurde durch die rigorose Ausnutzung der menschlichen Arbeitskraft die deutsche Rüstungsproduktion gewaltig gesteigert. Alle diese Maßnahmen blieben aber angesichts der wachsenden Überlegenheit der Alliierten wirkungslos.

Zerstörungen durch den Luftkrieg

Seit Mitte 1942 wurden die Deutschen verstärkt Opfer des Luftkrieges, als die Angriffe der alliierten Bomberverbände zunehmend die Kerngebiete Deutschlands verwüsteten. Die massiven **Flächenbombardierungen** mit Spreng- und Brandbomben zerstörten Rüstungsbetriebe, Militär- und Industrieanlagen, Verkehrswege und Wohnviertel. Die meisten deutschen Großstädte sanken in Schutt und Asche, unersetzliche Kulturgüter wurden dabei vernichtet. Mehr als 500 000 Tote zählten zu den Opfern dieser **unmenschlichen Kriegsführung**, die von der deutschen Bevölkerung als Terror empfunden wurde. Trauriger Höhepunkt des Bombenkrieges war die Zerstörung Dresdens im Februar 1945. So brachte der von Goebbels lautstark verkündete „totale Krieg" an allen Kriegsschauplätzen nur **Leid und Tod**.

Das Bild zeigt in Stalingrad gefallene deutsche Soldaten.

Aus einem Feldpostbrief: „Die Bilder gefallener Kameraden ziehen vor meinem Auge vorüber mit den furchtbaren Wunden. Vom grauen Mantel zugedeckt, in der Kälte frühzeitig erstarrt, stumm und leblos liegen sie da, mit den vom Frost zerfallenen Gesichtern und lichtlosen Augen; ein erbarmungsloser, harter Tod."

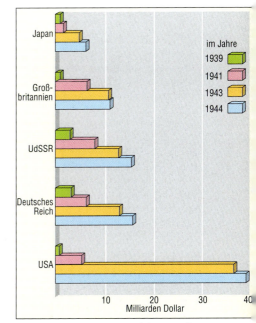

Die Zahlen der Rüstungsproduktionen der wichtigsten Kriegsgegner verdeutlichen das wachsende alliierte Übergewicht.

Totalitäre Herrschaft und Zweiter Weltkrieg

13. Völkermord an den europäischen Juden und an den Sinti und Roma – der Holocaust

Sinti und Roma
Heutige korrekte Bezeichnung für eine Volksgruppe, die in den europäischen Ländern als Minderheit auftritt. „Sinti" (möglicherweise nach Sindh, dem indischen Herkunftsland ihrer Vorfahren) benennt die mitteleuropäische, „Roma" (= Mann, Mensch) die südosteuropäische Gruppe. Die über viele Jahrhunderte übliche Bezeichnung als „Zigeuner" betrachten die Sinti und Roma als herabwürdigend, sie sollte daher nicht mehr verwendet werden.

M 1 Die Nationalsozialisten über Juden und Sinti und Roma
a) Aus der Reichstagsrede Hitlers vom 30. Januar 1939:
„Ich will heute wieder ein Prophet sein: Wenn es dem internationalen Finanzjudentum in und außerhalb Europas gelingen sollte, die Völker noch einmal in einen Weltkrieg zu stürzen, dann würde das Ergebnis nicht die Bolschewisierung der Erde und damit der Sieg des Judentums sein, sondern die Vernichtung der jüdischen Rasse in Europa."

b) Ein Wissenschaftler, der im Auftrag der Nationalsozialisten die verschiedenen „Rassen" untersuchte (August 1938):
„Die Zigeunerfrage ist für uns heute in erster Linie eine Rassenfrage. So wie der nationalsozialistische Staat die Judenfrage gelöst hat, so wird er auch die Zigeunerfrage grundsätzlich regeln müssen."

M 2 Konzentrations- und Vernichtungslager im Deutschen Reich und in den besetzten Gebieten:

Während des Zweiten Weltkriegs stieg die Zahl der Konzentrationslager auf 22 mit über 160 Nebenlagern. Man schätzt die Zahl der Häftlinge auf über sieben Millionen Menschen. In den so genannten Vernichtungslagern wurden vor allem Juden sowie Sinti und Roma massenhaft ermordet.

Da sich die Einzelheiten des Grauens kaum in Worte fassen lassen, wurde in diesem Kapitel bewusst darauf verzichtet, die einzelnen Text- und Bildquellen auszuwerten. Trotzdem bleiben einige grundsätzliche Fragen und Probleme:

1 Wie konnten solche unmenschlichen Verbrechen geschehen? Warum wurden sie nicht verhindert?

2 Diskutiert in der Klasse, wie wahrscheinlich es sein kann, dass angeblich nur ein geringer Teil der Deutschen von diesen Vorgängen etwas gewusst hat! Befragt ältere Mitbürger oder Verwandte, die in dieser Zeit gelebt haben, danach!
Nutzt auch die Zeugnisse von Zeitzeugen, d. h. von Überlebenden des Völkermords, die auch auf Videokassetten festgehalten sind (z. B. „Max Mannheimer: Überleben in Auschwitz" oder „Zeitzeugen berichten über das Konzentrationslager Dachau").
Informiert euch im Internet, z. B. über Leben und literarisches Werk der Inge Deutschkron („Ich trug den gelben Stern", s. S. 146f.)!

3 Warum ist es auch heute noch wichtig, sich an den Völkermord zu erinnern und der Opfer zu gedenken?

4 Zur Auseinandersetzung mit dem Völkermord ist ein Besuch von KZ-Gedenkstätten (z. B. Dachau, Flossenbürg) sehr sinnvoll.

Holocaust
Der Begriff geht auf die altgriechischen Wörter „holos" (ganz) und „caustos" (verbrannt) zurück. Unter dem Holocaust versteht man heute die millionenfache Ermordung der Juden und der Sinti und Roma durch die NS-Machthaber.

M 3 Aus der Niederschrift des SS-Angehörigen Kurt Gerstein über Massenvergasungen von Juden im Vernichtungslager Belzec, die er am 18. August 1942 miterlebte:

(Der Zug aus der Stadt Lemberg umfasste) „45 Waggons mit 6700 Menschen, von denen 1450 schon bei ihrer Ankunft tot waren. Hinter den vergitterten Luken schauten, entsetzlich bleich und ängstlich, Kinder durch, die Augen voll Todesangst, ferner Männer und Frauen. Der Zug fährt ein: 200 Ukrainer reißen die Türen auf und peitschen die Leute aus den Waggons heraus. Ein großer Lautsprecher gibt die weiteren Anweisungen: sich ganz ausziehen, auch Prothesen, Brillen usw. ... Dann die Frauen und Mädchen zum Friseur, der mit zwei, drei Scherenschlägen die ganzen Haare abschneidet. Dann setzt sich der Zug in Bewegung ... Mütter mit ihren Säuglingen an der Brust, sie kommen herauf, zögern, treten ein in die Todeskammern! ... Die Kammern füllen sich. Die Menschen stehen einander auf den Füßen. 700 – 800 auf 25 Quadratmetern! Die SS zwängt sie physisch zusammen, soweit es überhaupt geht. – Die Türen schließen sich. Währenddessen warten die anderen draußen im Freien.
(Nach über zwei Stunden) öffnen Männer vom Arbeitskommando von der anderen Seite die Holztüren. Wie Basaltsäulen stehen die Toten aufrecht aneinander gepresst in den Kammern. Es wäre auch kein Platz hinzufallen oder auch nur sich vornüberzuneigen. Selbst im Tode noch kennt man die Familien. Sie drücken sich, im Tode verkrampft, noch die Hände ... Man wirft die Leichen heraus. Man hat keine Zeit, die Reitpeitschen der Ukrainer sausen auf die Arbeitskommandos ..."

M 4 Selektion (Aussonderung) der neu angekommenen Deportierten an der berüchtigten Rampe des Bahnhofs Auschwitz-Birkenau:

SS-Ärzte bestimmten, wer als arbeitsfähig galt oder wer sofort in den Gaskammern ermordet werden sollte.

M 5 Die Schreie über Birkenau

1942 wurde die Deportation aller „zigeunerischen Personen" in die Vernichtungslager nach Polen angeordnet. Die Sinti und Roma teilten das Schicksal der Juden. Anlässlich eines Besuchs von Himmler im Lager Auschwitz-Birkenau erwähnt der dortige Kommandant Höss:
„Ich zeigte ihm das Zigeunerlager eingehend. Er sah sich alles gründlich an, sah die voll gestopften Wohnbaracken, die ungenügenden hygienischen Verhältnisse, die voll belegten Krankenbaracken, sah die Seuchenkranken, sah ... diese abgezehrten Kinderkörperchen mit den großen Löchern in der Backenhaut, durch die man durchsehen konnte, dieses langsame Verfaulen bei lebendigem Leibe."
Als Ergebnis dieses Besuches gab Himmler den Befehl, die noch am Leben gebliebenen „Zigeuner" zu töten. Daraufhin wurden 2897 vergast. Diese „Aktion" verlief folgendermaßen:
„Einige Wochen später wurde das Männerlager mit einem Schrei von vielen tausend Menschen aus dem Schlaf geweckt. Es genügte, aus der Baracke zu gehen, um festzustellen, was vor sich ging. Im taghell erleuchteten Zigeunerlager laufen, von SS-Männern gejagt, Zigeuner, Zigeunerinnen und ihre Kinder. In Fünferreihen gehen sie – dem Befehl nach – auf den Weg und dann nach dem Krematorium. Sie leisten Widerstand und daher erschallen die Schreie über Birkenau. Der Lärm dauerte die ganze Nacht, aber gegen Morgen ist das Zigeunerlager leer."

M 6 Plan von Auschwitz II (Birkenau, errichtet 1941/42):

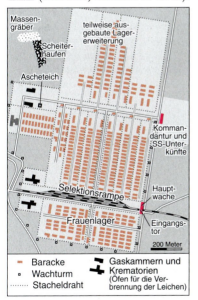

175 ha groß (= 170 Fußballplätze) für 100 000 Häftlinge, mit Teillagern für Männer, Frauen, Sinti und Roma u. a.

143

Totalitäre Herrschaft und Zweiter Weltkrieg

Die Bildfolge dokumentiert die Erschießung einer Gruppe jüdischer Frauen und Kinder durch eine Einheit der deutschen Sicherheitspolizei am 14. Oktober 1942. Tatort: Misotsch/Westukraine.

Die Opfer wurden zunächst in einer Senke zusammengetrieben. Nachdem die Frauen und Kinder sich entkleidet hatten, mussten sie sich zur Erschießung aufstellen.

Nach der Massenexekution erhielten einzelne Menschen, die nicht sofort tödlich getroffen waren, den „Gnadenschuss".

Massenerschießungen osteuropäischer Juden

Welches unfassbare Grauen den seit 1933 heftig verfolgten Juden bevorstand, hatte Hitler in einer Reichstagsrede am 30. Januar 1939 angekündigt: Sollte es noch einmal zu einem Weltkrieg kommen, dann würde „das Ergebnis die Vernichtung der jüdischen Rasse in Europa" sein. Die Lage der jüdischen Minderheit wurde zudem noch dadurch erschwert, als es den deutschen Juden ab 1941 nicht mehr erlaubt war auszuwandern. Nach der Besetzung weiter Teile Europas konnten die NS-Machthaber die Drohung Hitlers, die seinen **rassenideologischen Zielen** entsprach, in die Tat umsetzen. Zu den ersten Opfern zählten jüdische **Polen**. Auf Befehl Himmlers zettelten Einsatzgruppen der SS und Wehrmachtseinheiten Übergriffe der Bevölkerung gegen sie an, erschossen Tausende von ihnen und transportierten die überlebenden Juden in größere Städte, hauptsächlich im Generalgouvernement. (s. M 2 S. 142) Dort wurden sie in scharf bewachten **Gettos** auf engstem Raum zusammengepfercht. Seit Kriegsbeginn verschleppten die Nationalsozialisten immer mehr Juden, auch aus dem Reichsgebiet, in die Konzentrationslager, wo sie elend zugrunde gingen (s. S. 139).

Zu den wesentlichen Zielen von Hitlers Vernichtungskrieg gegen die **Sowjetunion** 1941 (s. S. 137) gehörte auch die Ermordung der dort lebenden Juden. Im Schutz der Wehrmacht **erschossen** nach regelrechten Menschenjagden Sonderkommandos der SS und der Sicherheitspolizei Hunderttausende von Juden. Andere dagegen wurden ermordet, indem man sie in abgedichtete Lastwagen sperrte und die Auspuffgase in das Wageninnere leitete. Doch diese Methoden des Massenmordes erschienen den NS-Verantwortlichen letztlich zu umständlich.

Die „Endlösung" der Judenfrage

Am 20. Januar 1942 beschlossen hohe NS-Führer während einer **Konferenz in Berlin-Wannsee** die endgültige **Vernichtung aller Juden in Europa**. In Viehwaggons wurden daraufhin die Juden aus dem Deutschen Reich und aus allen Teilen des besetzten Europas, vor allem aus den überfüllten Gettos in Polen, in die Vernichtungslager transportiert. So genannte **„Todesfabriken"** gab es in Auschwitz, Belzec, Chelmno, Maidanek, Sobibor und Treblinka. Die meisten Deportierten – Frauen, Kinder, kranke und alte Menschen – brachte man gleich nach der Ankunft in den Gaskammern um. Die kräftigeren jungen Menschen wurden zum Arbeitseinsatz bestimmt. Die allermeisten Juden gingen nach kurzer Zeit an Entkräftung, geschwächt von der harten Sklavenarbeit und den elenden Haftbedingungen, zugrunde.

Das NS-Regime hatte, um die Ausrottung ganzer Völker bzw. Volksgruppen durchführen zu können, einen in der Menschheitsgeschichte beispiellosen **technisch-fabrikmäßigen Mordapparat** geschaffen. Allein in **Auschwitz**, dem größten Vernichtungslager, ermordeten sie nach Berechnungen mindestens eineinhalb Millionen Menschen. Insgesamt fielen während des Zweiten Weltkriegs an die sechs Millionen Juden in Europa diesem Verbrechen, das auch als „Holocaust" bezeichnet wird, zum Opfer.

Völkermord an Sinti und Roma

Sinti und Roma lebten und arbeiteten schon seit Generationen in Deutschland. Obwohl viele von ihnen im Ersten Weltkrieg für Deutschland gekämpft hatten und – ebenso wie viele deutsche Juden – mit hohen Auszeichnungen geehrt worden waren, kam es in der Folgezeit zu Einschränkungen ihrer Grundrechte und zu Benachteiligungen. **Mit Beginn des NS-Regimes** wurden die in Deutschland lebenden Sinti und Roma verstärkt entrechtet und ausgesondert:

– Nach dem **„Blutschutzgesetz"** 1935 (Nürnberger Gesetze) war es den Sinti und Roma verboten, eine Ehe mit Deutschen zu schließen. Führende NS-Ärzte waren der Überzeugung, dass in der Vermischung die Ursache von Kriminalität liege. Menschenunwürdige Untersuchungen wurden durchgeführt, um die „zigeunerischen Blutsanteile" aller Sinti und Roma zu bestimmen. Von den über 28 000 in Deutschland aufgespürten Sinti und Roma stuften die NS-Ärzte 90 Prozent als „Mischlingszigeuner" ein und bezeichneten deren Eigenschaften als „hochgradig unausgeglichen, charakterlos, unberechenbar, unzuverlässig, träge, unstet und reizbar". Viele von ihnen wurden zwangssterilisiert.

– Schon ab 1936 sperrte man Sinti und Roma in „Zigeuner- und Arbeitslager". 1937 wurde ein Berufsverbot für Selbstständige und Beamte ausgesprochen.

– Heinrich Himmler hatte schon seit Ende 1938 die **„endgültige"** Lösung der „Zigeunerfrage" angekündigt. Ab 1939 durfte diese Minderheit – unter Androhung von KZ-Haft – den Wohnort nicht verlassen und bekam gekürzte Lebensmittelkarten. Die Kinder der Sinti und Roma waren von den Schulen ausgeschlossen.

– **1940** fand die **erste Massendeportation** von Sinti und Roma statt. 2 800 deutsche Sinti und Roma mit ihren Familien wurden im Mai von Hamburg, Köln und Hohenasperg bei Stuttgart ins „Generalgouvernement" deportiert.

– Ab Sommer 1941 wurden Sinti und Roma in Osteuropa systematisch von so genannten Einsatztruppen erschossen.

– Ab Frühjahr 1943 wurden aus elf europäischen Ländern Sinti und Roma in das **„Familienlager"** Auschwitz-Birkenau deportiert.

– 1944 Auflösung des „Zigeunerlagers" in Auschwitz-Birkenau. Von den im Juli 1944 noch lebenden 6 000 Sinti und Roma wurden 3 000 in andere Konzentrationslager deportiert, die übrigen 3 000 in der Nacht auf den 3. August ermordet.

Über **500 000 Sinti und Roma** fielen im nationalsozialistisch besetzten Europa diesem Massenmord zum Opfer. In der deutschen Öffentlichkeit wurde dieser Völkermord größtenteils geleugnet oder verdrängt. Die Sinti und Roma sind als rassisch Verfolgte erst 1982 anerkannt worden und müssen weiter um ihre Rechte kämpfen.

Sinti-Familie Höllenrainer aus München. Mit Ausnahme von zwei Kindern ist die gesamte Familie nach ihrer Deportation 1943 im Vernichtungslager Auschwitz ermordet worden.

Auch andere Minderheiten wurden ermordet.
In seinem Rassenwahn völlig verblendet, glaubte das NS-Regime das Recht zu haben, als „rassisch minderwertig" eingestufte Menschen ermorden zu dürfen. Dazu gehörten für die Nationalsozialisten nicht nur die Juden und die Sinti und Roma, sondern auch Behinderte und unheilbar Kranke. Bei der von Hitler selbst angeordneten Tötung von Behinderten, dem so genannten **Euthanasieprogramm** (Euthanasie = sanfter Tod durch Medikamente), fanden bis 1941 etwa 80 000 Insassen von Heil- und Pflegeanstalten geheim und ohne Wissen der Angehörigen den Tod. Als Gerüchte über diese Verbrechen in die Öffentlichkeit gelangten, wurden diese Morde nach Protesten deutscher Geistlicher abgebrochen.

Ich trug den gelben Stern

Auszüge aus dem autobiographischen Bericht
von Inge Deutschkron

Inge Deutschkron (geb. 1922 in Finsterwalde bei Cottbus/Brandenburg), ein jüdisches Mädchen, das in Berlin aufwächst, schildert, wie sie und ihre Familie ab 1933 die ersten Formen der Demütigung, die zunehmende Entrechtung und Verfolgung durch die Nationalsozialisten miterleben müssen. 1942 wird sie Augenzeugin vom Abtransport ihrer engsten Verwandten in die Vernichtungslager in Osteuropa. Daraufhin taucht sie gemeinsam mit ihrer Mutter unter. Beide leben unter falschem Namen und müssen sich immer wieder neue Verstecke suchen. Die Familie Deutschkron erhält dabei auch tatkräftige Hilfe durch einige Deutsche, die nicht dem jüdischen Glauben angehören:

„Meines Vaters Schwester Elsa benachrichtigte uns, dass nun auch ihr Mann und sie deportiert würden. Sie bat uns zu kommen. Da sie in Spandau lebten, war der Kontakt zu ihnen fast völlig abgerissen. Telefone waren Juden weggenommen worden, öffentliche Verkehrsmittel durften Juden nur von und zur Arbeit oder in dringenden Familienangelegenheiten benutzen. Überdies war meine Mutter von ihrer Arbeit in der Fabrik, in der sie meist nachts arbeiten musste, zu erschöpft, um solche Ausflüge unternehmen zu können. Nun aber fuhren wir hin.
Es war der Tag ihrer Deportation. In dem kleinen Zimmer, das ihnen zugewiesen worden war – ihre Wohnung war ihnen längst genommen worden –, standen zwei fertig gepackte Rucksäcke an der Tür bereit. Das Zimmer war voll gestellt mit Möbeln, die einst in eine herrschaftliche Wohnung gehört hatten. Nur die wertvollen Teppiche fehlten. Sie hatten sie ‚Aufbewariern' anvertraut, bis sie ‚wiederkommen'.
Tante Elsa und mein Onkel saßen bereit, warteten und weinten. Die dunklen Augen im breiten, bleichen Gesicht meines Onkels waren rot unterlaufen vom Mangel an Schlaf. Seine dicke, ungeschlachte Hand tätschelte ständig den Arm meiner Tante, für die er in der fast dreißigjährigen Ehe kaum jemals so viel Gefühl aufgebracht hatte. Er murmelte unaufhörlich: ‚Muttchen, mein Muttchen.' Zu mehr war er nicht mehr imstande. Meine Tante, schmal und klein, die Augen verquollen vom vielen Weinen, hielt den Kopf ständig gesenkt, um den Schmerz in ihrem Gesicht zu verbergen. ‚Grüß Martin', wiederholte sie immer wieder. Mein Vater war ihr Lieblingsbruder. Sie küsste mich dabei. Meine Mutter blieb unglaublich beherrscht und sagte entgegen ihrer eigenen Überzeugung ebenso oft: ‚Aber wir sehen uns doch wieder!'
Meine kleine Tante schüttelte nur den Kopf. ‚Ihr müsst gehen, wer weiß, wann sie uns holen werden.' Wir gingen. Ich höre noch heute das Knarren der Stiegen. Wir traten aus dem dunklen Treppenhaus in den kalten Wintertag. Nicht weit vom Haus entfernt sahen wir einen Polizeiwagen heranfahren. Wir blieben stehen, so dass wir nicht gesehen werden konnten. Dann beobachteten wir, wie zwei jüdische Ordner mit dem gelben Stern am Mantel

im Haus verschwanden. Wenige Minuten später kamen sie wieder – meine Tante ihnen voran, mit dem viel zu großen Rucksack auf dem Rücken, hastig, schnell, als wolle sie es hinter sich bringen. Mein Onkel torkelte hinterher. Sie blickten nicht zurück, nicht ein einziges Mal, als die Männer die Rampe des Wagens hochschlugen. Sie hatten keinen Blick mehr für die Stadt, in der sie fast dreißig Jahre zu Hause gewesen waren. Ich weinte. Meine Mutter, die nicht weniger mitgenommen war, fuhr mich an: ‚So beherrsch dich doch, wenn uns einer sieht …!' Wir waren ohne Stern. Außer uns schien niemand auf der Straße zu sein. Es war seltsam, wie die Berliner solchen Aktionen zu entgehen verstanden, die sich in ihrer Stadt zutrugen. Wie viele von ihnen hinter den Vorhängen standen, ließ sich nur raten. Manchmal sahen wir, wie ein Kopf dahinter plötzlich verschwand. Die Deportationszüge fuhren nun vom Bahnhof Grunewald ab, weil einige Berliner am Lehrter Bahnhof Zeugen der ersten Deportationen geworden waren und nicht unbedingt zustimmende Bemerkungen gemacht hatten. Vielleicht hatte es die Gestapo dort am Waldesrand auch leichter, die Leute noch einmal ungestört zu filzen und jenen, die da geglaubt hatten, ein bisschen Geld oder ein Goldstück, in einem Rocksaum eingenäht, könne ihnen eine Hilfe werden, unter Hohngelächter auch noch das Letzte abzunehmen …

‚Sie müssen mir etwas ganz fest versprechen', eindringlich forderte es die kleine Frau Gumz. Sie hielt die Hände meiner Mutter wie in einem Schraubstock umklammert. Ihre blauen Augen glänzten und schimmerten vor Erregung wie Irrlichter. Ihre aufgesprungenen Lippen über den breit auseinander stehenden, etwas vorgeschobenen Zähnen zitterten. ‚Sie müssen mir etwas versprechen!', wiederholte sie mehrmals. Es war an einem kalten, düsteren Novembertag im Jahre 1942. Nun schon ein Jahr lang rollten die regelmäßigen Transporte jüdischer Menschen aus Berlin in Richtung Osten. Niemand wusste genau, wohin.

‚Aber was soll ich Ihnen denn versprechen?', fragte meine Mutter ein wenig verwirrt und ratlos. ‚Ich kann Ihnen doch nichts versprechen, ohne zu wissen, um was es geht!'

‚Doch, das müssen Sie aber', verlangte Frau Gumz. Etwas verlegen und ganz leise fügte sie hinzu: ‚Wenn ich Ihnen sage, um was es geht, würden Sie vielleicht zögern.'

‚Also gut', gab meine Mutter endlich nach, ‚ich verspreche es Ihnen.'

Frau Gumz lachte kurz und, wie es schien, sehr zufrieden. ‚Sie haben mir eben versprochen, dass Sie und Inge sich nicht wie die anderen deportieren lassen.' ‚Aber Frau Gumz', rief meine Mutter und entzog ihre Hände dem immer noch festen Griff, ‚ich verstehe das alles nicht, und überhaupt, was ist geschehen, dass Sie so reden, und wie stellen Sie sich das vor?' Frau Gumz beugte sich vor. ‚Der Fritz von nebenan, Sie wissen schon, der junge Soldat, ist aus dem Osten zurückgekommen.' Dann fügte sie sehr leise hinzu: ‚Er hat erzählt, was sie dort mit den Juden machen.' ‚Ja, was denn?', fragte meine Mutter spürbar erregt. ‚Ach, ich kann Ihnen das nicht erzählen, es ist furchtbar.' Ihre letzten Worte gingen in Tränen unter. ‚Der Fritz hat unterschreiben müssen, dass er nicht darüber spricht, was er gesehen hat, aber wer kann denn das …!'

‚Es ist also wahr, was der englische Sender schon seit einiger Zeit berichtet.' Meine Mutter sagte es mehr zu sich selbst. Sie dachte an die vagen Meldungen über Vergasungen, Hinrichtungen, Erschießungen von Juden, an die keiner von uns so recht geglaubt hatte, oder vielleicht besser gesagt, nicht hatte glauben wollen. Es erschien so unfassbar.

Frau Gumz schien die Frage meiner Mutter vorausgeahnt zu haben. Ganz schnell entgegnete sie: ‚Wir helfen Ihnen, ich verspreche es Ihnen. Mein Mann und ich haben das schon beschlossen. Sie kommen zu uns.' So einfach sagte sie das. Als wir aus der Tür ihres Ladens in die Dunkelheit traten, rief sie uns noch nach: ‚Vergessen Sie nicht, Sie haben es versprochen …!' Ihre fast bittenden Worte klangen uns nach …"

Mit Mut, Glück, einfallsreichen Ideen und dank der Unterstützung durch unerschrockene Menschen gelang es Inge Deutschkron und ihrer Mutter, bis zur Befreiung Berlins von der NS-Diktatur Anfang Mai 1945 zu überleben, zusammen mit weiteren 1200 Berliner Juden (von einst 35 000). Nach dem Krieg arbeitete Frau Deutschkron als Journalistin für eine israelische Zeitung in Deutschland. 1966 wurde sie israelische Staatsbürgerin, lebte und arbeitete dann in Tel Aviv. Seit 1988 kommt sie immer wieder nach Deutschland, um in Vorträgen und Lesungen junge Menschen über ihr Schicksal zu informieren.

Totalitäre Herrschaft und Zweiter Weltkrieg

14. Zusammenarbeit mit dem NS-Regime, Widerstand und Terror

1 Zu welcher Art von Kriegsführung rief Stalin die sowjetische Bevölkerung auf?

2 Wo sollte dieser Kampf stattfinden, welche Maßnahmen sollten ergriffen werden?

3 Im Verlauf des Krieges folgten immer mehr sowjetische Bürger dem Aufruf Stalins. Wie erklärst du dir das?

1 Den Bewohnern von Lidice konnte eine Unterstützung der Attentäter nie nachgewiesen werden. Erläutere, dass es sich hier um eine reine Terroraktion handelte!

2 Jede Terrormaßnahme der deutschen Besatzer löste Gegenterror aufseiten der Unterworfenen aus. Warum?

3 Informiere dich mithilfe des Internets über ähnliche NS-Terrormaßnahmen in Oradour-sur-Glane (Frankreich), Marzabotto (Italien) und Kalavrita (Griechenland)!

1 Sprecht über die Statistik M3a)! Welche Entwicklung ist abzulesen?

2 Nenne den Anlass, der bei dem Verfahren vor dem „Volksgerichtshof" zum Todesurteil führte M3b)! Diskutiert über die Urteilsbegründung!

3 Welchen Zweck verfolgte die nationalsozialistische Justiz mit solchen Urteilen?

M1 Auszug aus einer Rundfunkrede Stalins kurz nach dem deutschen Einmarsch in die Sowjetunion 1941:

„Genossen! Bürger! Brüder und Schwestern! Kämpfer unserer Armee und Flotte! In den vom Feind besetzten Gebieten müssen Partisanenabteilungen (Partisane = Widerstandskämpfer) gebildet werden zum Kampf gegen die Truppenteile der feindlichen Armee, zur Entfachung des Partisanenkrieges überall und allerorts, zur Sprengung von Brücken und Straßen, zur Zerstörung der Telefon- und Telegrafenverbindung, zur Niederbrennung der Wälder und der Depots. In den besetzten Gebieten müssen für den Feind und alle seine Helfershelfer unerträgliche Bedingungen geschaffen werden, sie müssen auf Schritt und Tritt verfolgt und vernichtet und alle ihre Maßnahmen müssen vereitelt werden."

M2 Am 26. Mai 1942 verübten tschechische Widerstandskämpfer ein Attentat auf Reinhard Heydrich, dem dieser einige Tage später erlag. Heydrich war Chef der deutschen Geheimpolizei und stellvertretender „Reichsprotektor von Böhmen und Mähren". Auszug aus der amtlichen Verlautbarung der NS-Machthaber vom 16. Juni 1942:

„Im Zuge der Fahndungen nach den Mördern des SS-Obergruppenführers Heydrich wurden einwandfreie Hinweise dafür gefunden, dass die Bevölkerung der Ortschaft Lidice bei Kladno dem infrage kommenden Täterkreis Unterstützung und Hilfe leistete ... Nachdem die Einwohner dieses Dorfes durch ihre Tätigkeit und durch die Unterstützung der Mörder von SS-Obergruppenführer Heydrich gegen die erlassenen Gesetze schärfstens verstoßen haben, sind die männlichen Erwachsenen erschossen, die Frauen in ein Konzentrationslager übergeführt und die Kinder einer geeigneten Erziehung zugeführt worden. Die Gebäude des Ortes sind dem Erdboden gleichgemacht und der Name der Gemeinde ist ausgelöscht worden."

M3 Das Vorgehen der NS-Justiz im Deutschen Reich

a) Vom Volksgerichtshof verhängte Todesurteile:

Jahr	Angeklagte	Todesstrafen
1937	618	32
1938	614	17
1939	477	36
1940	1094	53
1941	1237	102
1942	2573	1192
1943	3355	1662
1944	4428	2097
1945	126	52

b) Aus einem Urteil des „Volksgerichtshofs":

„(Regierungsrat) Dr. Korselt hat in Rostock in der Straßenbahn nach der Regierungsumbildung in Italien gesagt, so müsse es hier auch kommen, der Führer müsse zurücktreten, denn siegen könnten wir ja nicht mehr und alle wollten wir doch nicht bei lebendigem Leibe verbrennen. Als Mann in führender Stellung hat er dadurch seinen Treueid gebrochen ... Er hat seine Ehre für immer eingebüßt und wird mit dem Tod bestraft."

Zusammenarbeit mit der deutschen Besatzungsmacht

Angesichts der militärischen Anfangserfolge Hitlerdeutschlands arbeiteten einzelne Politiker in den besetzten Gebieten mit der deutschen Regierung zusammen, da sie glaubten, die Interessen ihrer Völker so besser vertreten und ein gewisses Maß an Selbstständigkeit bewahren zu können. Diese **Kollaboration** zeigte sich z.B. im nicht besetzten Teil Frankreichs. Dort wurde das NS-Regime u.a. dadurch unterstützt, dass der deutschen Wirtschaft Tausende von Arbeitskräften zur Verfügung gestellt und Juden sowie Kommunisten an das Deutsche Reich ausgeliefert wurden.

Französische Freiwillige der „Legion gegen den Bolschewismus" ziehen für Hitlerdeutschland in den Krieg (Paris, 1944). Insgesamt belief sich ihre Zahl nur auf ein paar Tausend.

Widerstand gegen die deutsche Besatzung regt sich überall

Die nationalsozialistische Gewaltherrschaft entfachte in den besetzten Ländern meist den Widerstand der einheimischen Bevölkerung. Dieser zeigte sich in **Demonstrationen, Streiks, Sabotageaktionen und Überfällen** auf deutsche Truppen. Insbesondere in Jugoslawien und in der Sowjetunion gewann die Partisanenbewegung eine spürbare militärische Bedeutung. Die **Partisanenarmeen** waren so stark, dass deutsche Heeresverbände mit schweren Waffen gegen sie eingesetzt wurden. Dabei lag der militärische Vorteil meist bei den Partisanen: Ihre Taktik, hinter der Front, aus dem Hinterhalt und mit Unterstützung der Bevölkerung blitzartig vor allem Nachschub- und Versorgungstransporte anzugreifen und sich wieder in ihre Verstecke zurückzuziehen, bereitete der Wehrmacht erhebliche Schwierigkeiten. Ihre Waffen erbeuteten sie bei den Überfällen, aber auch die sowjetischen bzw. alliierten Truppen versorgten sie aus der Luft mit Kriegsgeräten.

Russische Partisanen, versprengte Soldaten und untergetauchte Zivilisten sammeln sich.

NS-Terror in Europa

Den Widerstand in den besetzten Ländern bekämpften Wehrmacht, SS- und Polizeieinheiten mit **brutalem Terror und dieser erzeugte wiederum Gegenterror**. Meist wurden bei Anschlägen gegen deutsche Soldaten als Vergeltung ganze Dörfer abgebrannt, unzählige „Verdächtige" als Geiseln festgenommen oder erschossen. Zum Symbol für den Nazi-Terror wurde die Reaktion auf das Attentat auf Reinhard Heydrich, der als Hauptverantwortlicher für die Unterdrückung der Tschechen galt. Aus Rache für den Anschlag machten SS-Einheiten das Dorf Lidice dem Erdboden gleich, ermordeten einen Großteil seiner Einwohner oder ließen sie in Konzentrationslager bringen. Angeblich hätten die Bewohner Lidices die fliehenden Attentäter unterstützt.

Als sich die Niederlage der deutschen Truppen im Zweiten Weltkrieg abzeichnete, verschärften die NS-Machthaber auch den **Terror gegen die eigene Bevölkerung**. Um die Deutschen noch mehr einzuschüchtern und sie zum fanatischen Kampf gegen die Alliierten anzustacheln, wurde nahezu jede kritische Äußerung gegen die NS-Machthaber als „Wehrkraftzersetzung" verurteilt und der Angeklagte hingerichtet. Wer seine Zweifel am „Endsieg" aussprach, Juden oder anderen Verfolgten half oder aber einen sinnlosen militärischen Befehl missachtete, wurde ebenso mit dem Tode bestraft.

Nach dem Tod eines Deutschen erschießen Soldaten der Wehrmacht und der Waffen-SS 18 serbische Zivilisten an der Friedhofsmauer von Pančevo/Serbien (1941).

Totalitäre Herrschaft und Zweiter Weltkrieg

15. Der deutsche Widerstand verkörpert das „andere" Deutschland

M1 Aus einem geheimen Bericht des örtlichen Polizeidienstes von Bad Kissingen in Unterfranken aus dem Jahr 1941:
„In einem Kindergarten wurde (auf Befehl der NS-Regierung für alle deutschen Schulen und Kindergärten) das Kruzifix entfernt. Die Folge war, dass am anderen Tag von 30 Kindern nur noch fünf den Kindergarten besuchten. Ein Vater erdreistete sich, sogar zur Kindergärtnerin zu kommen und zu verlangen, dass das Kruzifix sofort wieder an seinen alten Platz gebracht wird. Die Kindergärtnerin tat dies nicht, worauf der Mann es selbst wieder an seinen alten Platz hängte …"

1 Überlege, warum die NS-Machthaber während des Krieges gerade das Kruzifix entfernen ließen!

2 Die Tat des im Text genannten Vaters muss als sehr mutig bezeichnet werden. Begründe!

Hans Scholl (links, geb. 1918), Sophie Scholl (Mitte, geb. 1921) und Christoph Probst (geb. 1919)

M2 Die Geschwister Scholl, Mitglieder einer Widerstandsgruppe, die sich unter dem Decknamen „Weiße Rose" an der Münchner Universität gebildet hatte, verbreiteten Ende 1942 dieses Flugblatt. Auszug:
„Mit mathematischer Sicherheit führt Hitler das deutsche Volk in den Abgrund. Hitler kann den Krieg nicht gewinnen, nur noch verlängern! Seine und seiner Helfer Schuld hat jedes Maß unendlich überschritten! Die gerechte Strafe rückt näher und näher! Was aber tut das deutsche Volk? Es sieht nicht und es hört nicht. Blindlings folgt es seinen Führern ins Verderben. Deutsche! Wollt ihr und eure Kinder dasselbe Schicksal erleiden, das den Juden widerfahren ist? … Sollen wir auf ewig das von aller Welt gehasste und ausgestoßene Volk sein? Nein! Darum trennt euch von dem nationalsozialistischen Untermenschentum! … Der bessere Teil des Volkes kämpft auf unserer Seite. Zerreißt den Mantel der Gleichgültigkeit! Entscheidet euch, ehe es zu spät ist. …"

1 Welchen Vorwurf erhob die „Weiße Rose" gegenüber Hitler?

2 Was meinten die Verfasser mit der „Schuld Hitlers und seiner Helfer"?

3 Welche Verhaltensweisen der deutschen Bevölkerung wurden kritisiert?

4 Wozu rief das Flugblatt auf?

M3 Aus einem Bericht des Kölners Jean Jülich, der der Widerstandsgruppe der „Edelweißpiraten" angehörte:
„ … Ich aber entdeckte gegen Ende 1942 die ‚Edelweißpiraten' und schloss mich ihnen an, weil die freiheitliche Auffassung dieser neuen Freunde mir imponierte und mir der militärische Drill und das Strammstehen und das Uniformiertsein der Hitlerjugend nicht gefielen und in meinen Augen die Kirchen zu duckmäuserisch den Nazis gegenüber waren … Wir verübten Sabotage, soweit es unsere bescheidenen Möglichkeiten erlaubten, z.B. beschädigten wir im Schutz der Verdunkelung Eigentum von Nazi-Parteigenossen …"

1 Woran kannst du erkennen, dass es sich bei den „Edelweißpiraten" um eine Widerstandsgruppe von Jugendlichen handelte?

2 Worin unterscheiden sich die „Edelweißpiraten" von der „Hitlerjugend"?

3 Auf welche Weise leisteten die „Edelweißpiraten" Widerstand und was hältst du von dessen Wirksamkeit?

M4 Als im Sommer 1944 die militärische Lage für Deutschland aussichtslos geworden war, drängte Generalmajor von Tresckow, Mitglied des militärischen Widerstands gegen Hitler, zur Tat:
„Das Attentat muss erfolgen … Sollte es nicht gelingen, so muss trotzdem in Berlin gehandelt werden. Denn es kommt nicht mehr auf den praktischen Zweck an, sondern darauf, dass die deutsche Widerstandsbewegung vor der Welt und vor der Geschichte den entscheidenden Wurf gewagt hat. Alles andere ist daneben gleichgültig."

1 Wie begründete von Tresckow die Attentatspläne auf Hitler?

2 Was meinst du zur Begründung von Tresckow?

3 Das Attentat vom 20. Juli 1944 auf Hitler schlug fehl. Informiere dich über die näheren Umstände mithilfe geeigneter Medien, auch des Internets!

4 Stellt in Referaten die deutschen Widerstandsgruppen vor und gestaltet in der Klasse eine kleine Ausstellung über deren Ziele und Mitglieder!

Passiver und aktiver Widerstand im Deutschen Reich

Auch nach Kriegsbeginn fanden sich mutige Menschen, die sich von Hitlers Anfangserfolgen nicht blenden ließen. In Einzel- oder Gruppenaktionen widersetzte sich eine sehr kleine **Minderheit** der Deutschen der Naziherrschaft, auch auf die Gefahr hin das Leben zu verlieren. Tausende Männer und Frauen leisteten **passiven Widerstand**, indem sie u. a. Verbote missachteten, in kirchlichen Gruppen mitarbeiteten oder Verfolgten halfen. Zum Beispiel gelang es 1943 nichtjüdischen Berliner Frauen, durch heftigste Proteste den Abtransport ihrer jüdischen Männer in die Vernichtungslager zu verhindern.

Stärker wurde im Verlauf des Krieges der bewusst **aktive Widerstand**. Einig waren sich die verschiedenen Widerstandskreise in der Ablehnung der Hitler-Diktatur, allerdings verfolgten sie meist unterschiedliche Ziele. **Sozialdemokratische** und **kommunistische Gruppen** unternahmen aus dem Untergrund z. B. Sabotageaktionen in den Rüstungsbetrieben. Unerschrockene **Geistliche** beider Konfessionen traten öffentlich gegen das NS-Regime auf. So prangerte der Bischof von Münster, Graf von Galen, die Willkür der Gestapo und den Massenmord an behinderten Menschen an. Im selben Maße verurteilten Vertreter der evangelischen „Bekennenden Kirche", wie Martin Niemöller, die Rassenlehre der Nationalsozialisten als Sünde.

Als Beispiele für den Protest junger Menschen sind u. a. der Widerstand der „Edelweißpiraten" im Rheinland und einer Münchner Studentengruppe zu erwähnen, die sich **„Weiße Rose"** nannte. Während sie Flugblätter verteilten, die zum Sturz Hitlers und der NS-Tyrannei aufriefen, wurden die Geschwister Sophie und Hans Scholl, führende Mitglieder der „Weißen Rose", im Februar 1943 verhaftet und kurz danach hingerichtet.

Hitler und Mussolini besichtigen die Zerstörungen in der „Lagebaracke" von Hitlers Hauptquartier in Ostpreußen nach der Explosion. Wie durch ein Wunder zog sich Hitler nur leichte Verletzungen zu.

Das Attentat auf Hitler vom 20. Juli 1944

Ein politischer Widerstandskreis um **Carl Goerdeler**, bis 1937 Leipziger Oberbürgermeister, arbeitete konsequent auf den **Staatsstreich** hin. Er verbündete sich **mit hohen Offizieren der Wehrmacht**, die nicht zusehen wollten, wie der Krieg und die Kriegsverbrechen die Existenz Deutschlands aufs Spiel setzten. Nach der Landung alliierter Truppen in der Normandie (s. S. 154) drängte die Zeit, wenn man Deutschland aus eigener Kraft von der NS-Herrschaft befreien und den Krieg beenden wollte. So entschlossen sich die Verschwörer, den Umsturz und das Attentat auf Hitler vorzubereiten. Das **Attentat** führte Oberst Claus Schenk Graf von Stauffenberg durch, weil er als Chef des Ersatzheeres als Einziger der Widerstandskämpfer Zugang zu Hitlers Hauptquartier hatte. Stauffenbergs **Sprengstoffanschlag am 20. Juli 1944** schlug fehl, Hitler blieb am Leben. Daher **scheiterte** auch der Staatsstreich, hitlertreue Truppen schlugen den Aufstandsversuch nieder.

Trotzdem blieb der deutsche Widerstand nicht sinnlos: Eine geistige und moralische Elite hatte mit ihrem „Aufstand des Gewissens" späteren Generationen und der übrigen Welt bewiesen, dass Nationalsozialismus und Deutschland nicht identisch waren. Dieses „andere Deutschland" war für Werte eingetreten, die es dem Nachkriegsdeutschland erleichterten, wieder im Kreis der Völker geachtet zu werden.

Claus Graf Schenk von Stauffenberg (geb. 1907 in Jettingen/Bayern) hatte an mehreren Fronten im Krieg gekämpft, bis er 1943 verwundet wurde. Er erhielt danach eine hohe Stelle im Ersatzheer. Er hatte Verbindungen zu verschiedenen Widerstandsgruppen.

Noch am Abend des 20. Juli 1944 wurde er mit drei weiteren Offizieren in Berlin standrechtlich erschossen.

Nachdem der Kreis der Verschwörer aufgedeckt war, übte Hitler blutige Rache. Der „Volksgerichtshof" in Berlin verurteilte neben den Männern des 20. Juli Tausende von aktiven Widerstandskämpfern zum Tode und verfolgte darüber hinaus auch deren Familienmitglieder.

Totalitäre Herrschaft und Zweiter Weltkrieg

16. Die Alliierten besiegen das „Großdeutsche Reich" und Japan

M 1 Der Verlauf des Zweiten Weltkrieges in Europa von 1942–1945:

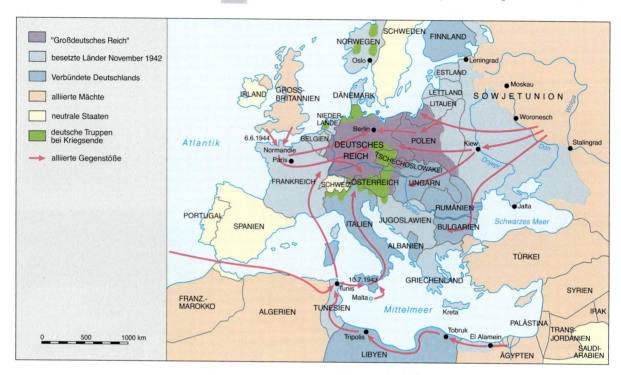

1 Wie entwickelte sich das Kriegsgeschehen nach den deutschen Niederlagen in Stalingrad, Nordafrika und im Seekrieg (s. auch S. 141)?

2 Wo eröffneten die westlichen Alliierten 1943 und 1944 neue Fronten?

3 Beschreibe den Vormarsch der britischen, amerikanischen, französischen und sowjetischen Truppen bis Anfang Mai 1945!

4 8. Mai 1945: Tag der Kapitulation – Tag der Niederlage – Tag der Befreiung. Findet für jede dieser Aussagen eine Antwort!

1 Wer sollte nach der Beseitigung des NS-Regimes die Macht in Deutschland übernehmen?

2 Welche zusätzlichen Pläne hatten die Alliierten mit Deutschland und wie begründeten sie ihr Vorhaben?

3 Als Besatzungsmächte wollten die Alliierten Deutschland aufteilen. Wie und in wie viele Teile? (Eine Zone wird nicht genannt und muss noch ergänzt werden!)

M 2 Angesichts des absehbaren Sieges über Hitlerdeutschland fassten die führenden Staatsmänner der drei alliierten Großmächte Roosevelt (USA), Churchill (Großbritannien) und Stalin (Sowjetunion) auf der Konferenz von Jalta (ehemalige Sowjetunion) im Februar 1945 u. a. folgende Beschlüsse:

„Das Vereinigte Königreich, die Vereinigten Staaten von Amerika und die UdSSR werden bezüglich Deutschlands höchste Machtvollkommenheit haben. In der Ausübung dieser Macht werden sie solche Maßnahmen treffen, einschließlich der völligen Entwaffnung, Entmilitarisierung und Zerstückelung, als sie diese für den künftigen Frieden und die Sicherheit notwendig halten … Es wurde beschlossen, dass eine Zone in Deutschland … Frankreich zugeteilt wird. Diese Zone soll aus der britischen und amerikanischen Zone gebildet werden."

M 3 Am 12. Januar 1945 begann der letzte Ansturm der Roten Armee auf das deutsche Kerngebiet. Aus dem Tagesbefehl des sowjetischen Marschalls Tschernjakowski:

„Zweitausend Kilometer sind wir marschiert und haben die Vernichtung all dessen gesehen, was wir in zwanzig Jahren aufgebaut haben. Nun stehen wir vor der Höhle, aus der heraus die faschistischen (Faschisten = Nationalsozialisten) Angreifer uns überfallen haben. Wir bleiben erst stehen, nachdem wir sie gesäubert haben. Gnade gibt es nicht – für niemanden, wie es auch keine Gnade für uns gegeben hat. Es ist unnötig von Soldaten der Roten Armee zu fordern, dass Gnade geübt wird. Sie lodern vor Hass und vor Rachsucht. Das Land der Faschisten muss zur Wüste werden, wie auch unser Land, das sie verwüstet haben. Die Faschisten müssen sterben, wie auch unsere Soldaten gestorben sind."

1 Wie begründete der sowjetische Marschall seinen Befehl?

2 Auf welche Ereignisse in der Sowjetunion dürfte sein Aufruf zur Racheaktion zurückgehen?

3 Was hatte die deutsche Bevölkerung in den von der Roten Armee eroberten Gebieten zu erwarten?

M 4 Aussagen und Befehle von Nationalsozialisten kurz vor dem militärischen Zusammenbruch des Deutschen Reichs

a) Adolf Hitler im März 1945 über das deutsche Volk:
„Wenn der Krieg verloren geht, wird auch das Volk verloren sein … Es ist nicht notwendig, auf die Grundlagen, die das Volk zu einem primitiven Weiterleben braucht, Rücksicht zu nehmen. Im Gegenteil ist es besser, selbst diese Dinge zu zerstören, denn das Volk hätte sich als das schwächere erwiesen und dem stärkeren Ostvolk gehöre dann ausschließlich die Zukunft. Was nach dem Kampf übrig bleibt, sind ohnehin nur die Minderwertigen, denn die Guten sind gefallen!"

b) Auszug aus einem Befehl Heinrich Himmlers vom 3. April 1945:
„ … aus einem Haus, aus dem die weiße Fahne erscheint, sind alle männlichen Personen zu erschießen."

1 Welche Einstellung Hitlers gegenüber „seinem Volk" geht aus seiner Aussage hervor?

2 Inwiefern widersprach diese Aussage der bisherigen NS-Propaganda?

3 Warum kann man die Anweisungen Hitlers und Himmlers als „Terror gegen das eigene Volk" bezeichnen?

4 Welches Schicksal hätten die überlebenden Deutschen erlitten, wenn der Befehl Hitlers überall befolgt worden wäre?

M 5 Als die Amerikaner im August 1945 jeweils eine Atombombe über den Städten Hiroshima und Nagasaki abwarfen, war die Niederlage Japans besiegelt.

a) Aufgrund von Untersuchungen der Knochenmarkzellen Überlebender in Hiroshima/Japan wurde festgestellt:

Entfernung – vom Abwurfpunkt in km	Anzahl der untersuchten Fälle	Veränderungen in den Erbanlagen (% der Fälle)
< 0,5	20	18 (90,0)
0,6 – 1,5	21	11 (52,4)
1,1 – 1,5	18	1 (6,2)
1,6 – 2,0	23	0
2,1 – 3,0	23	1 (4,3)

1 Welche Schäden verursachen die Atombomben? Erkundige dich auch im Physikunterricht darüber!

2 Noch Jahrzehnte später starben Menschen in Hiroshima und Nagasaki an den Folgen der Atombombenabwürfe. Wie ist das zu erklären?

3 Erläutere, warum mit Hiroshima und Nagasaki ein neuer Abschnitt in der Menschheitsgeschichte begann!

b) Hiroshima nach der Zerstörung:

Totalitäre Herrschaft und Zweiter Weltkrieg

Die Wende im Krieg

1943 hatten die Alliierten an allen Fronten die Oberhand gewonnen (s. S. 141). Nach der Kapitulation der deutsch-italienischen Truppen in Nordafrika beschlossen Roosevelt und Churchill die **Landung auf Sizilien**. Die am 10. Juli 1943 beginnende Besetzung der Insel durch alliierte Verbände veränderte die Machtverhältnisse im kriegsmüden **Italien**. Mussolini wurde gestürzt und verhaftet; die neu gebildete Regierung schloss einen Waffenstillstand mit den Westmächten. Der befreite Teil Italiens erklärte im Oktober 1943 dem Deutschen Reich den Krieg. Währenddessen hatte der von deutschen Truppen befreite Mussolini in Norditalien einen Reststaat gegründet, der jedoch völlig von Hitler abhängig war. Mit dem Ende der NS-Herrschaft in Deutschland verlor auch der italienische Diktator jeden Rückhalt. Im April 1945 wurde **Mussolini** auf der Flucht in die Schweiz von italienischen Partisanen gefangen genommen und erschossen.

Churchill, Roosevelt und Stalin (von links) bei einem Pressetermin während der Konferenz von Jalta, die vom 4. bis 11. Februar 1945 stattfand.

Zusammenarbeit und Planungen der Alliierten

Schon im August **1941** hatten Churchill und Roosevelt in der **Atlantik-Charta** (Charta = Erklärung/Vertrag) ihre zukünftigen Ziele festgelegt und einen Friedensplan entworfen. Nach der Befreiung Europas von der NS-Diktatur sollten die Staaten sowohl auf jegliche Gebietsgewinne als auch auf die Anwendung von Gewalt verzichten und ihre Regierungsform selbst bestimmen können. In diesem **Anti-Hitler-Bündnis**, dem auch die Sowjetunion beitrat, zeigten sich aber im Verlauf des Krieges deutliche Meinungsverschiedenheiten. Auf dem ersten **Gipfeltreffen** Roosevelts, Churchills und Stalins **in Teheran** (Dezember/November) **1943** konnte sich Stalin mit seinem Wunsch nach einem alliierten Entlastungsangriff in Frankreich durchsetzen, obwohl Churchill eine neue Front in Südosteuropa eröffnen wollte. Damit sollte nämlich ein zu weites Vordringen des Kommunismus nach Mitteleuropa verhindert werden. Einig waren sich die „Großen Drei", Deutschland als Staat zu zerstückeln und die Grenzen Polens auf Kosten Deutschlands und zugunsten Russlands nach Westen zu verschieben. Im Februar **1945** bekräftigten die drei Staatschefs auf der **Konferenz von Jalta** (ehemalige Sowjetunion) ihre Pläne. Das Deutsche Reich sollte in vier Besatzungszonen aufgeteilt werden und als Wiedergutmachung 20 Milliarden Dollar zahlen müssen.

Militärischer Zusammenbruch Deutschlands

1944 verschlechterte sich die militärische Lage für das Deutsche Reich immer mehr. Gestützt auf eine erdrückende See- und Luftherrschaft landeten am **6. Juni 1944** starke alliierte Verbände an der Küste der **Normandie** (Frankreich). Ihre starke Überlegenheit ermöglichte es Amerikanern und Briten, das deutsche Westheer entscheidend zu besiegen. Bis zum Jahresende 1944 standen die Alliierten schon an der Westgrenze Deutschlands. Zum selben Zeitpunkt hatte sich auch die Lage an der deutschen **Ostfront** dramatisch zugespitzt, als sowjetische Truppen dem Kerngebiet Deutschlands näher rückten. Seit Stalingrad

Landungsabschnitt alliierter Truppen bei ihrer erfolgreichen Invasion in der Normandie/Frankreich am 6. Juni 1944

waren die deutschen Truppen in sehr verlustreiche Abwehrkämpfe gegen die erstarkte Rote Armee verwickelt und befanden sich auf dem Rückzug. Trotz der hoffnungslosen militärischen Lage ließ Hitler den sinnlosen Kampf fortführen. Durch die **Mobilisierung des „Volkssturms"** wurden alle Männer zwischen 16 und 60 Jahren zur Verteidigung herangezogen.

Mitte Januar 1945 traten starke sowjetische Truppenverbände zu ihrer Schlussoffensive gegen Berlin an. Als sie deutschen Boden betraten, gingen viele russische Soldaten, von Hass und Rache getrieben und von Stalins Propaganda aufgehetzt, mit entsetzlicher **Grausamkeit gegen die deutsche Bevölkerung** vor. Häufige Opfer waren Greise, Kinder und Frauen. Aus Angst vor dieser Rache flüchteten in diesen Wintermonaten etwa vier bis fünf Millionen deutsche Zivilisten aus Ostpreußen, Pommern und Schlesien nach Westen (s. S. 160f.). Zur selben Zeit überschritten im Westen Amerikaner, Briten und nun auch Franzosen den Rhein. Bis zum Frühjahr 1945 drangen sie nach Süddeutschland und in die norddeutsche Tiefebene vor. Hunderttausende erschöpfter deutscher Soldaten gerieten dabei in Gefangenschaft.

Am Ende des Krieges richteten sich Hitlers Hass und Zerstörungswut auch gegen das eigene Volk. Der „Führer" gab den Befehl, alle Verkehrs-, Nachrichten-, Industrie- und Versorgungsanlagen in Deutschland zu zerstören. Mit Hitlers Ende sollten auch die Lebensgrundlagen der Deutschen vernichtet werden.

Am 25. April 1945 trafen sich amerikanische und russische Truppen bei Torgau an der Elbe. **Deutschland** war nun nahezu vollständig von alliierten Truppen **besetzt**. Nachdem Berlin Ende April von russischen Armeen eingeschlossen worden war, entzog sich Adolf **Hitler** am 30. April der Verantwortung und beging **Selbstmord**. Der Krieg war beendet, als Generäle der Wehrmacht am 7. und in der Nacht vom 8. auf den 9. Mai 1945 in den alliierten Hauptquartieren Reims und Berlin-Karlshorst die bedingungslose **Kapitulation des Deutschen Reichs** unterzeichneten. Deutschland und Europa waren von der nationalsozialistischen Gewaltherrschaft befreit.

Russische Soldaten schwenken die Rote Fahne auf dem zerstörten Deutschen Reichstag. Die Aufnahme wurde in den letzten Kriegstagen von sowjetischen Fotografen nachgestellt.

Das Ende des Krieges in Ostasien

Im Pazifik waren die Amerikaner seit Mitte 1942 erfolgreich zum Gegenangriff übergegangen. In einem äußerst blutigen Krieg eroberten sie eine Insel nach der anderen von den Japanern zurück und gelangten im Frühjahr 1945 an die Grenzen der japanischen Inseln. Wegen des zähen und fanatischen Widerstandes, den die japanischen Soldaten leisteten, und der erwarteten hohen eigenen Verluste bei einer Eroberung der Hauptinsel entschloss sich US-Präsident Truman, der Nachfolger des im April 1945 verstorbenen Roosevelt, zum Einsatz einer neuen Waffe von ungeheurer Zerstörungskraft. Beim Abwurf zweier **Atombomben**, auf Hiroshima am 6., auf Nagasaki am 9. August 1945, wurden jeweils Zehntausende von Menschen getötet, Hunderttausende schwer verletzt und die Städte völlig zerstört. Unter dem Eindruck dieser Katastrophe **kapitulierte das japanische Kaiserreich** am 2. September 1945.

Schauplatz Ostasien 1942–1945

155

Totalitäre Herrschaft und Zweiter Weltkrieg

17. Die letzten Wochen des Krieges in unserer Heimat

Projektvorschlag

- Befragt ältere Verwandte und Bekannte oder auch bekannte Bürger eurer Gemeinde bzw. Stadt (etwa vor 1937/38 geboren), welche Erinnerung sie an die Zeit der letzten Tage des Zweiten Weltkrieges haben!

Geht bei euren Erkundungen, die ihr schriftlich festhalten solltet, vor allem darauf ein, welche militärischen Kampfhandlungen stattfanden, ob es Luftangriffe gab, ob Wehrmacht und SS noch in letzter Minute Terrorbefehle und Zerstörungen durchsetzen wollten, welche Bürger die Gemeinden und Städte an die alliierten Truppen übergaben, wie sich die Zwangsarbeiter verhielten und von welchen Sorgen und Problemen die Menschen besonders belastet waren!

- Sucht in den Archiven der Gemeinden und der lokalen Zeitungen, aber auch in Bildbänden, Fotodokumentationen und in privaten Beständen nach passenden Bildern und Texten aus dieser Zeit!

- Erstellt mit euren gesammelten Materialien eine Ausstellung im Schulhaus und ladet alle Personen dazu ein, die euch bei dieser Arbeit unterstützt haben!

M 1 Anfang April 1945 begann der Vorstoß der amerikanischen und französischen Truppen nach Bayern, das sie bis zum 4. Mai 1945 vollständig besetzten:

M 2 In vielen bayerischen Städten kam es beim Heranrücken der haushoch überlegenen alliierten Truppen zu unterschiedlichem Verhalten von Wehrmacht, SS und verantwortungsbewussten Zivilisten.

a) Die Reaktion der Bevölkerung von Friedberg (bei Augsburg):

Ende April 1945 hatten Angehörige des Volkssturms am Eingang der Stadt Straßensperren errichtet, die von SS-Männern bewacht wurden. Trotz der drohenden Erschießung durch die SS wagten es die Bürger (es waren an die 500 Menschen, zum Großteil Frauen), die Hindernisse zu beseitigen und dann in Kontakt zu den herannahenden US-Einheiten zu treten. Schließlich war es ihrem entschlossenen Einsatz zu verdanken, dass die Stadt Friedberg von den Amerikanern nicht mehr beschossen wurde.

b) Aus dem Bericht des Oberinspektors Johann Zimmermann, der die Übergabe der Stadt Aschaffenburg an die US-Armee durchführte:
„Mit den Abendstunden des 28. März 1945 begann das feindliche Artilleriestörungsfeuer leichter und schwerer Kaliber auf das Schloss und die Stadt ... Am 1. April 1945 erhielt ich den Befehl mit meiner Kompanie (eine Volkssturmabteilung von 60 ungedienten Männern) einen (Verteidigungs-)Abschnitt der Wehrmacht zu übernehmen ... Angesichts des Wahnsinns des erhaltenen Befehls und meines Bestrebens unnützes Blutvergießen zu vermeiden, gab ich wohl den Befehl an die Zugführer weiter, jedoch mit dem Bemerken, sich in keinen Kampf einzulassen ... Als ich mich um 17 Uhr (2. April 1945) zum Bataillonsgefechtsstand begab, sah ich den Kreisleiter und Oberbürgermeister Wohlgemuth und den stellvertretenden Kreisleiter Kuhn in Zivil mit Rucksäcken bepackt an der Ecke Karlsstraße/Erthalstraße stehen. Es bestand kein Zweifel mehr, dass gerade die Leute, die den Kampf bis zum letzten Blutstropfen propagiert hatten, wie die Ratten das sinkende Schiff verließen ... Für mich gab es jetzt nur noch den einen Gedanken: auszuhalten und die Stadt vor der vollständigen Zerstörung zu bewahren ... Gegen 4 Uhr (3. April 1945) erschien der Kampfgruppenkommandeur und erklärte, die Stadt solle dem amerikanischen Kommandeur zur Übergabe angeboten werden. Wie er sich dabei äußerte, wollte die Wehrmacht diese Aufgabe nicht übernehmen ... Denn es bestand immer noch der Befehl, dass derjenige, der sich mit einer weißen Flagge zeige, „umgelegt" werde. Ich erteilte meiner Kompanie den Befehl, die Waffen niederzulegen." (Johann Zimmermann übergab daraufhin offiziell die Stadt Aschaffenburg an die amerikanischen Offiziere.)

M 4 Amerikanische Soldaten marschieren am 30. April 1945 im zerstörten München ein. Rechts im Bild der zerstörte Justizpalast:

M 3 Häftlinge des KZ Dachau, das am 29. April 1945 von US-Truppen befreit worden war:

Nach der Befreiung fanden die Amerikaner in den überfüllten Baracken des Konzentrationslagers Dachau über 30 000 Gefangene aus 31 Nationen vor.
Zum gesamten KZ-System Dachau gehörten noch über 100 Neben- bzw. Außenlager in Schwaben und Oberbayern. Insgesamt sind 206 000 Häftlinge während der zwölfjährigen NS-Diktatur in das KZ Dachau eingeliefert worden. 31 591 Todesfälle wurden dabei urkundlich registriert. Die genaue Anzahl der Ermordeten aber, die weit höher liegen dürfte (einschließlich der Opfer von „Sonderbehandlungen" und der Massenerschießungen von Kommissaren der Roten Armee), kann nicht mehr ermittelt werden.

18. Die Bilanz von Gewaltherrschaft und Krieg: Opfer, Zerstörungen und Not

M1 Angaben über die Opfer, die der Zweite Weltkrieg forderte (Die Zahlen ausgewählter Staaten beruhen auf Schätzungen, da wegen der Kriegswirren genaue Angaben unmöglich waren.)

1. Todesopfer:

	Soldaten	Zivilbevölkerung	Gesamtverluste
Sowjetunion	13 600 000	7 000 000	20 600 000
China	6 400 000	5 400 000	11 800 000
Dt. Reich	4 750 000	500 000	5 250 000
Polen	320 000	4 200 000	4 520 000
Japan	1 200 000	600 000	1 800 000
Jugoslawien	410 000	1 280 000	1 690 000
Frankreich	330 000	470 000	800 000
Großbritannien	326 000	60 000	386 000
Italien	330 000		330 000
USA	259 000		259 000

2. Weitere Opfer (ausgewählte Beispiele):

– ermordete Opfer des Holocaust	6 000 000 Juden 500 000 Sinti und Roma
– nach Deutschland verschleppte Personen	9 500 000
– deutsche Kriegsgefangene	11 000 000
– russische Kriegsgefangene	5 700 000
– Kriegsbeschädigte in Deutschland	1 600 000
– Obdachlose in Deutschland	7 500 000
– Obdachlose in der Sowjetunion	30 000 000

1 Wann und wo ist der Zweite Weltkrieg entfesselt worden?

2 Wer war dafür verantwortlich? Welche Ideologie bildete für diese Aggression die Grundlage?

3 Welche Nationen erlitten die höchsten Verluste? Versuche dies aufgrund der Kriegsführung zu begründen!

4 Erläutere, warum Leid und Not auch nach Kriegsende nicht beendet waren!

5 Erkundige dich, welche Opfer dieser Krieg in deiner Familie gefordert hat!

M2 Beispiel für die Kriegszerstörungen in Europa

a) Warschau 1945:

b) Der spätere bayerische Ministerpräsident Wilhelm Hoegner (SPD) beschrieb die Folgen des Krieges am Beispiel Münchens:

„Nach tagelangen Wanderungen gewann ich allmählich einen Überblick über den Umfang der Zerstörungen. In der Innenstadt, in Schwabing und Sendling, in Giesing und Neuhausen lagen ganze Stadtviertel in Trümmern oder waren doch ausgebrannt. Nur die Ludwigskirche war noch benutzbar ...

In Schutt lag das alte Rathaus, das neue war zum größeren Teil erhalten geblieben. Die Staatsbibliothek schien zunächst gänzlich vernichtet, von der Universität stand noch der Teil an der Amalienstraße. In Trümmern lag die Residenz, an der jahrhundertelang gebaut worden war ... Überall ragten Schutthaufen, stehen gebliebene Vorder- oder Rückmauern von Häusern auf. Das ausgegrabene Pompeji schien mir im Vergleich zu München gut erhalten zu sein. Öffentliche Verkehrsmittel gab es nicht mehr, keine Straßenbahn, keine Eisenbahn fuhr ..."

1 Beschreibe den Zustand von Warschau und vergleiche mit dem Bericht von Wilhelm Hoegner!

2 Nenne die Ursachen für die Zerstörungen!

3 Welche Probleme für die Zukunft ergaben sich daraus, dass weite Teile Europas und Ostasiens 1945 zerstört waren?

Die Opfer des Zweiten Weltkrieges

Das weltweite mörderische Ringen kostete Schätzungen zufolge in Europa und Ostasien etwa **55 Millionen Menschen** das Leben. Allein in Europa fielen **20 Millionen Soldaten** im Kampf (z. B. aus der Sowjetunion stammten davon 13,6 Millionen, aus dem Deutschen Reich 4,75 Millionen). Wie noch in keinem Krieg zuvor waren die **Verluste unter der Zivilbevölkerung** (z. B. 7 Millionen Sowjets, 5,4 Millionen Chinesen, 4,2 Millionen Polen) besonders hoch. Dies war meist die Folge der gnadenlosen Kriegsführung und vor allem des nationalsozialistischen Vernichtungskrieges gegen die slawischen Völker Osteuropas. In diesen Zahlen enthalten sind die nahezu 6 Millionen Juden und 500 000 Sinti und Roma, die dem Rassenwahn der Nationalsozialisten zum Opfer fielen.

Zu den schwer Betroffenen des Krieges gehörte auch die große Zahl von **Kriegsgefangenen**. Betroffen waren dabei hauptsächlich die sowjetischen und deutschen Soldaten. Von den 5,7 Millionen Sowjets, die in deutsche Gefangenschaft geraten waren, starben 3,3 Millionen aufgrund unmenschlicher Behandlung. Die etwa 11 Millionen deutschen Soldaten erwartete in der Gefangenschaft ein unterschiedliches Los. Viele starben an Entkräftung, Erfrierungen, Hunger und Seuchen. Manche wurden wenige Wochen nach Kriegsende entlassen, während andere wiederum von den Siegern, insbesondere von der Sowjetunion, zu harter, oft jahrelanger Arbeit in Sibirien verpflichtet wurden. Etwa eine Million Kriegsgefangener hat die sowjetische Gefangenschaft nicht überlebt. 1955 kehrten die letzten zehntausend deutschen Soldaten aus Russland zurück.

Sterbebild der fünfköpfigen Familie Schwenkreis aus Haunstetten bei Augsburg. Die Familie war 1944 während eines alliierten Luftangriffs im Keller ihres Hauses vom Luftdruck getötet worden. Ihr Schicksal soll stellvertretend für die außerordentlich hohe Zahl an getöteten Zivilisten stehen, die der Zweite Weltkrieg forderte.

Kriegszerstörungen, Not und Leid

1945 lagen weite Teile Europas in Trümmern. Überall hatten die Schlachten und der Bombenkrieg **ganze Landstriche und viele Großstädte zerstört**. Weitgehend verwüstet waren die westlichen Teile der Sowjetunion und Polen. Allein in der Sowjetunion konnten 1700 Städte und 70 000 Dörfer nicht mehr bewohnt werden. In Deutschland lagen die Zentren der Großstädte in Schutt und Asche, etwa 40 % des deutschen Wohnraums waren verloren gegangen, es gab keine oder nur wenige intakte Straßen, Eisenbahn- und Straßenbahnlinien, es fehlten Brücken, Häfen und Bahnhöfe. Fabriken und Industriebetriebe waren ebenfalls zerstört worden. Fast in jedem Land, das vom Krieg betroffen war, mangelte es daher nicht nur an **Wohnungen**, sondern auch an Brennstoffen, an der Versorgung mit Strom und Wasser und an Nahrungsmitteln, sodass **viele Menschen hungerten**. Zudem waren überall in Europa und Ostasien wertvolle Bau- und Kulturdenkmäler für immer vernichtet worden.

Zahlenmäßig nicht erfassen lassen sich **Leid und seelische Not** vieler Menschen. Angehörige trauerten um die Gefallenen, Ermordeten und Misshandelten, sorgten sich um die Vermissten und Gefangenen. Viele Kinder mussten ohne Eltern aufwachsen; Ausgebombte suchten Verwandte und Freunde. Viele, die ihr ganzes Hab und Gut verloren hatten, standen vor einer ungewissen Zukunft.

Von den Kriegszerstörungen extrem betroffen war der westliche Teil der Sowjetunion, der beim deutschen Vormarsch 1941/42 und Rückzug (ab 1943) verwüstet wurde. Dieser überlebenden russischen Familie blieb nur die Ruine ihres Hauses.

Totalitäre Herrschaft und Zweiter Weltkrieg

19. Millionen von Menschen verlieren ihre Heimat

M1 Der Vorstoß der sowjetischen Truppen auf das Gebiet des Deutschen Reichs bedeutete für die deutsche Bevölkerung Schlimmstes.

a) Von sowjetischen Flugzeugen zerstörter Wagen eines deutschen Flüchtlingstrecks Anfang 1945 (von Ostpreußen kommend in Richtung Westen ziehend):

b) Eine Frau aus Ostpreußen schilderte die Flucht vor den sowjetischen Truppen über die zugefrorene Ostsee im Winter 1945:
„Tag und Nacht ging die Fahrt (mit den Pferdefuhrwerken). Sie hatten uns gesagt, übers Eis (des Frischen Haffs) ginge es schneller. Wir hörten die feindlichen Flugzeuge von weitem und waren ihnen hilflos ausgeliefert. Der dunkle Treck auf dem hellen Eis war für sie ein Scheibenschießen. Ein ungeheures Durcheinander, Todesschreie von Menschen und Vieh, in Brand geschossene Wagen, von Bomben geborstenes Eis, eingebrochene Pferde …"

1 Überlege, was die Menschen zur Flucht vor der Roten Armee veranlasste! Was befürchteten sie?

2 Erkundige dich bei älteren Mitbürgern (Verwandten, Bekannten), was sie noch über das Schicksal der deutschen Flüchtlinge und Heimatvertriebenen wissen! Berichte in einem Kurzreferat über deren Erfahrungen!

M2 Schon kurz nach Kriegsende begannen die Tschechen zahlreiche Deutsche aus dem Sudetenland zu vertreiben. Aus einem Erlebnisbericht:

„Ich wohnte mit meinen drei Kindern in Freiwaldau, Ostsudetenland (heute: Jesenik). Mein Mann war seit 1941 bei der Wehrmacht … Am 26. Juli 1945 kamen plötzlich drei bewaffnete tschechische Soldaten und ein Polizist in meine Wohnung und ich musste dieselbe binnen einer halben Stunde verlassen. Ich durfte gar nichts mitnehmen. Wir wurden auf einen Sammelplatz getrieben und mussten viele Stunden warten, gegen Abend wurden wir unter grässlichen Beschimpfungen und Peitschenschlägen aus dem Heimatort fortgeführt. Nach sechsstündigem Fußmarsch mussten wir im Freien übernachten und wurden dann eine Woche lang in einem primitiven Lager festgehalten. Verpflegung gab es keine … Es wurde uns immer noch nicht gesagt, was mit uns geschehen soll, bis wir am 2. August 1945 zum Bahnhof mussten und auf offene Kohlenwagen verladen wurden. Vor Abfahrt des Transportes bekamen wir pro Eisenbahnwagen ein Brot. Nach zwei Tagen wurden wir in Tetschen (heute: Děčin) ausgeladen. Wir waren hungrig und erschöpft und mussten in diesem Zustand den Weg bis zur Reichsgrenze zu Fuß antreten. Wir wurden mit Peitschenhieben und Schreckschüssen immer wieder angetrieben und viele sind am Wege liegen geblieben. Als wir endlich an den Schlagbaum kamen, wurden wir nochmals in der unwürdigsten Weise durchsucht und dann mit Schlägen über die Grenze getrieben …"

1 Unter welchen unmenschlichen Bedingungen vertrieben die Tschechen die sudetendeutsche Bevölkerung? Zitiere aus dem Text!

2 Wie sind Hass und Rachsucht der Tschechen zu erklären? Erinnere dich an die Ereignisse in den Jahren 1938 und 1939!

3 Vor welchen Schwierigkeiten standen die Heimatvertriebenen nach ihrer Ankunft in Deutschland?

Die Rache der Sieger und die Flucht der Deutschen aus den Ostgebieten

Der **Vormarsch der Roten Armee** im Winter 1944/45 nach Westen bedeutete für die Deutschen in den Ostgebieten eine **Katastrophe**. Der Großteil der russischen Soldaten fiel mit entsetzlicher Brutalität über die deutsche Bevölkerung her. Zu den Hauptopfern gehörten dabei Frauen und Mädchen, die in großer Zahl vergewaltigt wurden. Etwa **fünf Millionen** Ostpreußen, Pommern und Schlesier **flohen** daher **1945** in panischer Angst **nach Westen**. Nur mit dem notwendigsten Hab und Gut hatten sie plötzlich ihre Heimat verlassen müssen und quälten sich, von ständigen Angriffen sowjetischer Tiefflieger bedroht, über vereiste und überfüllte Straßen. Hunderttausende verloren auf der Flucht aus dem Osten ihr Leben. Als Ostpreußen dann vom Reichsgebiet abgeschnitten war, versuchten viele über die eisige Ostsee zu entkommen. Hier wiederum waren die überfüllten Flüchtlingsschiffe den Torpedos sowjetischer U-Boote ausgesetzt. So kamen u. a. beim Angriff auf das Passagierschiff „Wilhelm Gustloff" an die 9000 Menschen, in erster Linie Flüchtlingsfrauen und -kinder, zu Tode.

Eine Gruppe von deutschen Frauen zieht, nur wenige Habseligkeiten mit sich führend, auf der Suche nach einer neuen Heimat durch das zerstörte und von Sowjetsoldaten (links im Bild) kontrollierte Berlin.

Verschleppung, Vertreibung, Suche nach Heimat

Zehntausende von Deutschen, die nicht fliehen konnten oder wollten, wurden gefangen genommen. Man **verschleppte sie in Arbeits- und Straflager** ins Innere der Sowjetunion.

Nachdem die Sowjetarmee im Frühjahr 1945 die slawischen Völker Osteuropas von der Naziherrschaft befreit hatte, entlud sich der ganze **Hass** dieser Menschen **gegen die deutsche Minderheit**, die in diesen Ländern lebte. Sie wurde verantwortlich gemacht für die Verbrechen der Nationalsozialisten. Nahezu alle Deutschen wurden erbarmungslos zu Opfern von **Vergeltung und Rache**. In den mittlerweile von Polen beanspruchten Ostprovinzen Schlesien und Pommern, wie dann auch in der Tschechoslowakei, in Ungarn, Jugoslawien und Rumänien wurden Deutsche gedemütigt, gequält, beraubt, zum Arbeitseinsatz herangezogen und oft willkürlich und brutal ermordet.

Schließlich begannen schon im **Mai/Juni 1945** die neuen Regierungen Polens und der Tschechoslowakei mit der **Vertreibung Hunderttausender von Deutschen** aus ihren neu entstandenen Staaten. Die Vertriebenen durften dabei nur wenige Habseligkeiten mitnehmen und wurden in Massentransporten, eingepfercht in Vieh- und Güterwaggons, nach Deutschland abgeschoben.

Deutschland lag nun im Schnittpunkt riesiger Bevölkerungsbewegungen. Hier versuchten die aus den Städten Evakuierten und die aus der Gefangenschaft Entlassenen wieder in ihre Herkunftsorte zurückzugelangen, wobei sie aber auf den verstopften Straßen auf einen immer stärker anschwellenden Zustrom von deutschen Flüchtlingen und Vertriebenen trafen. Zwei von fünf Deutschen suchten 1945 ihre alte Heimat oder eine neue. Zum heillosen Durcheinander trugen zudem noch die nahezu 10 Millionen ausländischen Kriegsgefangenen und Zwangsarbeiter bei, die sich auf dem Weg in ihre Heimatländer befanden.

Die deutsche Bevölkerung Prags wird von den Tschechen gedemütigt und zur Zwangsarbeit verpflichtet (Mai 1945).

Totalitäre Herrschaft und Zweiter Weltkrieg

20. Verantwortung und Schuld – Kriegsverbrecherprozesse und Entnazifizierung

M 1 Nach Kriegsende zwangen die Alliierten vielerorts die deutsche Bevölkerung, die ehemaligen NS-Konzentrationslager zu besichtigen:

1 Welche Empfindungen zeigte diese deutsche Frau angesichts der Gräuel im Konzentrationslager?

2 Warum setzte man deutsche Zivilisten diesem Anblick aus?

3 In welcher Weise machten sich viele Deutsche, auch wenn sie nicht direkt an Verbrechen beteiligt waren, während der NS-Diktatur schuldig?

4 Häufig werden auch heute noch Deutsche mit diesen Verbrechen aus der NS-Zeit konfrontiert, insbesondere im Ausland. Diskutiert darüber in der Klasse!

Szene aus dem ehemaligen KZ Buchenwald bei Weimar/Thüringen: Eine Frau wendet sich angesichts der Vielzahl von Ermordeten, die die SS in Massengräbern notdürftig verscharrt hatte, ab. Im Hintergrund US-Soldaten.

M 2 Anfang August 1945 legten die Alliierten die Anklagepunkte fest, nach denen ein Internationaler Militärgerichtshof in Nürnberg die deutschen Hauptverantwortlichen für die Geschehnisse im Zweiten Weltkrieg zur Rechenschaft ziehen sollte (Auszug):

„a) Verbrechen gegen den Frieden: Nämlich: Planen, Vorbereitung, Einleitung oder Durchführung eines Angriffskrieges oder eines Krieges unter Verletzung internationaler Verträge, Abkommen oder Zusicherungen oder Beteiligungen an einem gemeinsamen Plan oder an einer Verschwörung zur Ausführung einer der vorgenannten Handlungen

b) Kriegsverbrechen: Nämlich: Verletzungen der Kriegsgesetze oder -gebräuche ... (wie) Mord, Misshandlungen oder Deportation zur Sklavenarbeit, Mord und Misshandlungen von Kriegsgefangenen, Töten von Geiseln, Plünderung, mutwillige Zerstörung von Städten ...

c) Verbrechen gegen die Menschlichkeit: Nämlich: Mord, Ausrottung, Versklavung ... begangen an irgend einer Zivilbevölkerung ... Verfolgung aus politischen, rassischen oder religiösen Gründen ..."

1 Nenne führende Nationalsozialisten, die für die unter den einzelnen Anklagepunkten genannten Taten verantwortlich waren!

2 Welche konkreten Beispiele aus dem Kriegsgeschehen kannst du für jeden der unter a), b) und c) aufgezählten Anklagepunkte anführen? Lies im Buch nach!

3 Die Angeklagten bestritten meist ihre persönliche Schuld und beriefen sich darauf, nur einen Befehl ausgeführt zu haben. Wie denkst du darüber?

Deutsche Verantwortung und Schuld

Wegen der Verbrechen, die das NS-Regime begangen hatte, bedeutete das Kriegsende für die Deutschen auch eine **moralische Katastrophe**. Als immer mehr Menschen das ganze Ausmaß der nationalsozialistischen Gräueltaten deutlich wurde, steigerte sich im Ausland der Hass gegen alles Deutsche. Die Deutschen reagierten auf das Ende der NS-Zeit unterschiedlich. Während ein Teil froh war über die Befreiung von der Hitlerdiktatur, verharrte die Mehrzahl in Schweigen. Die einen drückten damit ihre tiefe Betroffenheit aus, andere schämten sich und Millionen plagte ein schlechtes Gewissen, da sie eng in das Unrechtssystem der Nazis verstrickt waren. Zu viele wiederum verdrängten Verantwortung und Schuld und verwiesen auf Gräueltaten der Kriegsgegner.

Führende Nationalsozialisten während des Nürnberger Hauptprozesses. Auf der Anklagebank ① Hermann Göring, Oberbefehlshaber der Luftwaffe, ② Rudolf Heß, bis 1941 Stellvertreter des Führers, ③ Joachim von Ribbentrop, Außenminister, ④ Wilhelm Keitel, Generalfeldmarschall, ⑤ Julius Streicher, Gauleiter in Franken und Herausgeber des antisemitischen Hetzblattes „Der Stürmer", ⑥ Albert Speer, Hitlers Architekt und Minister für Rüstung.

Kriegsverbrecherprozesse und Entnazifizierung

Am 20. November 1945 begann auf Anordnung der alliierten Siegermächte vor einem **Internationalen Militärgerichtshof** in Nürnberg der Kriegsverbrecherprozess gegen 21 führende Nationalsozialisten. Hitler, Goebbels und Himmler hatten sich ihrer Strafe vorher durch Selbstmord entzogen. Die Hauptanklagepunkte lauteten: Verbrechen gegen den Frieden, Kriegsverbrechen und Verbrechen gegen die Menschlichkeit. Nach fast einjähriger Verhandlungsdauer verurteilten die Richter der vier Siegermächte zwölf NS-Führer, wie z.B. Göring, zum Tode und verhängten gegen andere langjährige Gefängnisstrafen. Dem Hauptprozess folgten weitere Verfahren gegen hohe Militärs, Industrielle, Juristen und Ärzte, die sich im Dienst der Nazis schuldig gemacht hatten.

Aber nicht nur die Hauptverantwortlichen an den NS-Verbrechen sollten zur Rechenschaft gezogen werden. 1945 begannen die Alliierten mit dem **Entnazifizierungsverfahren**. Ihr Ziel war es dabei, die nationalsozialistische Weltanschauung in Deutschland auszurotten, Funktionäre der NSDAP aus ihren Ämtern zu entfernen und die Deutschen zu demokratischem Handeln zu erziehen. Zunächst wurde Hunderttausenden von ehemaligen Nazis der Prozess gemacht. Bei der folgenden Überprüfung der deutschen Bevölkerung bezüglich ihrer Rolle im NS-Staat gingen die Amerikaner am gründlichsten vor. In der US-Besatzungszone hatte jeder Deutsche über 18 Jahre ein Formular auszufüllen, in dem er seine Vergangenheit offen legen musste. Verdächtige hatten sich dann vor so genannten **Spruchkammern** zu verantworten. Die Hauptschuldigen wurden zu Haftstrafen verurteilt und in Arbeitslager eingewiesen. „Minderbelastete" und „Mitläufer" belegte man mit Berufsverboten oder Geldstrafen. Das gigantische Unternehmen konnte allerdings keine Gerechtigkeit bringen. Es gab zu viele Möglichkeiten durch Lügen, Bestechung und Beziehungen einer Strafe zu entgehen. Die Zeit des Nationalsozialismus kann aber ohnehin nicht durch Gerichtsurteile abgeschlossen werden. Eine offene Auseinandersetzung mit den Geschehnissen während der NS-Zeit wird auch der heutigen Generation aus Verantwortung für die Zukunft nicht erspart bleiben.

Fragen, die im **Meldebogen** gestellt wurden:
Waren Sie jemals Angehöriger, Anwärter, Mitglied, förderndes Mitglied einer nationalsozialistischen Organisation? Wenn ja, welcher? Geben Sie die genaue Bezeichnung ihrer Position an!
Waren Sie Träger von Parteiauszeichnungen (Parteiorden), Empfänger von Ehrensold oder sonstiger Parteibegünstigungen?
Hatten Sie irgendwann Vorteile durch Ihre Mitgliedschaft bei der NS-Organisation? Welche?
Machten Sie jemals finanzielle Zuwendungen an die NSDAP oder sonstige NS-Organisationen? Wenn ja, in welcher Höhe, in welchen Jahren?

Totalitäre Herrschaft und Zweiter Weltkrieg

Überprüfe dein Wissen!

① „Nun wird alles besser werden!"

Der Sohn eines evangelischen Pfarrers in Berlin, Joachim-Ernst Berendt, erzählt von seinem Vater:

„Mein Vater sagte am 30. Januar 1933: ‚Nun wird alles besser werden.' Ich fragte, was denn nun besser würde. Er sagte: ‚Der Parteihader, die Arbeitslosigkeit, der Versailler Schandvertrag. Mit all dem würde Schluss gemacht! Aber der das sagte, war der gleiche Vater, der mich zwei Jahre später auf ein Internat schickte, damit ich nicht in die Hitlerjugend musste, der drei Jahre später auf der Kanzel seiner Kirche vor der ‚Unmenschlichkeit des Nationalsozialismus' warnte, der den Mut hatte, vier Jahre später – 1937 – in einer Predigt vor Hunderten von Menschen zu sagen, der ‚nächste Krieg, der jetzt geplante', werde dem ‚germanischen Hochmut dieser Partei und dieser Menschen endgültig das Lebenslicht ausblasen', und der 1941 im Konzentrationslager Dachau das Leben ließ."

1 Wiederholt anhand der Aussagen in diesem Text, warum viele Menschen 1933 Hitler wählten!

2 Warum sollte Joachim-Ernst nicht zur Hitlerjugend? Was weißt du noch über die NS-Jugendpolitik?

3 „Unmenschlichkeit des Nationalsozialismus" und „germanischer Hochmut" deuten Grundzüge der nationalsozialistischen Weltanschauung und Politik an. Versucht in Partnerarbeit ein Kurzreferat zu erarbeiten und benutzt dazu eure Hefteinträge und das Schulbuch!

② Verträge und Vertragsbrüche in der Außenpolitik Hitlers:

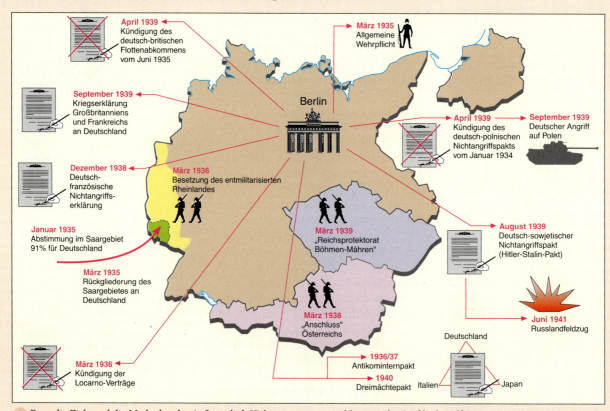

1 Fasst die Ziele und die Methoden der Außenpolitik Hitlers zusammen und benutzt die Grafik als Hilfe!

164

③ Der Zweite Weltkrieg in Bildern und Texten

1 Ordne folgende Auszüge aus Reden bzw. Textstellen richtig zu:
a) den Abbildungen
b) den verantwortlichen Politikern bzw. Verfassern!

2 Gib jeweils auch den genauen geschichtlichen Zusammenhang an!

„Seit 5.45 Uhr wird jetzt zurückgeschossen …" – „Gnade gibt es nicht – für niemanden, wie es auch keine Gnade für uns gegeben hat …" – „Wollt ihr den totalen Krieg? …" – „Wie es den Russen geht, wie es den Tschechen geht, ist mir total gleichgültig …" – „Darum trennt euch von dem nationalsozialistischen Untermenschentum! Der bessere Teil des Volkes kämpft auf unserer Seite …"

④ Widerstand

Die nationalsozialistische Diktatur, Hitlers Krieg und die Kriegsverbrechen riefen Widerstand hervor und provozieren auch heute noch Fragen:

a) Gedenktafel im Innenhof der Gedenkstätte Deutscher Widerstand in Berlin:

b) Auszug aus dem Jugendbuch „Die Welle" von Morton Rhue, in dem ein Lehrer an einer amerikanischen Schule seine Schüler über die Gefährdung von Freiheit und Demokratie durch einen nationalistischen „Führer" aufklären will und dabei einen Film über Hitler-Deutschland zeigt:

„… ‚Nun ja', sagte (der Lehrer) zu Eric und Brad, ‚ich kann euch nur sagen, dass die meisten Deutschen nach dem Krieg behauptet haben, sie hätten von den Konzentrationslagern und den Massenmorden nichts gewusst.' Jetzt hob Laurie Saunders die Hand … ‚Wie konnten sich denn die Deutschen ganz ruhig verhalten, während die Nazis massenweise Menschen abschlachteten …' (Dazu der Lehrer): ‚Das Verhalten der übrigen deutschen Bevölkerung (außer den Nazis) ist ein Rätsel: Warum haben sie nicht versucht, das Geschehen aufzuhalten?' … ‚Die Antworten auf diese Fragen kennen wir nicht.' Eric hob abermals die Hand: ‚Ich kann jedenfalls nur sagen, dass ich nie zulassen würde, dass eine kleine Minderheit die Mehrheit bevormundet …'"

1 Erläutere, welche Gründe Stauffenberg und die anderen Offiziere für das Attentat und den Staatsstreich vom 20. Juli 1944 hatten! Welche Ziele verfolgten sie?

2 Welche Bedeutung haben die Aktionen der deutschen Widerstandsgruppen heute für uns?

3 Lies Quelle 4b)! Fasse mit eigenen Worten zusammen, welche Verhaltensweisen der deutschen Bevölkerung auf Unverständnis stoßen? Wie denkst du darüber?

4 Diskutiert in der Klasse über die Problematik der Aussage des Schülers Eric (letzter Satz!). Welche Möglichkeiten haben Menschen, sich einer Diktatur zu widersetzen?

Totalitäre Herrschaft und Zweiter Weltkrieg

⑤ Der Zweite Weltkrieg und das deutsche Volk

Der damalige Bundespräsident Richard von Weizsäcker nahm am 8. Mai 1985, vierzig Jahre nach Kriegsende, vor dem Deutschen Bundestag Stellung zur Schuld der Deutschen im Zweiten Weltkrieg. Aus seiner Rede:

„Der 8. Mai ist für uns vor allem ein Tag der Erinnerung an das, was Menschen erleiden mussten. Er ist zugleich ein Tag des Nachdenkens über den Gang unserer Geschichte.

Der 8. Mai war ein Tag der Befreiung. Er hat uns alle befreit von dem menschenverachtenden System der nationalsozialistischen Gewaltherrschaft … Niemand wird um dieser Befreiung willen vergessen, welche schweren Leiden für viele Menschen mit dem 8. Mai erst begannen und danach folgten. Aber wir dürfen nicht im Ende des Krieges die Ursache für Flucht, Vertreibung und Unfreiheit sehen. Sie liegt vielmehr in seinem Anfang und im Beginn jener Gewaltherrschaft, die zum Krieg führte. Wir dürfen den 8. Mai 1945 nicht vom 30. Januar 1933 trennen.

Es geht nicht darum, Vergangenheit zu bewältigen … Sie lässt sich ja nicht nachträglich ändern oder ungeschehen machen. Wer aber vor der Vergangenheit die Augen verschließt, wird blind für die Gegenwart. Wer sich der Unmenschlichkeit nicht erinnern will, der wird wieder anfällig für neue Ansteckungsgefahren."

Nach der Befreiung des Konzentrationslagers Dachau am 29. April 1945 durch amerikanische Soldaten wurden die dort entdeckten ermordeten Häftlinge gezählt.

① Was bedeutet nach Ansicht Weizsäckers der 8. Mai 1945 für die Deutschen?

② Welchen Zusammenhang gibt es zwischen dem 8. Mai 1945 und dem 30. Januar 1933? Betrachte dazu auch das Auftaktbild auf S. 113!

③ Erläutere anhand der Abbildung, was der damalige Bundespräsident mit dem „menschenverachtenden System" meinte!

④ Welche Menschen und Völker wurden von den Nationalsozialisten verfolgt und ermordet?

⑤ Nach Weizsäcker tragen wir alle heute eine besondere Verantwortung gegenüber der NS-Vergangenheit. Begründe!

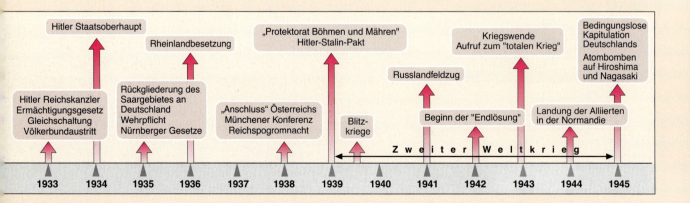

Wiederholen

Verknüpfen

Vertiefen

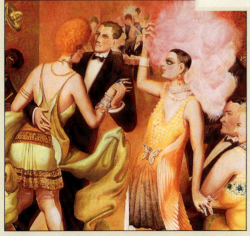

Wir blicken zurück

Schwarz-Rot-Gold: Eine Fahne mit Geschichte

> **Symbole** sind ein uraltes Kommunikationsmittel, das keine Sprachgrenzen kennt, vielmehr rasch und umweglos verstanden wird. Symbole, seien es Farben, Fahnen oder Wappen, vermitteln rascher als Texte Aussagen über Geschichte, über politische Programme, stehen stellvertretend für eine Gemeinschaft. Sie kräftigen nach innen das Bewusstsein der Zusammengehörigkeit, veranschaulichen gemeinsame Werte. Im Zusammenleben mit anderen Staaten sind Symbole Ausdruck für die eigene Identität.

Die Geschichte einer Fahne ist aufs engste mit der Geschichte des jeweiligen Landes verbunden. Das **alte Reich vor 1806** konnte keine Nationalfarben entwickeln, weil die Voraussetzungen für eine staatliche Einheit fehlten.

Im **Vormärz** (Zeit nach den napoleonischen Befreiungskriegen bis zur Revolution 1848) wurden die Farben Schwarz-Rot-Gold zum Symbol aller, die die Einheit Deutschlands sowie Freiheitsrechte forderten. Die schwarz-rot-goldene Uniform der Lützower Jäger, die freiwillig in den Kampf gegen Napoleon zogen, nahm man zum Vorbild für die deutschen Nationalfarben. Dies sollte auch als Gegenpol zu den Farben Preußens, nämlich Schwarz-Weiß, stehen. Die Farben der **Revolution von 1848** waren dann auch Schwarz-Rot-Gold. Im November 1848 legten die Abgeordneten der Nationalversammlung diese Farbgebung auch für die Nationalflagge fest.

Der Dichter Theodor Körner (1791–1813) in der Uniform der Lützower Jäger

Die Revolution 1848

„Schwarz-Rot-Gold"
1. Strophe aus dem Gedicht von Ferdinand Freiligrath (März 1848). Der Dichter musste wegen seiner politischen Einstellung im Exil leben.

„In Kümmernis und Dunkelheit,
Da mussten wir sie bergen!
Nun haben wir sie doch befreit,
Befreit aus ihren Särgen!
Ha, wie das blitzt und rauscht und rollt!
Hurra, du Schwarz, du Rot, du Gold! –
Pulver ist schwarz,
Blut ist rot,
Golden flackert die Flamme!"

Die schwarz-weiß-rote Fahne des **Norddeutschen Bundes** stand für die Farben Preußens (Schwarz-Weiß) und der Hansestädte (Weiß-Rot). Sie wurde im Krieg 1870/71 auf das **Deutsche Reich** übertragen.

Die „Wartburgfahne" (1817)
Viele ehemalige Lützower waren Studenten. Nach dem Ende des Krieges gehörten zahlreiche von ihnen zu den Gründern der Jenaer Burschenschaft, die sich die Farben der Lützower Uniform, Schwarz-Rot-Gold, zu Eigen machte.

Handelsflagge des Norddeutschen Bundes und des Deutschen Reichs

Kriegsflagge des Norddeutschen Bundes und des Deutschen Reichs

Wir blicken zurück

Der Flaggenstreit in der Weimarer Republik

Nach dem Ende des Kaiserreichs 1918 entbrannte ein heftiger Streit auch darüber, welche Symbole der neue Staat haben sollte. Am erbittertsten wurde der Streit über die Nationalfarben geführt.

Plakat der DDP (1924)

Plakat der DNVP (1919)

Reichsinnenminister Dr. David (SPD):
„Auch jetzt wieder ist Schwarz-Weiß-Rot als ein Parteibanner entfaltet worden mit der Devise: gegen Demokratie, gegen die Republik. Bei Demonstrationen nationalistischer und reaktionärer (extrem konservativer) Gruppen in Berlin wird dieses Banner als ein Kampfbanner vorangetragen gegen diejenigen, die auf anderem Boden stehen."

Der Abgeordnete Koch-Weser (ebenfalls DDP) erklärt, warum ein Teil seiner Partei gegen die neue Fahne stimmte:
„…weil wir der Meinung waren, dass die einmal übernommene Fahne, an die sich so viele Traditionen knüpfen, unter der der Aufstieg unseres Volkes erfolgt und unter der so viel Opfermut bewiesen ist, nicht in der Stunde der Not aufgegeben werden konnte, ohne dass sich das Volk selbst aufgibt."

Dr. Kahl (DVP):
„In den Augen der Feinde ist es eine Selbstentwertung, wenn wir nach diesem Unglück unsere Fahne wechseln."

Grundgesetz, Artikel 22: „Die Bundesflagge ist schwarz-rot-gold."

Nationalflagge und Handelsflagge des Deutschen Reichs 1935–1945, 1933–1935 zusätzlich neben der schwarz-weiß-roten Flagge

Kriegsflagge des Deutschen Reichs 1935–1945

1 Wiederhole mit eigenen Worten, was man unter „Symbolen" versteht!

2 Wie interpretiert Freiligrath die drei Farben der Revolution?

3 Gib kurz wieder, wie es zur Reichsgründung von 1871 kam und welche politischen Ziele dahintersteckten (s. S. 22ff.)! Erkläre, warum die Reichsfahne von 1871 nicht Schwarz-Rot-Gold wurde!

4 Wie ist der Streit in der Weimarer Republik ausgegangen? Lest in einem Lexikon nach!

5 Informiert euch in diesem Buch (s. S. 89ff.), in Lexika und im Internet über die politischen Parteien der Weimarer Republik und ordnet sie jeweils den Farben Schwarz-Rot-Gold und Schwarz-Weiß-Rot zu!

Projektideen:
• Gestaltet eine Ausstellung über die Entwicklung der deutschen Fahne und ihre Bedeutung! Ihr könnt dazu nicht nur Abbildungen von Fahnen nehmen, sondern auch Material, das hilft, die Fahnen richtig zu interpretieren!
• Sammelt Darstellungen weiterer nationaler Symbole, etwa der Germania!

Wir blicken zurück

Jugendliche folgen verschiedenen Leitbildern

Erziehung im deutschen Kaiserreich

In einer Zeitung wird über die schulische Erziehung geschrieben:

„Wer als Kind nicht an Fleiß und Ordnung gewöhnt ist, wie sollte der später als Erwachsener, als Bürger des Staates ... Fleiß und Ordnung lieben? Wird ihn nicht die Lust zum Nichtstun, zur Unordnung fortwährend nachhängen und ihn auf mancherlei Abwege führen? Sind nicht die Leute, die nichts Ordentliches treiben wollen ... am ehesten geneigt ... sich gegen die bestehende Ordnung aufzulehnen? So kann denn die Schule ohne Zweifel, indem sie ihre Schüler zum Fleiß und zur Ordnung anhält, ganz wesentlich dazu beitragen, dass aus der Jugend ein Geschlecht von treuen, fleißigen und ordnungsliebenden Untertanen heranwachse."

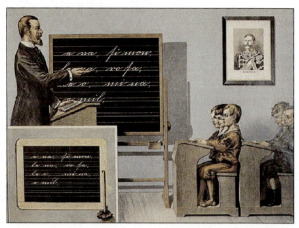

Dieses Schulwandbild zeigt, wie man sich um 1900 den Schulunterricht wünschte. Das Bild lässt erahnen, dass die Lehrer sehr streng waren und Vergehen gleich mit Strafen geahndet wurden. Es herrschte ein militärischer Ton.

Die Jugendbewegung der Kaiserzeit war vor allem von Kindern und Jugendlichen aus bürgerlichen Schichten getragen. Arbeiterkinder fanden meist keinen Zugang.

In der Jugendbewegung finden viele Jugendliche einen Freiraum

Seit 1899 gab es im Deutschen Reich die „Wandervogelbewegung". In ihr kamen Mädchen und Jungen (damals keine Selbstverständlichkeit!) zusammen und unternahmen gemeinsame Wanderfahrten. Auch auf gemeinsames Singen und auf kreative Tätigkeiten wurde großen Wert gelegt. Das Besondere war, dass all diese Tätigkeiten ohne die Aufsicht Erwachsener stattfanden. Im „Wandervogel" bot sich den Jugendlichen die Möglichkeit, wenigstens für kurze Zeit, ohne die gesellschaftlichen Zwänge der wilhelminischen Gesellschaft zu leben.

1913 versammelten sich Vertreter vieler Jugendbünde auf dem Hohen Meißner (bei Kassel) und gründeten die „Freideutsche Jugend". Ihre Ziele legten sie in der so genannten Meißner-Formel fest:

„Die Freideutsche Jugend will nach eigener Bestimmung vor eigener Verantwortung in innerer Wahrhaftigkeit ihr Leben gestalten. Für diese innere Freiheit tritt sie unter allen Umständen geschlossen ein."

(Alle Veranstaltungen der Freideutschen Jugend waren alkohol- und nikotinfrei.)

Wir blicken zurück

Jugendliche in der Weimarer Zeit

Nach dem Ersten Weltkrieg entstand eine Jugendbewegung, die sich gezielt an Arbeiter und ihre Kinder richtete. Vor allem die Sozialistische Arbeiterjugend (SAJ) wollte den Jugendlichen nicht nur ein Freizeitangebot bieten, sondern sie auch gezielt im Sinne des Sozialismus erziehen.

Auszüge aus Plakattexten:
„Wir wollen und brauchen keinen militärischen Drill!
Wir wollen jung und frei sein!
Wir wollen Disziplin und Selbstverantwortung!
Wir wollen Kämpfer der Freiheit sein!
Bei unseren Demonstrationen marschieren wir in geschlossener Formation … und unsere roten Sturmfahnen tragen wir stolz voran!"
„Kommt zu uns, marschiert mit uns und kämpft mit uns unter unserem roten Freiheitsbanner und unter unserer Losung: ‚Vorwärts im Kampf für den Sozialismus!'"

Selbst die Arbeiterjugend war gespalten. Neben den sozialistischen Verbänden gab es – wie hier abgebildet – auch kommunistische Vereinigungen.

Im Nationalsozialismus wurden Jugendliche im Sinne des Regimes erzogen

1 Vergleicht die verschiedenen Leitbilder von Jugend und Erziehung im Deutschen Reich von der Kaiserzeit bis zur Zeit der nationalsozialistischen Herrschaft! Bezieht dazu die Seiten 49 und 122f. mit ein! Wo liegen die Unterschiede? Gibt es auch Gemeinsamkeiten?

2 Welches dieser Leitbilder entspricht am ehesten eurer Vorstellung von Erziehung? Begründet eure Meinung und stellt gegenüber!

Projektideen:
• Befragt eure Großeltern über ihre Zeit in HJ und BDM! Erarbeitet vorher einen Fragenkatalog und vergleicht ihre Erfahrungen und Aussagen mit eurem Wissen! Ihr könnt dieses Projekt im Rahmen einer Broschüre, einer Ausstellung oder auf eurer Schul-Homepage präsentieren!
• Auch heute noch gibt es viele Jugendbünde (z.B. Wandervogel, Jungenschaften, Pfadfinder), die versuchen, nach ähnlichen Zielen zu leben und zu arbeiten. Informiert euch über sie! Viele Bünde sind z.B. im Internet vertreten! Stellt kurz die Ziele der einzelnen Jugendbünde vor!

Wir blicken zurück

Die Grundrechte der Bundesrepublik Deutschland haben einen geschichtlichen Hintergrund

Grundrechte entstehen nicht erst durch Gesetze, sondern sind natürliche Rechte des Menschen. Aber sie werden nur dann wirksam, wenn sie staatlich anerkannt sind. Während der nationalsozialistischen Herrschaft kam es in Deutschland und in den von den Nationalsozialisten besetzten Gebieten zu einer Missachtung der Menschenrechte. Dies zu verhindern war oberstes Ziel der Männer und Frauen, die das Grundgesetz, die Verfassung der Bundesrepublik, erarbeiteten. Das Grundgesetz räumt den Grundrechten einen hohen Stellenwert ein.

Erste Seite des Bundesgesetzblattes vom 23. Mai 1949:

> **Was sind Menschenrechte?**
> Aus einem Lexikon:
> „Bezeichnung für die im Wesen begründeten, zur Erfüllung seiner Aufgaben nötigen unveräußerlichen, deswegen als vor- und überstaatlich geltenden Rechte: Recht auf Leben, Freiheit, Unverletzlichkeit und Sicherheit der Person, auf Erwerbsmöglichkeit, Eigentum, Erziehung und Unterricht, Berufswahl, Religionsausübung; als Grundrechte in vielen Verfassungen garantiert ..."

> Über **Grundpflichten** findet sich im Gegensatz zu den Grundrechten nur wenig in der Verfassung der Bundesrepublik Deutschland:
> In Artikel 5 wird darauf hingewiesen, dass die Freiheit der Lehre nicht von der Treue zur Verfassung entbindet. Nach Artikel 6 haben die Eltern die Pflicht zur Erziehung und Pflege ihrer Kinder. In Artikel 12 findet man die Wehrpflicht. Artikel 14 spricht die soziale Verpflichtung an, die aus dem Eigentum entsteht.
> Indirekt jedoch entstehen aus den Grundrechten auch Grundpflichten. Artikel 2 beispielsweise weist darauf hin, dass jeder nur ein Recht auf freie Entfaltung hat, wenn er die Rechte anderer nicht verletzt. Eine wichtige Grundpflicht ist somit die Achtung der Freiheit unserer Mitmenschen.

Der Präsident des Parlamentarischen Rates, Konrad Adenauer, bei der Unterzeichnung des Grundgesetzes am 23. Mai 1949 in Bonn

Wir blicken zurück

Ein Häftling des Konzentrationslagers Buchenwald bei der Befreiung durch die Amerikaner

Alte und kranke Menschen sowie Frauen mit kleinen Kindern wurden unmittelbar nach ihrer Ankunft in Auschwitz in die Gaskammern gebracht.

**Artikel 1 des Grundgesetzes:
„Die Würde des Menschen ist unantastbar."**

Juden im Warschauer Getto

Auschwitz 1945: Unter den Überlebenden befanden sich 180 Kinder.

Plakat mit Bildmaterial aus der Zeit des Nationalsozialismus

1 Besorgt euch Auszüge aus den deutschen Verfassungen von 1848, 1871 und 1919! Euer Lehrer kann euch sicher dabei helfen. Sucht auch in diesen Verfassungen nach Grundrechten und stellt eure Ergebnisse in einer Tabelle zusammen!

2 Besorge dir eine aktuelle Verfassung und suche nach den Rechten, die deiner Meinung nach zu den Menschenrechten gehören! Erstelle eine Liste der jeweiligen Artikel mit den dazugehörigen Inhalten!
Teilt die einzelnen Grundrechte nun innerhalb der Klasse unter euch auf und erstellt Themenplakate zu den Grundrechten! Eurer Kreativität sind dabei keine Grenzen gesetzt. Ihr könnt z. B. für jedes Grundrecht ein „positives" Plakat und ein „negatives" Plakat erstellen!

Wir vergleichen

Die 20er Jahre: Erfindungen, Entdeckungen und technischer Wandel

Der Beginn des 20. Jahrhunderts ist verbunden mit umwälzenden gesellschaftlichen Veränderungen, ausgelöst durch neue Technologien, z. B. im Bereich der **Kommunikationstechnik** und Fortbewegung. Damit ist Deutschland zu einem modernen Industriestaat geworden.

M 1 Die Zahl der Radioapparate pro Haushalt:

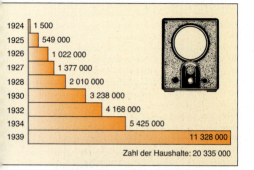

1924	1 500
1925	549 000
1926	1 022 000
1927	1 377 000
1928	2 010 000
1930	3 238 000
1932	4 168 000
1934	5 425 000
1939	11 328 000

Zahl der Haushalte: 20 335 000

Wichtige Entdeckungen und Erfindungen von 1895 bis 1929	
1895	Wilhelm Röntgen: Röntgenstrahlen
1898	Marie und Pierre Curie: Radioaktivität
1905	Albert Einstein: Relativitätstheorie
1913	Henry Ford: erstes Montagefließband für die Produktion von Automobilen
1922/25	Erste Übertragung von Bildern über eine Entfernung von 200 km
1927	Charles Lindbergh: Alleinflug nonstop von Amerika über den Atlantik nach Frankreich
1928	Aufzeichnen von Tönen mit Hilfe des Magnetbandes
1928	Erstmals Einführung eines Katheders in das lebende Herz eines Menschen
1929	Erster elektromechanisch arbeitender Großrechner in den USA (Analogrechner = Vorläufer des Computers)
1930	Vollendung eines „Wolkenkratzers" in New York: das Empire State Building
1931	Erste vollelektronische Übertragung von (stehenden) Fernsehbildern in Berlin

M 2 Hatte das Radio nur Vorzüge?

a) Hans Bredow, Rundfunkkommissar im Reichspostministerium, urteilt 1924 über das Radio:
„Man opferte Ruhe, Gesundheit und Zeit auf beschwerlichen Wegen zum geistigen Wohl – und jetzt kommt die Kunst und das Wissen ins Haus! Die jagende Unrast der Großstadt entweicht, das Haus wird zum Heim, auch für Kunstgenuss und Belehrung."

Der **Rundfunk** fand bald viele Anhänger. Von Berlin aus baute man seit dem Jahre 1919 ein Reichsrundfunknetz auf. Bereits im Jahr 1923 konnten die ersten Unterhaltungssendungen aus dem Berliner Rundfunkhaus empfangen werden.

b) Ein Berliner Schriftsteller über das Radio (1924):
„Das letzte Bollwerk ist zerstört. Tausend und abertausend Familien, hunderttausende von Männern und Frauen haben nicht mehr die Wahl zu weinen, zu lachen, wie es ihnen beliebt. Weinen und Lachen … wird ihnen aufgezwungen … Der Rundfunk vernichtet die persönliche Kultur des geselligen Kreises. Er zwingt dort, wo er wirkt, alles in einen gemeinsamen Bann."

Wir vergleichen

M 3 Das Zeitalter des Automobils und der Luftfahrt brach an:

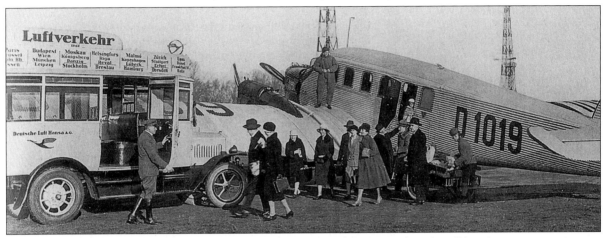

Mit einem Flug von Berlin über Halle, Erfurt und Stuttgart nach Zürich nahm die Lufthansa 1926 ihren Flugverkehr auf.

In Hannover wurden um 1925 Autos per Fließband gefertigt.

Potsdamer Platz in Berlin (1925)

Die nachfolgenden Fragen verstehen sich als Impulse. Die Vorstellung der Ergebnisse vor der Klasse sollte durch anschauliche Präsentationen unterstützt werden. Fasst noch einmal – bevor ihr an die Aufgabenstellungen geht – kurz die politische Lage während dieser aufstrebenden Zeit, insbesondere der „Goldenen 20er Jahre" der Weimarer Republik zusammen (s. S. 96ff.)!

1 Welche positiven und negativen Aspekte des Radios werden herausgestellt? Haben die Kritiker deiner Meinung nach Recht? Begründe!

2 Inwiefern beginnt mit dem Telefon ein neues Zeitalter der Kommunikation? Welche privaten, beruflichen Auswirkungen sind mit diesem Medium verbunden (s. auch S. 103)?

3 Welche neuen Möglichkeiten der Fortbewegung kommen auf? Erkläre, inwiefern der Begriff „Mobilität" zu einem Schlüsselbegriff am Anfang des 20. Jahrhunderts wird!

4 Welche Bedeutung kommt der Fließbandproduktion in diesem Zusammenhang zu?

5 Erweitert die Auflistung links von Erfindungen und Entdeckungen um Beispiele der Kommunikationstechnologie und Fortbewegung bis heute und stellt diese chronologisch zusammen! Geht dabei auch auf kritische Aspekte ein (z. B. Umweltbelastung etc.)!

6 Sammelt weitere Informationen zum Thema (vgl. M1) – z. B. zu Forschungen in der Physik, Chemie und Medizin und zu Nobelpreisträgern auf diesen Gebieten oder stellt eine Liste der Erfindungen elektrischer Geräte im Haushalt zusammen und sammelt Bildmaterial dazu! Ihr könnt dabei auch nur einen Aspekt herausgreifen und die weitere Entwicklung aufzeigen!

Wir vergleichen

Die Unterhaltungsindustrie in den 20er Jahren

1927	Der Tonfilm löst den Stummfilm ab
1928	Kinoboom in Deutschland: über 350 000 Kinobesucher (über 5 000 Kinos, damals hießen sie auch Lichtspielhäuser)
1929	über 400 000 Grammophone (Plattenspieler) und über 30 Millionen Schallplatten werden gekauft

Plakat zum Film „Der blaue Engel" (1930), Regie: Josef von Sternheim

Dem Unterhaltungsbedürfnis der Menschen kam insbesondere das Medium Film entgegen, das von Deutschland und Amerika aus die Welt eroberte. Neben unzähligen kleinen Vorstadtkinos entstanden Filmpaläste, die über tausend Besucher fassen konnten. Sie entsprachen in Ausstattung und Anziehungskraft für die Massen dem, was die Oper im 19. Jahrhundert für das Bürgertum gewesen war. 500 Spielfilme unterschiedlichen Inhalts kamen jährlich neu auf die Leinwand, über ein Drittel aus amerikanischer Produktion. Besonders beliebt waren Musik- und Revuefilme.

Kino-Anzeige (1929)

Das Drehbuch „Der blaue Engel" hat den Roman „Professor Unrat" von Heinrich Mann zur Grundlage. Neben Marlene Dietrich als Lola-Lola spielt Emil Jannings als Hauptdarsteller. Der Film erzählt die tragische Liebe des Gymnasiallehrers Professor Rath, der sich in die Revuetänzerin Lola-Lola verliebt, ihretwegen von der Schule gejagt wird und schließlich als Clown in ihrer Truppe auftritt. Menschlich gedemütigt und gesellschaftlich isoliert stirbt er vereinsamt in seinem Klassenzimmer. Der Film klagt die Brutalität der menschlichen Gesellschaft an, zeigt aber zugleich auch ein neues Frauenbild, das nicht mehr dem der Kaiserzeit entsprach.

Diese Entwicklung wurde allerdings nicht von allen Seiten begrüßt. Manche Menschen kritisierten die Inhalte der Filme und die Art der Vorführung. Eine Bremer Lehrerin beschreibt das Kinopublikum:

„Ich trete ein. Es ist gerade Pause. Eine schwüle, dunstige Luft schlägt mir entgegen, trotzdem die Türen geöffnet sind. Der ganze weite Raum (500 Personen) ist mit Kindern gefüllt bis auf den letzten Platz. Ein unbeschreiblicher Lärm herrscht: Laufen, Rufen, Schreien, Lachen, Plaudern. Knaben balgen sich. Apfelsinenschalen und leere Bonbonschachteln fliegen durch die Luft. ... Mädchen und Knaben sitzen dicht gedrängt durcheinander. 14-jährige Mädchen und 14-jährige Knaben necken sich in unkindlicher Weise gegenseitig ... Kinder jeden Alters, sogar 3- und 2-jährige sitzen da mit glühenden Backen, Frauen gehen mit Näschereien dazwischen herum und verkaufen. Viele Kinder naschen, trinken Brause; Knaben rauchen heimlich."

Damals entstanden auch viele **Revuen**, die in allen größeren Städten zu sehen waren. Die Idee dazu kam aus Amerika. Diese Mischung aus Kabarett, Tanz und Gesang, bei der die Darstellerinnen oft nur knapp bekleidet auf der Bühne standen, kam dem Bedürfnis nach Vergnügen und Unterhaltung entgegen.

Jazz aus Amerika eroberte die Herzen vieler Musikfans.

Die Tiller-Girls in einer Revue im Admiralspalast (Berlin 1925)

Kritisches zu den vielen Unterhaltungsmöglichkeiten aus der Sicht eines Berliner Arbeiters:
„Den Kulturbedarf der breiten Massen befriedigten das Radio, der neue Unterhaltungsfilm, die Trivialliteratur (Groschenroman) sowie Revuen und Tanzlokale. Die Schlager und die Melodien der Operetten halfen Luftschlösser bauen, erleichterten die Flucht aus dem grauen Alltag. Wir betrachteten sie alle, so gut sie auch sangen, als Ausdruck bürgerlicher Verlogenheit, kennzeichneten sie als ausschweifend und kitschig …"

Charleston: Ein neuer Tanz gewann viele Anhänger.

1 Gestaltet eine Ausstellung über die Unterhaltungsindustrie in den 20er Jahren! Stellt Berlin als kulturellen Mittelpunkt jener Jahre vor! Berichtet über die Ufa und ihre Stars! Informiert euch dazu in einem Filmlexikon und im Internet!

2 Stellt dann das Unterhaltungsangebot von damals dem von heute gegenüber! Zeigt auf, was sich verändert hat bzw. macht deutlich, was gleich geblieben ist! Nehmt auch kritische Stellungnahmen mit dazu auf!

3 Musik aus den 20er Jahren: Die Erfindung des Grammophons ermöglichte es, auch zu Hause Musik zu hören. Vielleicht haben einige von euch Freunde oder Bekannte, die alte Schallplatten besitzen. Lasst euch von eurem Musiklehrer über den Musikgeschmack von damals einige Tipps geben, wo ihr dazu Infos finden könnt! Ihr werdet erstaunt sein, dass sich noch viele Melodien von einst heute im Radio als Remix wiederfinden. Vielleicht kann euch jemand den Charleston beibringen!

4 Die Mode zeigt auch ein neues Frauenbild. Lest auch auf Seite 102f. nach und berichtet kurz darüber! Was hat sich zu heute geändert? Beziehot auch das Auftaktbild auf Seite 87 mit ein!

Wir vergleichen

Viele Menschen können sich in den 20er Jahren mehr leisten

M1 Deutlichster Ausdruck der modernen Konsumgesellschaft wurden große Warenhäuser, die ohne Kaufzwang Waren zu günstigeren Preisen anboten, allerdings nur gegen bar und ohne Umtauschmöglichkeit.

a) Blick in das Kaufhaus Wertheim in Berlin:

b) Eröffnungsangebot des Warenhauses Tietz in Stuttgart:

M2 Werbeplakat zu elektrischen Haushaltsgeräten

M3 Zigarettenwerbung (Ende der 20er Jahre):

M4 Motorrad (NSU 251R) – beliebtes Beförderungs- und Transportmittel in den 20er Jahren:

Wir vergleichen

M 5 Freibad in Starnberg (Fotografie, 1925/30):

M 6 Die Eisenbahn ermöglichte es große Strecken schneller zu überwinden und schuf damit wichtige Voraussetzungen für den Tourismus. Hier: Bahnhof Friedrichstraße (Berlin 1910):

M 7 Postkarte einer Ausflugsstation an der ehemaligen Rodelbahn in Fürstenfeldbruck (1918):

Die Arbeitsaufträge beziehen sich auf die Materialien M1 bis M7 und können arbeitsteilig in Gruppenarbeit durchgeführt werden. An die Phase der Auswertung und weiteren Materialsammlung sollten sich immer entsprechende Formen der Präsentation anschließen.

1 Welche Luxusartikel waren in den 20er Jahren erstrebenswert? Warum?

2 Erstellt kurze Werbetexte zu den einzelnen Artikeln! Überlegt, mit welchen Argumenten man in der damaligen Zeit versucht hat, die Leute zum Kauf zu animieren!

3 Welche Konsumgüter sind heute – bei jungen Leuten – besonders beliebt? Gestaltet Plakate und verfasst einen kurzen Text über Probleme, die mit der heutigen Konsumgesellschaft verbunden sind!

4 Informiert euch – z. B. unter „www.encarta.de" – über die Geschichte des Tourismus! Stellt in einem Kurzreferat der Klasse vor, welchen Zweck Reisen im 19. Jahrhundert erfüllt hat und welche Ziele mit dem um 1920 verstärkt aufkommenden Massentourismus verbunden waren! Überlegt dabei, welche Voraussetzungen gegeben sein mussten, damit sich Reisen zum Massentourismus entwickeln konnte, sowie dessen Folgen für den Einzelnen und die betreffenden Regionen!

5 Vergleicht Freizeitangebote in den 20er Jahren mit denen von heute und erstellt dazu eine Collage!

6 Besorgt euch Informationsmaterial über die Tourismusentwicklung eures Heimatraumes, z. B. im Fremdenverkehrsamt oder im Heimat- bzw. Stadtarchiv! Sucht eventuell auch euer Heimatmuseum auf! Überlegt euch eine geeignete Form, eure Ergebnisse vorzustellen!

Wir gehen auf Spurensuche im Heimatraum

Aufstieg und Niedergang von heimischen Industriebetrieben

M „Nicht alle Kamine im Augsburger Textilviertel geben noch Lebensrauchzeichen"
Aus einer aktuellen Darstellung über Augsburg (2000):

„… Einige sind schon gesprengt, andere stehen auf der Abbruchliste. Der majestätischste von allen, der Kamin am Glaspalast, ist seit 1988 außer Funktion. Damals zogen die Arbeiter der Spinnerei und Weberei Augsburg eine schwarze Fahne über die Kuppel ihrer Fabrik. Der Niedergang der Augsburger Textilindustrie war eingeleitet. Eine glanzvolle Zeit ging zu Ende, die vor über zweihundert Jahren begonnen hatte, als um 1770 Johann Heinrich von Schüle am Roten Tor seine Kattunmanufaktur (Kattun = Baumwollstoff) gründete. In stolzem Selbstbewusstsein ließ er das Fabrikgebäude nach dem Vorbild barocker Schlösser entwerfen … Selbstbewusst waren auch die späteren Firmengründungen, die ab etwa 1830 ihre großen Betriebe auf das Gebiet zwischen Altstadt und Lech setzten und damit Augsburgs Industrialisierung einleiteten. Die zahlreichen Lechkanäle im ehemaligen Flussbett boten billige Antriebskraft, später übernahmen Dampfmaschinen ihre Funktion. Beste Architekten wurden geholt, die Anlagen großzügig gebaut … Die Fabrikdirektoren bauten sich Villen neben die Fabriken in schönen Parks, von elegant geschmiedeten Zäunen umgeben; für ihre Arbeiter errichteten sie Wohnquartiere in damals vorbildlicher Qualität, mit Waschhäusern und Kindergärten, die die Beschäftigten gleichermaßen zufrieden und abhängig hielten – wes Brot ich ess, des Lied ich sing …"

1 Welche Entwicklung scheint die Augsburger Textilindustrie genommen zu haben?

2 Welche Probleme könnten sich aus den leer stehenden Industriebauten ergeben?

Der „Glaspalast" im Augsburger Textilviertel heute

Der in der obigen Beschreibung erwähnte „Glaspalast" war ein Produktionsgebäude der „Spinnerei und Weberei Augsburg" (SWA). Offiziell handelte es sich beim „Glaspalast" um das Werk IV dieses Augsburger Betriebes. Er wurde als letztes Werk 1909/10 errichtet. Das erste Gebäude der SWA entstand bereits 1840. 1837 war das Augsburger Bankhaus Schaezler maßgeblich an der Gründung der SWA als Aktiengesellschaft beteiligt. Im Werk I waren 300 Spinner und 500 Weber tätig. Bereits 1851 gingen hier 1200 Menschen ihrer Arbeit nach. 1879 wurde ein zweites Werk errichtet. Von 1877 bis 1898 entstand das aus zwei Webereien bestehende Werk III. Hierzu gehörte das so genannte „Fabrikschloss". 1918 beschäftigte die SWA 3000 Mitarbeiter. 1936 waren es 4000 Menschen. Auch nach dem Ende des Zweiten Weltkrieges arbeiteten bei der SWA noch 4500 Männer und Frauen. 1966 zeigte die Zahl von 2200 Mitarbeitern bereits, dass die Augsburger Textilwirtschaft in eine Krise geraten war, aus der sie nicht mehr herausfinden sollte. 1972 wurde der Betrieb von einem Mann gekauft, der mit den Werken nur spekulierte. 1976 kam es zum Konkursverfahren. 1988 erfolgte die endgültige Stilllegung. Während das Werk I 1944 im Zweiten Weltkrieg bei einem Bombenangriff zerstört und das Werk II 1972 abgebrochen wurde, existieren der „Glaspalast" und das „Fabrikschloss" bis heute. Das „Fabrikschloss" wurde in den letzten Jahren renoviert und beherbergt nun einen großen Baumarkt und andere gewerbliche Einrichtungen. Die Nutzung und damit die Zukunft des Glaspalastes dagegen waren im Jahr 2002 immer noch nicht vollständig geklärt. Geplant ist die Errichtung eines „Staatlichen Textilmuseums Augsburg".

Das „Fabrikschloss" der Spinnerei und Weberei Augsburg (SWA) heute

M Aus einem Brief der Augsburger Weber an die Regierung zur bevorstehenden Genehmigung der SWA (1837):

„Mit der Maschinen-Spinnerei soll auch eine Weberei von 200 bis 800 Stühlen verknüpft werden, um gefertigte Kaliko (bedruckte Baumwollstoffe) aus der Fabrik hervorgehen zu lassen. Erkennen wir in der Anlage der Spinnerei, in welchem Umfange diese auch geschaffen werden mag, nicht nur den Vorteil des Publikums im Allgemeinen, sondern auch unseren eigenen, weil das Garn zum Weben wohlfeiler geliefert werden mag, so haben wir Weber in Augsburg und der weiteren Umgebung in der Errichtung einer Weberei einen großen Nachteil zu befürchten. Das Bedürfnis an Kaliko für hiesige und umliegende Fabriken liefern die hiesigen in voller Tätigkeit sich befindenden Webstühle, circa 150 bis 160 an der Zahl …"

1 Welchen Vorteil sieht die Handwerkerschaft der Augsburger Weber in der Errichtung der SWA?

2 Versuche den Brief fortzuführen und damit die großen Bedenken der Weber deutlich zu machen!

3 Wie könnte ein Brief der Arbeiter der SWA geschrieben zwischen 1976 und 1988 ausgesehen haben?

1 Überlegt, aus welchen Gründen einige Unternehmer derartigen relativ billigen und für die damalige Zeit modernen Wohnraum schufen!

2 Sucht auch in eurem Ort oder näheren Umkreis nach ehemaligen Industriebauten! Erforscht deren Geschichte und informiert euch über die heutige Nutzung! Stellt mit dem gefundenen Material eine Ausstellung zusammen!

Die Wohnquartiere der Spinnerei und Weberei Augsburg, die noch heute Wohnraum für viele Menschen sind. Die 21 Ziegelbauten entstanden ab 1892 als Arbeiterwohnsiedlung für die Beschäftigten der SWA. Jede der 300 Wohnungen besaß einen kleinen Garten. Außerdem gehörten ein Altenheim und ein Kindergarten zum Wohnquartier.

Wir gehen auf Spurensuche im Heimatraum

Geschichte selbst präsentieren

Gerade im eigenen Ort oder näheren Heimatraum lässt sich Geschichte oftmals noch neu entdecken. Die Ergebnisse derartiger „Entdeckertouren" können auch für andere Personen interessant sein. Man könnte sie also „präsentieren".

> **präsentieren:**
> überreichen, darbieten, vorlegen, vorzeigen
> (aus: DUDEN, Das Fremdwörterbuch)

Folgende Fragen solltet ihr euch genau überlegen:

1. WAS wollen wir präsentieren?

- Ergebnisse einer geschichtlichen Exkursion?
- Die Geschichte eines Bauwerks?
- Einen bestimmten Zeitraum der Geschichte unseres Ortes/unserer Stadt?
- Ablauf eines geschichtlichen Ereignisses?
- Vorstellung einer geschichtlichen Persönlichkeit?

2. WEM wollen wir es präsentieren?

➡ der Klasse?
　➡ der Schule?
　　➡ den Eltern?
　　　➡ der Gemeinde/Stadt?
　　　　➡ weltweit?

3. WO wollen wir es präsentieren?

➡ im Klassenzimmer?
　➡ in der Aula?
　　➡ außerhalb der Schule?
　　　➡ im Internet?

4. WIE wollen wir es präsentieren?

- einzelne Referate
- Informationsbroschüre
- Ausstellung mit Plakaten
- Diavortrag
- Filmvorführung
- Darstellung über eine Computerpräsentation

Wir gehen auf Spurensuche im Heimatraum

Ein Bahnhof – ein „geschichtsträchtiger" Ort?

Mögliche Inhalte einer Präsentation zur Geschichte des Augsburger Hauptbahnhofs:

- Eröffnung des Bahnhofs 1846
- Sein heutiges Aussehen erhielt der Bahnhof 1869/1871 durch Friedrich Bürklein, der auch das Maximilianeum (heutiger Sitz des bayerischen Landtags) geschaffen hatte.
- Der Augsburger Hauptbahnhof besitzt das älteste noch tatsächlich genutzte Empfangsgebäude aller deutschen Bahnhöfe.
- Der Augsburger Bahnhof war als Ankunfts- und Abfahrtsort Schauplatz wichtiger Ereignisse, die über vorhandene Fotografien und Zeitungsartikel gut präsentiert werden können.

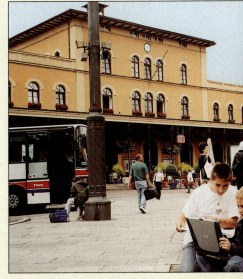

Der Augsburger Hauptbahnhof 2002

Gibt es auch in eurer Gemeinde einen Bahnhof oder einen ähnlichen Ort, an dem sich Menschen versammelt haben? Untersucht die Geschichte dieses Ortes und präsentiert die Ergebnisse!

Oftmals stehen historische Gebäude unter Denkmalschutz. Trifft dies auch für „euer" Gebäude zu? Informiert euch darüber, weshalb manche Bauwerke unter Denkmalschutz stehen und welche Folgen sich daraus ergeben!

Der Augsburger Hauptbahnhof 1918
Auch in Augsburg wurde im Zuge der Novemberrevolution am 8. November 1918 ein Soldatenrat gebildet. Ankommende Soldaten begrüßte man nun mit der schwarz-rot-goldenen Fahne. Der Text auf der linken Tafel lautet: „Das freie Deutschland heißt seine tapferen Söhne willkommen."

 Die „Neue Augsburger Zeitung" berichtet am 22. November 1937:

„… Bis auf den letzten Mann waren die Augsburger fast den ganzen Sonntag über auf dem Wege, um bei der Ankunft (von Adolf Hitler) am Augsburger Hauptbahnhof und bei seinen Fahrten durch die Straßen der Stadt, die sich in einen Schmuck gehüllt hatte, wie ihn Augsburg wohl noch nie gezeigt hatte, ihn zu sehen und ihm auf sichtbarste Weise den herzlichsten Dank dafür zum Ausdruck zu bringen, dass er im Laufe der wenigen Jahre seit der Machtübernahme ein neues Deutschland gebaut hat … Jubel und Heilrufe, die sich langsam über den Bahnhof her durch die Bahnhofstraße … zum Rathaus zugleich mit dem fahrenden Wagen fortpflanzten, kündeten an: Der Führer ist da! …"

Der Augsburger Hauptbahnhof 1937
bei der Ankunft Hitlers

Grundbegriffe

Alliierte: So wurden die Staaten bezeichnet, die sich gegen die Mittelmächte (Deutsches Reich und Österreich-Ungarn u.a.) im Ersten Weltkrieg und gegen Hitler-Deutschland im Zweiten Weltkrieg verbündeten. England, Frankreich, die USA, Russland bzw. die Sowjetunion waren die wichtigsten Alliierten.

Antisemitismus: Bezeichnung für den Judenhass, der auf einem rassistischen Weltbild aufbaut. Die Juden wurden besonders von den Nationalsozialisten zu „Sündenböcken" abgestempelt und für alle Probleme in Politik und Wirtschaft verantwortlich gemacht. Die planmäßige Verfolgung der Juden gipfelte im millionenfachen Massenmord in den Konzentrationslagern.

Auschwitz: Eines der Vernichtungslager in Polen. Vor allem in der „Todesfabrik" Auschwitz ließ das NS-Regime mindestens eineinhalb Millionen Juden, Sinti und Roma und weitere KZ-Häftlinge technisch-fabrikmäßig ermorden.

Bedingungslose Kapitulation: Mit der Unterzeichnung der Kapitulationsurkunde durch hohe deutsche Generäle am 8. Mai 1945 wurden die Kampfhandlungen an allen Fronten beendet und zugleich die vollständige militärische Niederlage von deutscher Seite anerkannt ohne irgendwelche Bedingungen stellen zu können.

Deutsche Arbeitsfront: Massenorganisation der NSDAP, die 1938 28 Millionen Mitglieder hatte. Die DAF ersetzte als „Vertretung aller schaffenden Deutschen" die verbotenen Gewerkschaften. Statt einer echten Interessenvertretung der Arbeiter und Angestellten diente sie jedoch mehr der allgemeinen Betreuung und politischen Schulung.

Deutsches Reich: In Versailles 1871 proklamiertes deutsches Kaiserreich. Es endete 1918 mit der Ausrufung der Republik und der Abdankung des Kaisers Wilhelm II.

Erster Weltkrieg: Von 1914 bis 1918 dauernder Krieg, der als europäische Militärauseinandersetzung begann und durch die Teilnahme der USA ab dem Jahre 1917 zum Weltkrieg wurde. Der Krieg endete mit den Pariser Friedensverträgen.

Frauenbewegung: Initiativen vonseiten bürgerlicher Frauen und Arbeiterinnen mit dem Ziel der politischen und sozialen Gleichstellung der Frauen. Sie stellten folgende Forderungen: gleichwertige Bildung, Recht auf Ausbildung, Zugang zu Universitäten, Lohngleichheit, bessere Arbeitsbedingungen und Frauenstimmrecht.

Führerprinzip: Von Hitler aus dem Militärischen übernommenes System von Befehl und Gehorsam. Hitler stellte es dem demokratischen Prinzip des Mehrheitsbeschlusses entgegen, das auf Diskussion und Abstimmung beruhte.

Gleichschaltung: Propagandabegriff für die Ausrichtung aller Lebensbereiche (z.B. Wirtschaft, Kultur und Sport) an der nationalsozialistischen Weltanschauung. Die „Gleichschaltung" diente der Kontrolle der Bevölkerung und der raschen Durchsetzung des NS-Gedankenguts.

„Holocaust" (altgriech. „holos caustos" = vollständige Verbrennung): Systematisch geplante Ermordung der europäischen Juden und der Sinti und Roma durch die Nationalsozialisten und ihrer Helfer im Verlauf des Zweiten Weltkrieges in den Vernichtungslagern. Dem beispiellosen Verbrechen fielen etwa 6 Millionen Juden und mindestens 500 000 Sinti und Roma aus allen Teilen des von den NS-Machthabern besetzten Europas zum Opfer.

Imperialismus: Politik der europäischen Großmächte, der USA und Japans vom letzten Drittel des 19. Jhs. bis zum Ersten Weltkrieg, großen überseeischen Kolonialbesitz zu erwerben. Ziel der Politik war es, diese Länder wirtschaftlich auszubeuten, dort eigene kulturelle Vorstellungen durchzusetzen und sie direkt oder indirekt zu beherrschen. Der Besitz eines solchen Reiches (Imperium) wurde als Voraussetzung für eine Großmachtstellung gesehen.

Industrielle Revolution: Umwälzende Veränderungen der Arbeitswelt, ausgelöst durch technische Erfindungen (Dampfmaschine) und den Einsatz von Maschinen. Folgen waren Massenproduktion und Fabrikarbeit. Die Agrargesellschaft wandelte sich zur Industriegesellschaft, deren Hauptanteil die Fabrikarbeiter als neue gesellschaftliche Schicht bildeten. Es entstanden zahlreiche Industrielandschaften.

Kommunikationstechnik: Radio, Grammophon, drahtlose Telegrafie, Offsetdruck, Foto- und Filmkamera eröffneten neue, leistungsfähigere und auch schnellere Möglichkeiten der Nachrichtenübermittlung und hoben die Grenzen von Raum und Zeit auf. Mithilfe der ersten Datenverarbeitungsmaschinen ließen sich Informationen schneller auswerten.

Grundbegriffe

Konzentrationslager: Die Lager dienten zunächst dazu, politische Gegner einzusperren. Zunehmend wurden auch Menschen jüdischer Abstammung sowie Sinti und Roma, Kriegsgefangene und andere den Nationalsozialisten Missliebige eingesperrt und millionenfach getötet, indem man zuvor ihre Arbeitskraft durch Zwangsarbeit systematisch ausgebeutet hatte. Während des Krieges entstanden eigene Vernichtungslager, z. B. >Auschwitz.

Kraft durch Freude: Unterorganisation der „Deutschen Arbeitsfront". Die KdF bot vor allem ein vielfältiges Erholungs- und Freizeitprogramm für Arbeiter und Angestellte. Ziel war es die Beliebtheit des nationalsozialistischen Regimes in Kreisen zu haben die zuvor traditionell SPD und KPD gewählt hatten.

Links- und Rechtsradikalismus: Politische Bewegungen, die die bestehenden Verhältnisse grundlegend (radikal) verändern wollen. Radikale Gruppen schrecken oftmals nicht vor dem Einsatz von Gewalt zurück, um ihre Ziele zu erreichen. Zur Zeit der Weimarer Republik galt dies sowohl für kommunistische (linke) Gruppierungen und Parteien (insbesondere KPD) als auch für antidemokratische Rechtsparteien (vor allem DNVP und NSDAP). In der Endphase der Weimarer Republik wuchs der Radikalismus stark an, was zu ihrem Scheitern beitrug.

Machtergreifung: Übernahme der Macht am 30. Januar 1933 durch Adolf Hitler bzw. die Nationalsozialisten. Die nationalsozialistische Propaganda bezeichnete diesen Tag auch als „Tag der Machtergreifung".

Mobilmachung: Einberufung von Reservisten und Transport von Soldaten und Material in grenznahe Gebiete, um rasches militärisches Eingreifen im Kriegsfall zu ermöglichen.

Nationalsozialismus: Politische Bewegung, die maßgeblich von Adolf Hitler geprägt wurde. Wesentliche Elemente sind der übersteigerte Nationalismus, ein fanatischer Antisemitismus und das Ideal einer „Volksgemeinschaft", die durch einen „Führer" mit diktatorischen Mitteln gelenkt wird. Gewalt wird sowohl nach innen (Verfolgung politischer Gegner) als auch nach außen (gezielte Kriegspolitik) als natürliches Mittel der Politik verstanden und angewandt.

Nationalsozialistische Diktatur: Zeit zwischen 1933 und 1945, in der Adolf Hitler in Deutschland als „Führer und Reichskanzler" mit diktatorischen Vollmachten regierte: Er war zugleich Staats- und Parteichef, oberster Gerichtsherr und Oberbefehlshaber über die Armee. Andere Parteien waren verboten, politische Gegner wurden verfolgt, eingesperrt oder umgebracht.

NS-Terror: Gesamtheit aller Gewaltmaßnahmen der Nationalsozialisten. Ziel waren anfangs Gegner der NS-Partei (z. B. Politiker) im eigenen Land. Nach 1939 richteten sich die Terrormaßnahmen auch gegen Soldaten und die Bevölkerung in den Staaten der Kriegsgegner.

Oktoberrevolution: Revolutionärer Aufstand in St. Petersburg (Russland) unter Führung von Wladimir I. Lenin und seinen Anhängern am 25. Oktober 1917 (nach westlicher Zeitrechnung war es der 7. November 1917).

Propaganda: Aggressive Werbung z. B. für bestimmte politische Ziele und Mittel zur gezielten Beeinflussung der Einstellungen und des Verhaltens von Menschen.

Rassismus: Abstammung als Unterscheidungsmerkmal zwischen verschiedenen Menschen. Rassisten versuchen u. a. die Überlegenheit der eigenen „Rasse" gegenüber anderen, angeblich minderwertigen „Rassen", hervorzuheben. Dazu bedient man sich oft scheinbar wissenschaftlicher Untersuchungen, die jedoch durchwegs unhaltbar sind. Der Rassismus verstößt gegen die Menschenrechte.

Reichspogromnacht (russ. „pogrom" = Hetze gegen eine Minderheit): Nacht vom 9. auf den 10. November 1938, während der die Nationalsozialisten gezielt jüdische Geschäfte und Synagogen im Deutschen Reich zerstörten. Viele jüdische Bürger wurden dabei misshandelt oder umgebracht. Die Juden mussten als „Sühneleistung" die Summe von einer Milliarde Mark an das Reich entrichten. In der NS-Propaganda sprach man von der „Reichskristallnacht".

SA: Abkürzung für „Sturmabteilung". 1920 als uniformierter Ordnungsdienst gegründet, diente die SA in den 20er Jahren als Schlägertruppe, die gezielt gegen politische Gegner eingesetzt wurde. 1934 entmachtete Hitler die SA, indem er ihre Führer festnehmen und beseitigen ließ.

Schwarzmarkt: In Zeiten, in denen entweder zu wenig Waren auf dem Markt sind, d.h. dass es nicht alles für alle zu kaufen gibt, oder dass das Geld seinen Wert verliert, also Inflation herrscht, entsteht ein Schwarzmarkt: Menschen besorgen sich auf oft „dunk-

Grundbegriffe

len Wegen" Waren und tauschen oder verkaufen sie an bestimmten Stellen für andere Werte oder wertvolleres fremdes Geld (fremde Währungen).

Soziale Frage: Menschenunwürdige Arbeits- und Lebensverhältnisse der Fabrikarbeiter in der Zeit der Industrialisierung (Frauen- und Kinderarbeit, niedrige Löhne, Arbeitslosigkeit, Wohnungselend). Unterschiedliche Wege zur Lösung der „Sozialen Frage" wurden gesucht (Hilfe vonseiten der Kirchen, Unternehmer, des Staates).

Sozialgesetzgebung: Von Otto von Bismarck ab 1882 eingeführte gesetzliche Kranken-, Unfall-, Invaliditäts- und Altersversicherung zur Verbesserung der Notlage der Arbeiter.

Sowjetunion: Nachfolgestaat des Zarenreichs in Russland. Sie war das Ergebnis der Oktoberrevolution von 1917, die die Bolschewisten, eine nach marxistisch-leninistischen Grundsätzen orientierte sozialistische Partei unter ihrem Führer Lenin gelenkt hatte. Letzterer erreichte, dass sich 1922 die auf dem Gebiet des ehemaligen Zarenreiches gegründeten Räterepubliken zur „Union der Sozialistischen Sowjetrepubliken" (UdSSR) zusammenschlossen. Sie hatte Bestand bis zum Jahre 1990.

SS: Abkürzung für „Schutzstaffel". Zunächst als kleine Eliteeinheit zum Schutz Hitlers gegründet, wurde die SS unter dem Reichsführer Heinrich Himmler zum Instrument für die Durchführung des NS-Terrors. Die SS stellte z.B. das Wachpersonal der Konzentrationslager.

Stalinismus: Bezeichnung für das Herrschaftssystem Joseph Stalins, der die Sowjetunion durch die Kollektivierung der Landwirtschaft, die Förderung der Schwerindustrie und die Steigerung der Energieerzeugung modernisieren wollte. Dabei ging Stalin rücksichtslos vor und nahm den Tod von Millionen Menschen in Kauf. Kritik wurde nicht geduldet, politische Widersacher wurden eingesperrt, gefoltert und ermordet. Viele kamen in eines der unzähligen Strafarbeitslager in Sibirien (sog. GULAGs), wo sie elendiglich umkamen.

„Totaler Krieg": Ausrichtung des gesamten öffentlichen Lebens, der Arbeitskraft der Bevölkerung und aller wirtschaftlichen Mittel auf die Kriegsführung des Deutschen Reichs. Er wurde von Reichspropagandaminister Goebbels nach der Kapitulation der 6. deutschen Armee in Stalingrad Anfang 1943 gefordert und zu Lasten der ohnehin schon schwer getroffenen deutschen Bevölkerung umgesetzt.

Verdun: Stadt im Nordosten Frankreichs nahe der deutschen und belgischen Grenze. Sie war Schauplatz der fürchterlichsten Schlachten des Ersten Weltkrieges. Innerhalb weniger Monate starben im Jahre 1916 auf beiden Seiten Hunderttausende von Menschen durch Artilleriefeuer, Flammenwerfer, Giftgas oder im mörderischen Nahkampf.

Versailler Vertrag: Vertrag zwischen den Alliierten und Deutschland, der den Ersten Weltkrieg beendete. Trotz der Vorgaben der USA, die das Selbstbestimmungsrecht der Völker durchsetzen und einen Frieden auf Dauer erreichen wollten, kam es nur zu einem Vertrag, der von Anfang an heftige Kritik auf sich zog. Die Friedensbedingungen enthielten bereits den Nährboden für die Entstehung der nationalsozialistischen Diktatur und den Ausbruch des Zweiten Weltkrieges.

Weimarer Republik: Bezeichnung für das Deutsche Reich zwischen 1919 und 1933, das in dieser Zeit eine demokratische Verfassung besaß. Die verfassunggebende Nationalversammlung trat 1919 in Weimar zusammen, weil die Lage in Berlin zu unsicher war. Aufgrund wirtschaftlicher Schwierigkeiten und der gleichzeitigen starken Zunahme von radikalen Parteien brach die Weimarer Republik 1933 zusammen.

Weltwirtschaftskrise: Dramatischer Kurseinbruch an der New Yorker Börse am 25. Oktober 1929. Aufgrund der starken finanziellen Verflechtungen des Kreditgebers USA mit Europa entwickelte sich dieser zu einer weltweiten Wirtschaftskrise. Deutschland als einer der wichtigsten Schuldner der USA war besonders stark betroffen. Die Weltwirtschaftskrise stellte einen der Gründe dar, weshalb die Weimarer Republik 1933 scheiterte.

Zeitalter des Automobils und der Luftfahrt: Begann im Automobilbereich mit der Erfindung des Verbrennungsmotors durch Nikolaus August Otto 1876 und der Konstruktion der ersten durch Benzin betriebenen Automobile durch Carl Friedrich Benz (1885) sowie unabhängig davon durch Gottlieb Wilhelm Daimler (1886). In der Luftfahrt setzte es mit dem ersten Motorflug des Amerikaners Gustav Whitehead und den Flügen der Brüder Orville und Wilbur Wright 1903 ein. Mit der ersten Atlantiküberquerung durch Charles Lindbergh 1927 begannen die Langstreckenflüge, wenig später nahmen Fluglinien ihren Betrieb auf.

Namen- und Sachregister

A
Adel 15, 31f.
Afrika 35ff., 51, 136, 141
Aktiengesellschaft 9, 11
Allgemeiner Deutscher Arbeiterverein (ADAV) 19, 34
Allgemeiner Deutscher Frauenverein 2, 20
Anti-Hitler-Bündnis 154
Antikominternpakt 131, 164
Antisemitismus 31, 116f., 184
Aprilthesen 70f.
Arbeiter 12ff., 15, 31, 103
Arbeiter- und Soldatenräte 70f., 75, 77
Arbeitsbedingungen 12ff.
Arbeitslosigkeit 98, 104ff., 117
Asien 35ff., 131, 135, 137, 153
Atlantik-Charta 154
Atombomben 3, 153, 166
Auschwitz-Birkenau 142ff., 173, 184
Automobil-/industrie 9, 11, 32, 175, 186

B
Baden, Max von 72ff.
Balkan-/kriege 3, 27, 52f., 56, 73, 79, 81, 136
Bauhaus 100f., 110
Bauern 65, 71, 82f., 114f., 125
Bayern 23, 25, 31, 76f., 93, 156ff., 179ff., 183f.
Bebel, August 2, 19
Benz, Carl Friedrich 9
Berliner Kongress 27, 53, 56
Bismarck, Fürst Otto von 2, 17f., 22ff., 34, 45, 49f., 56, 88
Blitzkriege 3, 136
Bodelschwingh, Friedrich von 17f.
Bolschewiken 71, 82f.
Bombenkrieg 140f., 158f.
Briand, Aristide 99, 110
Brüning, Heinrich 109
Bürger/tum 15, 29, 31
Bürgerkrieg
– Spanischer 131
– Russischer 82f.
Bund deutscher Mädel (BDM) 122f.

C
Churchill, Winston 135f., 141, 152, 154
Clemenceau, Georges 80

D
Dachau 126, 128, 157, 166
Daimler, Gottlieb Wilhelm 9
Dawes-Plan 98
Demokratie, parlamentarische 71, 110
Deutsch-Französischer Krieg 25, 34
Deutsch-Südwestafrika 39ff., 55
Deutsche Arbeitsfront 121, 184
Deutsche Demokratische Partei (DDP) 88ff., 169
Deutsche Volkspartei (DVP) 89, 91, 169
Deutscher Bund 24, 34
Deutscher Zollverein 10

Deutschland
– Deutsches Kaiserreich 2f. 7ff., 23, 35f., 48ff., 58ff., 170, 184
– Weimarer Republik 3, 87ff., 116, 169, 171ff., 186
– NS-Zeit 3, 113ff., 171
Deutschnationale Volkspartei (DNVP) 88f., 92, 99, 169
Diesel, Rudolf 9
Dolchstoßlegende 92, 110f.
Dreibund 3, 26f., 50f.
Dreikaiserabkommen 26f.
Dreimächtepakt 136, 164

E
Ebert, Friedrich 75, 92, 110
Edelweißpiraten 150f.
Eisenbahn 8, 10, 32
Eisner, Kurt 76f.
Elektrizität 9, 11, 174f.
Elektroindustrie 9, 11, 98
Elsass(-Lothringen) 23, 25, 73, 80, 97
Elser, Georg 129
Emser Depesche 25
Endlösung 144ff., 158, 166
Engels, Friedrich 17, 19, 37, 85
England > Großbritannien
Entnazifizierung 163
Entente cordiale 2, 51, 56
Ermächtigungsgesetz 118f., 166
Euthanasie 145
Expressionismus 100f., 110

F
Fabrik-/ordnungen 12ff.
Film/-industrie 101, 176f.
Flotte (dt.) 49, 68, 72f., 79, 81, 131
Fluchtbewegung 160f.
Frankreich 3, 22ff., 26f., 36, 39ff., 49f., 58ff., 61ff., 80f., 84, 86, 93, 96ff., 132, 141, 154, 158
Franz Ferdinand, Erzherzog von Österreich (Thronfolger) 58ff., 86
Frauen 13, 15, 17, 20f., 31, 65, 89, 102f., 176, 184
Freideutsche Jugend 170
Freikorps 77, 92
Friede
– von Brest-Litowsk 69, 71, 83
– von Frankfurt 25
Führerprinzip 116f., 184

G
Geheime Staatspolizei (Gestapo) 126, 128, 137, 151
Generalgouvernement 139, 142, 145
George, David L. 80
Germanisierung 130f.
Gewerkschaften 2, 19, 92, 98, 120f.
Gleichschaltung 3, 120f., 166, 184
Goebbels, Joseph 119ff.,128, 140f.
Goerdeler, Carl 151
Göring, Hermann 119, 128, 163
Großbritannien 3, 8, 26f., 40, 49ff., 72, 84, 86, 92, 96ff., 132f., 141, 152ff.
Grundrechte 118f., 172f.

H
Harkort, Friedrich 8, 10
Herero-Aufstand 3, 39, 41, 55f.
Heydrich, Reinhard 148f.
Himmler, Heinrich 128, 138f., 153
Hindenburg, Paul von 72f., 110, 112, 119
Hiroshima 3, 153, 166
Hitler, Adolf 3, 91, 93, 107, 112ff.
Hitler-Jugend (HJ) 122f., 171
Hitler-Putsch 91, 112
Hitler-Stalin-Pakt 133, 166
Holocaust > Juden

I
Ideologie 116f.
Imperialismus 35ff., 184
Industrialisierung 2f., 7ff., 14, 34, 37, 184
Inflation 3, 91, 93ff., 98, 110
Italien 50f., 63, 100f., 131f., 136f., 154, 158, 164

J
Japan 37, 127, 131, 136f., 141, 153, 155, 158, 164, 166
Juden/-verfolgung 3, 31, 116f., 137f., 142ff., 173, 184
Jungvolk 122f.

K
Kandinsky, Wassily 101, 110
Kapitulation, bedingungslose 3, 141, 166, 184
Kapp-Putsch 92, 112
Ketteler, Wilhelm Emanuel 17f., 33
Kinderarbeit 17f.
Kirchen 17f., 31, 41, 44, 46, 131, 145, 151
Kolchosen 115
Kolonien/Kolonialmacht 35ff., 50f., 80, 131
Kolping, Adolf 17f.
Kommunikationstechnik 11, 174f., 184
Kommunistisches Manifest 17, 19, 34
Kommunistische Partei Deutschland (KPD) 89, 105, 112, 119, 128f.
Konferenz von
– Jalta 152, 154
– Locarno 97, 99, 110, 112, 130f., 164
– Teheran 154
Königgrätz, Schlacht bei 24
Kongo-Konferenz 40, 42f., 56
Konzentrationslager (KZ) 121, 126, 128, 138f., 142ff., 162, 173, 185
Kraft durch Freude 121, 125, 185
Kriegsschuldartikel 79f., 90f.
Kriegsschuldfrage 61, 80
Krupp, Friedrich und Alfred 16, 18, 33

L
Lange, Helene 20
Lebensraum im Osten 116., 130f., 133, 135, 137, 139
Lenin, Wladimir Iljitsch 70f., 83, 110
Liebknecht, Karl 75, 89

Liebknecht, Wilhelm 2, 19
Links- und Rechtsradikalismus 90f., 112, 185
Ludendorff, Erich von (General) 73, 93
Ludwig II. (bayer. König) 25
Ludwig III. (bayer. König) 77
Luftschlacht über England 136
Luxemburg, Rosa 75, 89

M
Machtergreifung, Tag der 118f., 185
Marx, Karl 17, 19, 37, 71, 85
Materialschlachten 63ff.
Meerengenfrage 26f., 50ff.
Militarismus 49
Mobilmachung 59, 61, 185
Moltke, General von 52, 58
Münchener Abkommen 132f., 164, 166
Mussolini, Benito 131f., 151, 154

N
Napoleon III. (franz. Kaiser) 22, 25
Nationalismus 49, 113ff.
Nationalsozialismus 113ff., 169, 171, 173, 183, 185
Nationalsozialistische Deutsche Arbeiterpartei (NSDAP) 99, 105, 112, 123
Nationalversammlung, verfassungsgebende 88ff., 112
Nikolaus II. (russ. Zar) 70f.
Norddeutscher Bund 22, 24, 34
Normandie, Landung in der 154
Notverordnungen 88ff., 106ff.
Nürnberger Gesetze 127, 129, 166
Nürnberger Prozess 162f.

O
Oberste Heeresleitung (OHL) 63, 69, 72f.
Österreich(-Ungarn) 3, 22, 26f., 50ff., 56, 72f., 81, 86, 132f., 164, 166
Oktoberrevolution 69ff., 85f., 185
Osmanisches Reich (Türkei) 27, 40, 50ff., 79, 81
Otto, Nikolaus August 9, 11
Otto-Peters, Luise 20

P
Panslawismus 26f., 50ff.
Pariser Friedensverträge (Vorortverträge) 78ff., 86, 112
Pearl Harbour 137
Personenkult 115
Peters, Carl 36, 39
Plantagenwirtschaft 46
Polen 3, 81, 83, 97, 99 131, 133ff., 164
Präsidialkabinette 107ff., 112
Preußen 2, 22ff., 24, 34
Proletariat 17, 19, 70f.
Propaganda 59, 115, 117, 120f., 124, 153, 185
Protektorat Böhmen und Mähren 3, 133, 164, 166

187

Namen- und Sachregister · Bildquellenverzeichnis

R

Rassismus 37, 116f., 139, 142ff., 151, 185
Rat der Volksbeauftragten 75, 89
Räterepublik (Bayern) 76f.
Reichsarbeitsdienst 125
Reichserbhofgesetz 125
Reichsgründung 1871, 23
Reichskulturkammer 121
Reichspogromnacht 129, 166, 185
Reichspräsident 88f. 112, 118f.
Reichstag 28, 30, 68f., 74f., 88f., 118f.
Reichstagsbrand/-verordnung 118f.
Rentenmark 98
Reparationen 65, 79, 81, 91, 93, 96ff.
Revolution
– Bayern (1918) 76f.
– Deutschland (1918) 3, 74f., 75, 86
– Russische > Oktoberrevolution
Rheinland 3, 91f., 130f., 164, 166
Rhodes, Cecil 36, 40
Röhm, Ernst 126, 128
Roosevelt, Franklin D. 141, 152, 154
Rückversicherungsvertrag 26f., 50f.
Ruhrkampf, -besetzung 3, 91, 93, 112
Rundfunk 3, 120f.
Russland 3, 26f., 37, 49ff., 69ff., 80ff., 86, 114f., 133ff., 141, 148, 152ff., 158ff., 166, 186
Rüstung/-sindustrie 124f., 141

S

Saargebiet 80, 131, 164, 166
Sarajewo 3, 58f., 86
Scheidemann, Philipp 74f., 89
Schlieffenplan 61, 63
Schule 15, 31, 44, 49, 102, 122f., 170
Schutzabteilung (SA) 119, 126, 128, 185
Schutzhaft 126, 128
Schutzstaffel (SS) 119f., 128, 137ff., 143ff., 186
Schwarzer Freitag 108, 110
Schwarzmarkt 109, 185f.
Seeblockade 63, 65, 69
Selbstbestimmungsrecht der Völker 53, 80f.
Serbien 52f.,
Siemens, Werner 2, 11, 18, 32
Sinti und Roma 142ff., 158
Sozialismus in einem Lande 115
Sowchosen 115
Sowjetunion > Russland
Sozialdemokratische Arbeiterpartei (SDAP) 19, 34
Sozialdemokratische Partei Deutschlands (SPD) 2, 19f., 28, 30, 75, 77, 89, 107, 119f., 128f., 169
Soziale Frage 16ff., 186
Sozialgesetzgebung 2, 30, 34, 186
Sozialistengesetz 2, 28, 30, 34
Sozialistische Arbeiterjugend (SAJ) 172
Sozialistische Arbeiterpartei (SAP) 30
Sozialversicherung 17f., 98
Spruchkammer 163
Stalin, Josef W. 114f., 137, 148, 152, 154, 186
Stalingrad 140f., 154f.
Stanley, Henry M. 42f.
Stauffenberg, Graf Schenk von 151
Stellungskrieg 62f., 66f.
Stresemann, Gustav 91, 93, 97ff., 110
Sudentenland 80, 132f., 160f.

T

Totaler Krieg 3, 140f., 186
Truman, Harry S. 155
Tschechen, Tschechoslowakei 97, 99, 132ff., 160
Türkei > Osmanisches Reich

U

U-Boot-Krieg 68f.,
Umwelt 10, 14
Unabhängige Sozialdemokratische Partei Deutschlands (USPD) 75f., 89
USA > Vereinigte Staaten von Amerika

V

Verdun 62ff., 186
Vereinigte Staaten von Amerika 3, 35ff., 37, 51, 68f., 80, 86, 96, 141, 152ff., 158
Verfassung
– Bayern (1919) 76f.,
– Deutsches Kaiserreich (1871) 24, 30
– Weimar (1919) 3, 88f., 102, 112, 119
Vernichtungslager 137, 142ff.
Versailler Vertrag 3, 78ff., 86, 90, 92f., 99, 112, 130f., 186
Vertreibung 139, 160f.
Völkerbund 80, 99, 110, 112, 131
Volksgerichtshof 148f.

W

Währungsreform 98, 112
Wandervogelbewegung 170
Wannseekonferenz 144
Wehrmacht 120, 125, 130ff.
Weimarer Republik > Deutschland
Weltkrieg
– Erster 3, 57ff., 84ff.
– Zweiter 3, 134ff.
Weiße Rose 150f.
Weltwirtschaftskrise 3, 104ff., 112
Westfeldzug 136
Wichern, Heinrich 17f.
Widerstand 126ff., 148ff.
Wilhelm I. (dt. Kaiser) 2, 22ff., 25
Wilhelm II. (dt. Kaiser) 2, 35ff., 48ff., 56, 72, 74f.
Wilson, Woodrow 73, 78, 80
Wittelsbacher 77

Y

Young-Plan 99

Z

Zentrum 28, 31, 89
Zentrumspartei 31
Zetkin, Clara 20
Zwangsarbeiter 138f.
Zwangskollektivierung 115
Zwangsumsiedelungen 139
Zweibund 26f., 50f.

Bildquellenverzeichnis

AdsD.d.FES, Bonn: S. 19.1, 127.1; akg-images, Berlin: S. 20, 23.2, 24, 25.2, 29.1, 32.1, 33.3 58.1, 60.1, 92.1, 100.1, 111.2, 111.3, 111.5, 119.1, 137.1, 141.1, 171.2, 171.3, 175.3, 176; Archiv der Stadt Fürth: S. 12; Archiv Gerstenberg, Wietze: S. 2.4, 13.2, 27, 30, 31.1, 32.2, 49.2, 70.1, 106.2, 108.1, 112.3, 114.2, 120, 130.1, 133; Archiv Hans Dollinger, Etterschlag: S. 65.1; Artothek, Weilheim: S. 48.1, 100.3, 101.2; Bayerische Staatsbibliothek, München (Hoffman-Archiv): S. 29.3, 156, 183.2; Bewag AG, Berlin (Firmenarchiv): S. 178.3; Bibliothèque Nationale de France, Paris: S. 36; Bildarchiv Preussischer Kulturbesitz, Berlin: S.7, 13.1, 13.3, 13.4, 14.2, 15, 16, 18, 19.2, 22, 26.1, 28.1, 29.2, 32.3, 33.4, 34.3, 37.1, 40.1, 41.1, 46.1, 46.3, 50.1, 51, 54.3, 68, 74.2, 80, 81.2, 82.1, 111.7, 112.1, 121.2, 122.3, 129.1, 132, 134, 140, 158, 165.3, 165.4, 167.4, 168.1, 175.2 © VG Bild-Kunst, Bonn, 2003, 178.1, 179.3; Bilderberg, Hamburg: S. 71; bsv-Archiv, München, S. 173.1; Bundesanzeiger Verlagsgesellschaft, Bonn: S. 172.1; Bundesarchiv Koblenz: S. 46.2, Fotos v. Müller Pöhl S. 138.1, 139.2, 165.5; Bundesarchiv, Bonn: S. 17.1/zSg 2/36(11); Burschenschaft Armenia a.d. Burgkeller, Jena: S. 168.3; Collection of the New-York Historical Society, New York: S. 167.2; DaimlerChrysler Konzernarchiv, Stuttgart: S. 9.3; Damals Archiv, Gießen: S. 64.1; Dazy, René, Paris: S. 61; Degussa, Trostberg: S. 9.4; Deutsches Historisches Museum, Berlin: S. 34.1, 84.1, 88.1, 116, 123.1, 149.3 (Gronefeld-Archiv); Deutsches Museum München: S. 10.2; Dokumentenkabinett, Vlotho: S. 59.1; dpa, Frankfurt/M: S. 47.1, 165.6; Eiber, L. Dr., München: S. 145 (Foto: L. Höllenreiner); Feller, N., Steinfeld: S. 55.2; Filser, K. Dr., Augsburg: S. 57, 84.2, 159.1; Forschungsstelle Schulwandbilder, Uni Würzburg: S. 170.2; Friedrich, R., München: S. 100.2; Gallerie der Stadt Stuttgart, Stuttgart: S. 87; Germanisches Nationalmuseum, Nürnberg: S. 34.2, 144.1; Henrich, C., Traben-Trarbach: S. 160, 165.1; Hessisches Landesmuseum, Darmstadt: S. 106.1, 107.2, 111.1, 178.5; Historisches Archiv Krupp, Essen: S. 33.1; Historisches Museum, Frankfurt/M: S. 11.2; Historisches Zentrum der Stadt Wuppertal, Wuppertal: S. 9.1; Hulton-Deutsch Collection/Corbis: S. 131; Institut für Zeitungsforschung, Dortmund: S. 106.3; Interfoto, München: S. 177.2; Kaiser, Johannes, Augsburg: 180, 181, 182. 183.1; Keystone, Hamburg: S. 73, 149.2, 163, 173.2; Körner Gedenkstätte, Wöbbelin (Foto: Nils Feller, Steinfeld): S. 168.2; Kongress Verlag, Berlin (s. G. Schoenberner, Der gelbe Stern. Rütten und Loening, Hamburg, 1969): S. 128.2; Konrad-Adenauer-Stiftung, Bonn: S. 172.2; Landesmuseum f. Technik und Arbeit, Mannheim: S. 101.3; Matz, Richard, Weltstadtverkehr, Berlin (Privatbesitz): S. 111.6; Münchner Stadtmuseum, München: S. 76; Museum f. Deutsche Geschichte, Berlin (Collection G. Schoenberner, Berlin): S. 128.1; Museum für Gestaltung, Berlin: S. 101.1; Museum f. Verkehr und Technik, Berlin: S. 10.1; Museum Wustrow (Wendland), Wustrow: S. 47.2; Paul A. Weber-Museum, Ratzeburg (Foto: Hans-Jürgen, Wohlfahrt) © VG Bild-Kunst, Bonn, 2004: S. 113; Picture Press, Hamburg (Camera Press – TS/Rbo): S. 173.4; Privat-

Bildquellenverzeichnis · Textquellenverzeichnis

archiv Dr. Thieme, Nürnberg: S. 95; Punch Limited, Londen: S. 53; pwe Filmarchiv, Hamburg: S. 67; RIA Nowosti, Berlin: S. 70.2, 83; Schmidt Erich Verlag, Berlin: 123.2; Siemens Archiv, München: S. 11.1; Stadtarchiv München: S. 129.2, 129.2; Stadtarchiv Leipzig: S. 98.2; Stift Melk (Foto: Baumgartner, Graz): S. 167.3; Stiftung Automuseum, Wolfsburg: S. 125.1; Sudetendeusches Archiv, München: S. 161.2; Süddeuscher Verlag-Bilderdienst, München: S. 33.2, 58.2, 64.2, 65.2, 72, 74.1, 74.3, 77, 93, 103.1, 104.3, 105.2, 109.1, 121.1, 122.1, 125.2, 126, 136, 137.2, 151.1, 157.1, 171.1, 173.3, 177.1, 177.3; Sutter, W., Niederstaufen: S. 86; ullstein-bild, Berlin: S. 62, 69, 81.1, 85, 98.1, 99, 105.1, 108.2, 111.4, 119, 122.2, 130.2, 150, 153, 161.1, 165.2, 175.1; U.S. National Archives, Washington D.C.: S. 103.2; Verlag Erich Schmidt, Berlin: S. 123.1; Yad Vashem, Jerusalem: S. 127.2, 170.1; Seite 31.2 aus: N.T. Gidal: Die Juden in Deutschland von der Römerzeit bis zur Weimarer Republik, Bertelsmann, Gütersloh, Lexikon-Verlag, 1988; Seite 35 aus: Christian Zentner, Illustrierte Geschichte des deutschen Kaiserreichs, Südwest Verlag, München, 1986, S. 243; Seite 39 aus: Praxis Geschichte 1/1993, S. 40, Westermann Verlag, Braunschweig; Seite 44.1 aus: Geschichte lernen, Heft 3/1988, E. Friedrich Verlag, Seelze; Seite 44.2 aus: Basler Mission, Evang. Missionsgesellschaft, Basel (Foto: Johannes Leimestoll); Seite 50 aus: Geschichte der modernen Welt in Bildern, Blick ins 20. Jh. Band I, Otto Maier Verlag, Ravensburg, 1979, S. 78; Seite 60 aus: FAZ v. 20.07.94 (Foto: Gregori Ingleright);

Seite 112.2 aus: Unser Jahrhundert im Bild, Bertelsmann Verlag, Gütersloh, © VG Bild-Kunst, Bonn, 2003; Seite 128.1 aus: Katalog Dachau. Museum für Deutsche Geschichte, Berlin (Collection Gerhard Schoenberner, Berlin); Seite 146 aus: Inge Deutschkron, Ich trug den gelben Stern. © 1997 Deutscher Taschenbuchverlag, München; Seite 149.1 aus: Der Krieg gegen die Sowjetunion 1941–1945. Hrsg. Reinhard Rürup. Berliner Festspiele GmbH. Argon Verlag, Berlin 1991; Seite 159 aus: Guido Knopp, Das Ende 1945. Der verdammte Krieg. Bertelsmann Verlag, München, 1995 (Foto: ZDF); Seite 166 aus: Katalog zur KZ-Gedenkstätte Dachau, 1978, S. 205 (US Army Photograph); Seite 169 aus: Plakate als Spiegel der politischen Parteien in der Weimarer Republik; Bayer. Hauptstaatsarchiv, Plakatsammlung 8485, Plakatkunstdruck Eckert Berlin; Seite 174 aus: Dieter Frank, Als das Jahrhundert noch jung war. Rowohlt, Berlin, S. 110; Seite 179.1 aus: Landpartie-Museen rund um München. Ausstellungskatalog, S. 192; Heimatmuseum Stadt Starnberg; 179.2: dto. (Postkarte, Privatbesitz); Seite 183.2 aus: Mein Augsburg. Zeitgeschichte miterlebt, Stadtentwicklung mitgestaltet; Ausstellungskatalog einer Ausstellung 1983 zur 2000 Jahr-Feier, S. 35.

Trotz entsprechender Bemühungen ist es nicht in allen Fällen gelungen, den Rechteinhaber ausfindig zu machen. Gegen Nachweis der Rechte zahlt der Verlag für die Abdruckerlaubnis.

Textquellenverzeichnis

S. 8 (2c) Wilhelm Treue und Karl H. Manegold: Quellen zur Geschichte der industriellen Revolution (= Quellensammlung zur Kulturgeschichte 17), Göttingen (Muster-Schmidt) 2. veränderte und erweiterte Auflage 1979, S. 69

S. 12 (2) Wolfgang Ruppert: Die Fabrik. Geschichte von Arbeit und Industrialisierung in Deutschland, München (C. H. Beck) [6]1993, S. 54f.

S. 13 (3) W. Roscher: System der Volkswirtschaft, Bd. 1, Stuttgart/Berlin 1922, S. 193f.

S. 16 (2a) und S. 33 Alfred Krupps Briefe 1826-1897, hrsg. von Werner Berdrow, Berlin 1928, S. 343ff. Zit. nach: Wolfgang Michalka u. a.: Politik und Gesellschaft, Bd. 1, Frankfurt/M. (Hirschgraben) 1983, S. 125

S. 17 (5) Geschichte in Bayern im Industriezeitalter, S. 132f.

S. 17 (6). S. 33 (3) Siegfried Landshut: Karl Marx – Die Frühschriften, Stuttgart (Kröner) 1969, S. 525ff. (vom Autor neu zusammengestellt und leicht verändert)

S. 20 Andrea von Dülmen (Hrsg.): Frauen. Ein historisches Lesebuch (= Becksche Reihe, Nr. 370), München [3]1990, S. 336f. Frauen in der Geschichte, Bd. 1, hrsg. von der Akademie für Lehrerfortbildung Dillingen, S. 158ff.

S. 21 Adelheid Popp: Jugend einer Arbeiterin, hrsg. mit einer Einleitung von Hans J. Schütz, Berlin/Bonn (J.H.W. Dietz Nachf. GmbH) 1983 (Sonderausgabe), S. 59ff. (gekürzt)

S. 22 (1a) Otto von Bismarck: Die gesammelten Werke, Bd. 10, Berlin (Stollberg) 1928, S. 138f. Zit. nach: Günter Schönbrunn: Das bürgerliche Zeitalter 1815-1914 (= Geschichte in Quellen, Bd. V, hrsg. von Wolfgang Lautemann und Manfred Schlenke), München (Bayerischer Schulbuchverlag) 1980, S. 312 (In weiterer Folge abgekürzt: GiQ.)

S. 22 (1a zweiter Teil) Hans Rothfels: Bismarck und der Staat, Darmstadt (Wissenschaftliche Buchgesellschaft) 1953, S. 170

S. 22 (2) Otto von Bismarck: Die gesammelten Werke, Berlin 1924-1935, Bd. 7, S. 301. Zit. nach: Heinz Dieter Schmid (Hrsg.): Fragen an die Geschichte, Bd. 3: Europäische Weltgeschichte, Frankfurt (Hirschgraben) [2]1977, S. 217

S. 26 (2) Walter Bußmann: Die auswärtige Politik des Deutschen Reiches unter Bismarck 1871-1890 (= Quellen- und Arbeitshefte zur Politik und Geschichte), Stuttgart (Klett) 1975, 61ff.

S. 28 (1a) Reichs-Gesetzblatt Nr. 34, vom 22. Oktober 1878. Zit. nach: GiQ, S. 430

S. 28 (1b) August Bebel: Aus meinem Leben, Teil III, Stuttgart 1914, S. 20ff. Zit. nach: Herbert Krieger (Hrsg.): Handbuch des Geschichtsunterrichts (= Materialien für den Geschichtsunterricht, Bd. V: Die neueste Zeit 1850-1914), Frankfurt/Main (Diesterweg) [4]1980, S. 79

S. 29 (3) Bismarck: Die gesammelte Werke, Bd. 11, S. 289ff. Zit. nach: GiQ, S. 421f.

S. 29 (4) W. Speemann: Schatzkästlein des guten Rates, Stuttgart/Berlin [7]1888. Zit. nach: Peter Brandt/Thomas Hofmann und Rainer Zilkenat: Preußen – Zur Sozialgeschichte eines Staates (= Preußen – Versuch einer Bilanz, Bd. 3), Reinbek (Rowohlt) 1981, S. 305

S. 33 Adolf Kolping: Der Gesellenverein. Zit. nach: Günter Brakelmann: Die soziale Frage des 19. Jahrhunderts, hrsg. von Sybille Banke, Bielefeld (Luther-Verlag) [2]1964, S. 203

S. 33 (2a) Alfred Krupps Briefe 1826-1897, hrsg. von Werner Berdrow, Berlin 1928, S. 343ff. Zit. nach: Michalka, a. a. o., S. 125

S. 33 (6) Siegfried Landshut: Karl Marx – Die Frühschriften, Stuttgart (Kröner) 1969, S. 525ff. (vom Autor neu zusammengestellt und leicht verändert)

S. 33 Zit. nach: Geschichte der christlich-demokratischen und christlich-sozialen Bewegungen in Deutschland. Im Auftrag der Konrad-Adenauer-Stiftung, hrsg. v. Günther Rüther, Köln (Verlag Wissenschaft und Politik) 1986, Teil II, S. 206

S. 36 (2) The Last Will Testament of Cecil Rhodes, hrsg. von William T. Stead, London 1902, S. 57f. und 97f. Zit. nach: Ludwig Zimmermann: Der Imperialismus. Seine geistigen, wirtschaftlichen

Textquellenverzeichnis

und politischen Zielsetzungen (= Quellen und Arbeitshefte für den Geschichtsunterricht, Nr. 4219), Stuttgart (Klett) 1955, S. 9f.
Carl Peters: Wie Deutsch-Ostafrika entstand. Persönlicher Bericht des Gründers, Leipzig 21940, S. 7ff. Zit. nach: Krieger, a. a. O., S. 101
Wolfgang Mayer u. a. : Schwarz-Weiß-Rot in Afrika. Die deutsche Kolonie 1883-1918, Puchheim (IDEA Verlag) 1985, S. 65
S. 39 (3) Carl Peters: Gesammelte Schriften. Mit Unterstützung des Reichsinstituts für Geschichte des neuen Deutschlands, hrsg. von Walter Frank, Bd. 1 München/Berlin (Beck) 1943, S. 302
S. 39 (4a) G. Spraul: Völkermord. In: GWU 39 (1988), S. 728f. Zit. nach: Willy Nikolay: Der Hereroaufstand von 1904 in Südwestafrika. In: Praxis Geschichte 1993/1, S. 42
S. 39 (4b) Horst Gründer: Geschichte der deutschen Kolonien (= Uni TB, Nr. 1332), Paderborn (Schöningh) ³1995, S. 119
S. 42-43 Hans Otto Meissner: Der Kongo gibt sein Geheimnis preis. Abenteuer des Henry M. Stanley (= Abenteuer der Weltentdeckung, Bd. 10) Stuttgart (Klett-Cotta) 1968, S. 208ff.
S. 44 (1) H. Debrunner: A Church between Colonial Powers, London (Lutterworth Press) 1965, S. 132. Zit. nach: Schmid: a. a. O., S. 249
S. 44 (2a) FAZ 83/1962. Erhard Meueler (Hrsg.): Unterentwicklung, Bd. 2 (= rororo Sachbücher, Nr. 6907), Reinbek o.J., S. 39ff.
S. 44 (2b) Mayer: a. a. O., S. 156f.
S. 45 (3a) Césaire, Aimé: Über den Kolonialismus, aus dem Französischen von Monika Kind, Berlin (Wagenbach) 1968, S. 27
S. 45 (3b) Europa und die Entwicklungsländer: Vorträge und Diskussionen auf einem vom 10.-12. März 1960 von der Friedrich-Naumann-Stiftung zus. mit der Deutschen Gruppe der Liberalen Weltunion veranstalteten Internationalen Arbeitstagung, Stuttgart (DVA) 1961, S. 194 ff.
S. 45 (4b) Brief an den Kriegsminister Roon 1868. Aus: Hans Spellmayer: Deutsche Kolonialpolitik im Reichstag, Stuttgart (Dt. Verlag für Politik und Geschichte) 1931, S. 3
S. 48 (2) Ernst Johann: Innenansichten eines Krieges. Deutsche Dokumente, 1914-1918 (= dtv TB, Nr. 893), München 1973, S. 88f.
S. 52 (2) Walter Görlitz (Hrsg.): Aufzeichnungen des Chefs des Marinekabinetts Admiral Georg Alexander von Müller über die Ära Wilhelms II., Göttingen (Musterschmidt)1965, S. 124 f.
S. 58 (2) Graf Max Montgelas und Walther Schücking (Hrsg.): Die deutschen Dokumente zum Kriegsausbruch 1914, Bd. 1, Berlin 1921, S. 9f.
S. 58 (3) Winfried Baumgart (Hrsg.): Die Julikrise und der Ausbruch des Ersten Weltkrieges 1914, Darmstadt (Wissenschaftliche Buchgesellschaft) 1983, S. 30f.
S. 62 (2a) Volker Ulrich: Kriegsalltag. Hamburg im Ersten Weltkrieg, Köln (Prometh) 1982, S. 31. Zit. nach: Werner Abelshauser, Anselm Faust, Dieter Petzina (Hrsg.): Deutsche Sozialgeschichte 1914-1945. Ein historisches Lesebuch, München (C. H. Beck) 1985, S. 217
S. 64 (1b) Benno Schneider/Ulrich Haake: Das Buch vom Kriege 1914-1918. Urkunden, Berichte, Briefe, Erinnerungen, Ebenhausen (Langewiesche-Brandt) 1934, S. 228
S. 66-67 Erich Maria Remarque: Im Westen nichts Neues, Berlin (Propyläen) 1929, S. 213ff.
S. 68 (1a) E. O. Volkmann: Der große Krieg 1914-1918, 3. Aufl., Berlin o. J. Zit. nach: GiQ, a. a. O., S. 52f.
S. 68 (1b) Herbert Michaelis/Ernst Schraepler: Ursachen und Folgen. Vom deutschen Zusammenbruch 1918 und 1945 bis zur staatlichen Neuordnung Deutschlands in der Gegenwart, Bd. 2, Berlin (Dokumentenverlag) o. J., S. 37ff. Zit. nach: Günter Schönbrunn: Weltkriege und Revolutionen 1914-1945 (= Geschichte in Quellen, Bd. VI, hrsg. von Wolfgang Lautemann und Manfred Schlenke), München (bsv) ³1979, S. 94
S. 70 (2b) W. I. Lenin, Ausgewählte Werke, Bd. 2, Berlin ⁷1970, S. 39ff. . Zit. nach: GiQ, a. a. O., S. 71 (stark vereinfacht)
S.72 (1b) Johann, Ernst (Hrsg.): Innenansichten eines Krieges. Deutsche Dokumente 1914-1918 (= dtv TB, Nr. 893), München 1973
S. 72 (2) Gerhard A. Ritter und Susanne Miller (Hrsg.): Die Deutsche Revolution 1918 – 1919, Frankfurt/Hamburg (Hoffmann und Campe) 1968, S. 38ff.
S. 76 (1) Oskar Maria Graf: Wir sind Gefangene. Ein Bekenntnis, München (Süddeutscher Verlag) 1978, S. 395-502
S. 78 (1) Fritz Berger: Das Diktat von Versailles, 2. Bd., Essen 1939
S. 79 (3) 2. GiQ, a. a. O., S. 131ff.
S. 84 (ohne M) Kriegskind 1918, hrsg. vom Volksbund Deutsche Kriegsgräberfürsorge, München 1989, S. 3
S. 85 (ohne M) Bernd Ulrich und Benjamin Ziemann (Hrsg.): Frontalltag im Ersten Weltkrieg. Wahn und Wirklichkeit (= Fischer Geschichte TB, Nr. 12544), Frankfurt 1994, S. 104
S. 86 Tabelle nach H. D. Schmid: Fragen an die Geschichte, Bd. 4: Die Welt im 20. Jahrhundert Frankfurt (Cornelsen/Hirschgraben) 4. neu bearb. Aufl. 1984, S. 9
S. 86 Robert Lansing: Die Versailler Friedensverhandlungen. Persönliche Erinnerungen, Hobbing Verlag, Berlin 1921, S. 205f. Zit. nach: GiQ, a. a. O., S. 128
S. 90 (1) Detlef Junker (Hrsg.): Deutsche Parlamentsdebatten, Bd. 2: 1919-1933, Frankfurt/Main 1971, S. 31ff.
S. 90 (2a) Zit. nach: E. Gumbel: Vier Jahre politischer Mord, Berlin 1923, S. 81
S. 91 (3) Michaelis/Schraepler: a. a. O., Bd. 5, S. 203. Zit. nach: Wolfgang Michalka und Gottfried Niedhart (Hrsg.): Die ungeliebte Republik. Dokumentation zur Innen- und Außenpolitik Weimars 1918-1933 (= dtv-Dokumente, Nr. 2918), München 1980, S. 115
S. 91 (4) bsv Geschichte 4 GN, hrsg. von Karl-Heinz Zuber und Joachim Cornelissen (Bayerischer Schulbuch Verlag) München 1997, S. 54
S. 91 (5) Otto Gritschneder: Bewährungsfrist für den Terroristen Adolf H. Der Hitler Putsch und die bayerische Justiz, München (C. H. Beck) 1990, S. 69f.
S. 94-95 Sebastian Haffner: Geschichte eines Deutschen – Die Erinnerungen 1914-1923, übersetzt und mit einem Nachwort versehen von Oliver Pretzel, Stuttgart/München (Deutsche Verlagsanstalt) 2000, S. 55-60
S. 97 (3) Gustav Stresemann: Schriften. Ausgewählt aus dem gesamten Nachlass im Auswärtigen Amt von Arnold Harttung (= Schriften großer Bln.), Berlin (Berlin Verlag) 1976, S. 336ff.
S. 97 (4) Zit. nach: GiQ, a. a. O., S. 210f.
S. 102 (3) Reinhard Sturm: Zwischen Festigung und Gefährdung 1924-1929, S. 37. Zit nach: Weimarer Republik (= Informationen zu politischen Bildung, Nr. 261), Bonn 1998
S. 102 (4) Zit. nach: Entdecken und Verstehen 3, hrsg. von Thomas Berger u. a., Berlin (Cornelsen) 1989, S. 72
S. 103 (6) Kristine von Soden: Frauen und Frauenbewegung in der Weimarer Republik. In: Die wilden Zwanziger. Weimar und die Welt 1919-1933, West-Berlin 1986, S. 166f.
S. 104 (2a) Deutschland in der Weltwirtschaftskrise in Augenzeugenberichten, hrsg. von Wilhelm Treue (= dtv Allgemeine Reihe, Nr. 1161), München 1976, S. 246 ff. © Rauch Verlag, Düsseldorf 1967
S. 107 (4) Kochelbrief 41, Dezember 1991
S. 115 Zit. nach: Fritjof Meyer: Die Katastrophe des Kommunismus von Marx bis Gorbatschow (= Spiegel Spezial), Hamburg Dezember 1991, S. 69
S. 118 (2) Zit. nach Günter Schönbrunn (Hrsg.): Weltkriege und Revolutionen (= Geschichte in Quellen, Bd. VI), München (bsv) ³1979, S. 283

Textquellenverzeichnis

S.120 (1) Zit. nach: Josef und Ruth Becker (Hrsg): Hitlers Machtergreifung 1933 (= dtv-Dokumente, Nr. 2938), München 1983, S. 250, 350, 379 (gekürzt und leicht verändert)

S.120 (2) Michaelis/Schraepler: Ursachen und Folgen, Bd. 9, Berlin o. J., S. 429f.

S. 122 (1) Wolfgang Michalka: Das Dritte Reich, Bd. 1, München (dtv) 1985, S. 152

S. 124 (1) Kurt Zentner: Illustrierte Geschichte des Dritten Reiches München (Südwest Verlag) 1965, S. 246f.

S. 124 (2) Tabellen nach: René Erbe: Die nationalsozialistische Wirtschaftspolitik 1933-1939 im Lichte der modernen Theorie, Zürich (Polygraphischer Verlag) 1958, S. 36ff. und Weltgeschichte im Aufriss, Bd. 3, hrsg. von Werner Ripper, Frankfurt/Main (Diesterweg) 1976, S. 393

S. 126 (1b) Heinz Höhne: Der Orden unter dem Totenkopf, München (Bertelsmann) 1984, S. 174

S. 126 (1c) Zit. nach Michaelis/Schraepler (Hrsg.): Ursachen und Folgen, Bd. 9, Berlin o. J., S. 429f.

S. 127 (4b) Kirchliches Jahrbuch für die Evangelische Kirche in Deutschland 1933-1944, hrsg. von J. Beckmann, Gütersloh, 1948, S.

S. 133. Zitiert nach: Herbert Gutschera/Jörg Thierfelder: Brennpunkte der Kirchengeschichte, Paderborn (Schöningh) 1976, S. 230

S. 130 (1b) Walther Hofer (Hrsg.): Der Nationalsozialismus, Dokumente (= Fischer-TB), Frankfurt/Main 1974, S. 193 ff.

S. 130 (1c) Schönbrunn: a. a. O., S. 350

S. 132 (1) Hofer: a. a. O., S. 193ff.

S. 132 (2a) Schönbrunn: a. a. O., S. 402

S. 134 Zit. nach Ralf Schabel, „Weltmacht oder Untergang". Das „Dritte Reich" im Krieg, in: Johannes Hampel (Hrsg.): Der Nationalsozialismus, Bd. III: Das bittere Ende 1939-1945 (hrsg. von der Bayerischen Landeszentrale für politische Bildungsarbeit), München 1993, S. 45

S. 135 (3) Winston S. Churchill: Reden. Band 1: 1938-1940, New York 1941, S. 327 (gekürzt)

S. 135 (4) Bundesarchiv/Militärarchiv Freiburg. Zit. nach: Reinhard Rürup (Hrsg.): Der Krieg gegen die Sowjetunion, Berlin (Argon) 1991, S. 51

Hans Adolf Jacobsen (Bearb.): Franz Halder, Kriegstagebuch. Tägliche Aufzeichnungen des Chefs des Generalstabes 1939-1942, Bd. 3, Stuttgart (Kohlhammer)1964, S. 53

S. 138 (1) Schönbrunn: a. a. O., S. 507

S. 138 (2) Reimund Schnabel: Nacht ohne Moral. Eine Dokumentation über die SS, Frankfurt/Main 1957, S. 205. Zit. nach: Krieger, a. a. O., S. 355

S. 140 (1) Goebbels-Reden 1932-1945, hrsg. von Helmut Heiber, Bd. 2, Düsseldorf (Droste-Verlag) 1972, S. 204f.

S. 140 (2) Mathilde Wolff-Mönkeberg: Briefe, die sie nicht erreichten, Hamburg (Hoffmann & Campe) 1980, S. 91

S. 142 (1) Zit. nach: Michalka: a. a. O., , S. 266f.

Romani Rose (Hrsg.): Der nationalsozialistische Völkermord an den Sinti und Roma, Heidelberg 1995, S. 188f.

S. 143 (4) Zit. nach: Hofer, a. a. O., S. 308f.

S. 143 (5) Auschwitz: Ein Gang durch das Museum Oswiecim (Auschwitz), Warszawa 1981 (Publikation, die nur im KZ Auschwitz erhältlich ist)

S. 146f. Inge Deutschkron: Ich trug den gelben Stern, Köln (Verlag Wissenschaft und Politik) [4]1983, S. 105f. und 109f.

S. 148 (1) Rürup: a. a. O., S. 148

S. 148 (2) Zit. nach: Michaelis/Schraepler: a. a. O., Bd. 13: Die Wende des Krieges, Berlin o. J., S. 242f.

S. 148 (3a) Rürup: a. a. O., S. 188

S. 148 (3b) Hofer: a. a. O., S. 322 (gekürzt)

S. 150 (1) Bayern in der NS-Zeit, hrsg. von Martin Broszat u. a., München (Oldenbourg) 1977, S. 611

S. 150 (2) Inge Scholl: Die Weiße Rose. Der Widerstand der Münchner Studenten (= Fischer TB), Frankfurt 1953, S. 151ff.

S. 150 (3) Zit. nach: Hermann Wilmes: Kursunterricht Geschichte, Teil 3, Köln (Aulis/Deubner/CVK) 1994, S. 299

S. 150 (4) Fabrian von Schlabrendorff. Offizier gegen Hitler, Frankfurt/Main und Hamburg 1959, S. 138

S. 152 (2) Rolf-Dieter Müller und Gerd R. Ueberschär: Kriegsende 1945. Die Zerstörung des Deutschen Reiches (= Fischer TB), Frankfurt/Main 1994, S. 190

S. 153 (3) Kurt Zentner: Illustrierte Geschichte des Zweiten Weltkrieges, München (Südwest Verlag) 1963, S. 557

S. 153 (4a) Hofer: a. a. O., S. 260

S. 153 (4b) Hans-Adolf Jacobsen und Hans Dollinger (Hrsg.): Der Zweite Weltkrieg in Chronik und Dokumenten, Darmstadt (Verlag Wehr und Wissen) 1961, S. 424

S. 153 (5a) Tabelle nach: Eric Chivian u. a. (Hrsg.): Last Aid. Letzte Hilfe - die medizinische Auswirkungen eines Atomkrieges, Neckarsulm (Jungjohann Verlagsgesellschaft) 1985, S. 105, übers. von Stephan Frank (vereinfacht und verändert)

S. 156 (2a) Augsburger Allgemeine Zeitung vom 24. April 1985, S. 3, Verfasser: Thomas Mayerle

S. 157 (2b) Hans Rheinthaler: Der Kampf um Aschaffenburg. In: Main-Echo vom 13. -15. April 1955. Begleitheft zur Ausstellung anlässlich der 40. Jahrestages der Bayerischen Verfassung, München 1986

S. 158 (1b) Zit. nach: Wilhelm Hoegner: Der schwierige Außenseiter. Erinnerungen eines Abgeordneten, Emigranten und Ministerpräsidenten, München (Isar-Verlag) 1959, S. 190f.

S. 160 (1b) Zit. nach Helmut Beilner u.a., Geschichte für die Hauptschule 9, Verlag Ludwig Auer, Donauwörth 1989, S. 56f.

S. 160 (2) Zit. nach Wolfgang Benz: Die Vertreibung der Deutschen aus dem Osten. Ursachen, Ereignisse, Folgen (Fischer TB), Frankfurt M. 1985, S. 138

S. 162 (2) Zit. nach Herbert Michaelis/Schraepler: Ursachen und Folgen, Bd. 24, Berlin (Dokumenten-Verlag) 1977, S. 399 ff.

S. 164 Rolf Italiaandaer: Wir erlebten das Ende der Weimarer Republik. Zeitgenossen berichten, Düsseldorf (Droste) 1982, S. 215

S. 165 Morton Rhue: Die Welle, übers. von Hans Georg Noack, Ravensburger Buchverlag, Band 58008, 1997, S. 20

S. 166 Rede von Richard von Weizsäcker, Reden und Interviews, hrsg. vom Presse- und Informationsamt der Bundesregierung, Bonn 1986, S. 279ff.

S. 168 Ferdinand Freiligrath, Ein Glaubensbekenntnis, Mainz (Verlag von Zabern) 1994, Rep. der Ausgabe v. 1844

S. 174 (2a) Zit. nach: Funkkolleg Jahrhundertwende, Bd. 2, S. 50f.,

S. 174 (2b) ebenda

S. 176 Zit. nach: Hans-Dieter Kübler: An der Schwelle zur Mediengesellschaft. Kommunikation und Medien im Wilhelminischen Kaiserreich. In: Praxis Geschichte, Heft 4/1990, S. 48

S. 180 Zit. nach Eva Leipprand: Augsburger Industriebauten. In: Augsburg Stadtansichten, hrsg. von Harald Hollo, Augsburg 2000

S. 183 Neue Augsburger Zeitung vom 22. November 1937. Zit. nach: Karl Filser und Hans Thieme (Hrsg.): Hakenkreuz und Zirbelnuß. Augsburg im Dritten Reich. Sonderausgabe für Gondrom Verlag, Bindlach 1992 © J.P. Himmer Verlag, Augsburg 1983, S. 34

Das Papier ist aus chlorfrei gebleichtem Zellstoff hergestellt,
ist säurefrei und recyclingfähig.

© 2003 Oldenbourg Schulbuchverlag GmbH,
München, Düsseldorf, Stuttgart
www.oldenbourg-bsv.de

Das Werk und seine Teile sind urheberrechtlich geschützt.
Jede Nutzung in anderen als den gesetzlich zugelassenen Fällen
bedarf der vorherigen schriftlichen Einwilligung des Verlages.

Hinweis zu § 52 a UrhG: Weder das Werk noch seine Teile dürfen
ohne eine solche Einwilligung eingescannt und in ein Netzwerk eingestellt werden.
Dies gilt auch für Intranets von Schulen und sonstigen Bildungseinrichtungen.

Der Verlag übernimmt für die Inhalte, die Sicherheit und die Gebührenfreiheit
der in diesem Werk genannten externen Links keine Verantwortung.
Der Verlag schließt seine Haftung für Schäden aller Art aus. Ebenso kann der Verlag
keine Gewähr für Veränderungen eines Internetlinks übernehmen.

1. Auflage 2003 R
Druck 10 09 08 07 06
Die letzte Zahl bezeichnet das Jahr des Drucks.

Alle Drucke dieser Auflage sind untereinander unverändert
und im Unterricht nebeneinander verwendbar.

Umschlagkonzept: Mendell & Oberer, München
Umschlaggestaltung: Lutz Siebert-Wendt, München
Lektorat: Dr. Karin Friedrich, Margret Bartoli (Assistenz)
Herstellung: Eva Fink
Kartografie und Grafik: Achim Norweg, München
Satz und Reproduktion: fidus Publikations-Service GmbH, Augsburg
Druck: Stürtz AG, Würzburg

ISBN   3-486-**88869**-2
ISBN 978-3-486-**88869**-0 (ab 1.1.2007)
ISBN 978-3-637-**88869**-2 (ab 1.1.2009)